INOVAÇÃO E CONTRATAÇÕES PÚBLICAS INTELIGENTES

EDCARLOS ALVES LIMA

Prefácio
Irene Patrícia Nohara

INOVAÇÃO E CONTRATAÇÕES PÚBLICAS INTELIGENTES

Belo Horizonte

2023

© 2023 Editora Fórum Ltda.

É proibida a reprodução total ou parcial desta obra, por qualquer meio eletrônico, inclusive por processos xerográficos, sem autorização expressa do Editor.

Conselho Editorial

Adilson Abreu Dallari
Alécia Paolucci Nogueira Bicalho
Alexandre Coutinho Pagliarini
André Ramos Tavares
Carlos Ayres Britto
Carlos Mário da Silva Velloso
Cármen Lúcia Antunes Rocha
Cesar Augusto Guimarães Pereira
Clovis Beznos
Cristiana Fortini
Dinorá Adelaide Musetti Grotti
Diogo de Figueiredo Moreira Neto (*in memoriam*)
Egon Bockmann Moreira
Emerson Gabardo
Fabrício Motta
Fernando Rossi
Flávio Henrique Unes Pereira
Floriano de Azevedo Marques Neto
Gustavo Justino de Oliveira
Inês Virgínia Prado Soares
Jorge Ulisses Jacoby Fernandes
Juarez Freitas
Luciano Ferraz
Lúcio Delfino
Marcia Carla Pereira Ribeiro
Márcio Cammarosano
Marcos Ehrhardt Jr.
Maria Sylvia Zanella Di Pietro
Ney José de Freitas
Oswaldo Othon de Pontes Saraiva Filho
Paulo Modesto
Romeu Felipe Bacellar Filho
Sérgio Guerra
Walber de Moura Agra

FÓRUM
CONHECIMENTO JURÍDICO

Luís Cláudio Rodrigues Ferreira
Presidente e Editor

Coordenação editorial: Leonardo Eustáquio Siqueira Araújo
Aline Sobreira de Oliveira

Rua Paulo Ribeiro Bastos, 211 – Jardim Atlântico – CEP 31710-430
Belo Horizonte – Minas Gerais – Tel.: (31) 99412.0131
www.editoraforum.com.br – editoraforum@editoraforum.com.br

Técnica. Empenho. Zelo. Esses foram alguns dos cuidados aplicados na edição desta obra. No entanto, podem ocorrer erros de impressão, digitação ou mesmo restar alguma dúvida conceitual. Caso se constate algo assim, solicitamos a gentileza de nos comunicar através do *e-mail* editorial@editoraforum.com.br para que possamos esclarecer, no que couber. A sua contribuição é muito importante para mantermos a excelência editorial. A Editora Fórum agradece a sua contribuição.

Dados Internacionais de Catalogação na Publicação (CIP) de acordo com ISBD

L732i
    Lima, Edcarlos Alves
        Inovação e contratações públicas inteligentes / Edcarlos Alves Lima. - Belo Horizonte : Fórum, 2023.

        199 p. ; 14,5cm x 21,5cm.
        ISBN: 978-65-5518-524-9

        1. Direito. 2. Contratações públicas. 3. Contrato inteligente. 4. Inovação. 5. Revolução digital. 6. Inteligência artificial. I. Título.

CDD 340
CDU 34

2023-713

Elaborado por Vagner Rodolfo da Silva - CRB-8/9410

Informação bibliográfica deste livro, conforme a NBR 6023:2018 da Associação Brasileira de Normas Técnicas (ABNT):

LIMA, Edcarlos Alves. *Inovação e contratações públicas inteligentes*. Belo Horizonte: Fórum, 2023. 199 p. ISBN 978-65-5518-524-9.

À minha esposa, fonte de inspiração e de energia, que, com muito amor e sabedoria, me auxiliou nesta prazerosa jornada; aos nossos filhos, frutos do amor que nos consome diariamente.

AGRADECIMENTOS

Ao criador, por me guiar nesta caminhada e por me levantar sempre que a minha humanidade se demonstrou fraca diante das adversidades.

À minha esposa, Valdenilza, por sua cumplicidade, companheirismo, amor, cuidado e compreensão ao longo de todas as minhas jornadas de estudos e preparação, desde a época da graduação. O seu apoio incondicional foi o divisor de águas para que eu pudesse alcançar meus objetivos profissionais e acadêmicos; aos meus quatro filhos, Murilo, Arthur Miguel, Moisés e Maria Luiza, que souberam entender os momentos de ausência, que não foram poucos, e me deram equilíbrio e força imprescindíveis para que, mesmo diante das dificuldades, eu pudesse continuar a trilhar o caminho do sonho que Deus escolheu para a minha vida; aos meus pais, Antônio e Tereza, que sempre acreditaram em mim, ainda que eu mesmo duvidasse, e me incentivaram a estudar, buscar sonhos e alcançar objetivos. Sem a formação familiar e contribuição deles, nada teria sido possível! E a todos os meus familiares e amigos, que não ousarei nomear para não cometer a injustiça de esquecer algum nome, que deram o apoio incondicional e ficaram na torcida para que a pesquisa fosse concluída.

À querida Prof.ª Dr.ª Irene Patrícia Nohara, minha orientadora e prefaciadora da presente obra, doutrinadora admirável e mulher incrível, cheia de virtudes e, ao mesmo tempo, simplicidade, que, com muita leveza e paciência, conduziu-me durante as pesquisas e orientações para que este trabalho pudesse ser concretizado, além de ter me concedido a oportunidade ímpar de beber da fonte de seus ensinamentos, no decorrer do estágio docente na disciplina Estrutura e Organização da Administração Pública, na Faculdade de Direito da Universidade Presbiteriana Mackenzie, assim como no grupo de pesquisa "Modelos de gestão e eficiência do Estado", por ela liderado; aos professores e amigos do Programa de Pós-Graduação *stricto sensu* em Direito Político e Econômico do Mackenzie, programa de excelência e que conta com notáveis e admiráveis docentes; ao Prof.º Dr. Antônio Cecílio Moreira Pires, pelos ensinamentos, leitura atenta e contribuições que fez à pesquisa, que trouxeram enriquecimento ao trabalho ora apresentado; ao Prof.º Dr.º Guilherme Jardim Jurksaitis, amigo admirável e notável administrativista, com quem tive a honra de dividir uma breve jornada na OAB/SP e que formulou inquietações e subsídios relevantíssimos para que a pesquisa fosse aprimorada e o trabalho concluído.

Aos meus colegas da Advocacia Geral do Município e a todos os servidores da Secretaria de Assuntos Jurídicos e da Justiça e do Município de Cotia que, de forma direta ou indireta, contribuíram para a pesquisa e construção deste trabalho.

"[...] na vida econômica, deve-se agir sem resolver todos os detalhes do que deve ser feito. Aqui, o sucesso depende da intuição, da capacidade de ver as coisas de uma maneira que posteriormente se constata ser verdadeira, mesmo que no momento isso não possa ser comprovado [...]"

Joseph Alois Schumpeter

SUMÁRIO

PREFÁCIO
Irene Patrícia Nohara 13

INTRODUÇÃO 17

CAPÍTULO 1
INOVAÇÕES RUMO AO GOVERNO DIGITAL 21
1.1 Teoria da inovação na visão schumpeteriana 26
1.2 Papel do Estado na inovação e desafios de sua
     implementação 33
1.2.1 Teoria schumpeteriana e Administração Pública 37
1.2.2 Inovação e seus desafios à Administração Pública 40
1.3 Administração Pública 4.0: era do governo digital 45
1.3.1 Ressignificação dos serviços públicos na era digital 48

CAPÍTULO 2
INOVAÇÃO E CONTRATAÇÕES PÚBLICAS 55
2.1 Contratações de soluções inovadoras pelo Estado:
     breve aparato normativo 57
2.2 Contratação pública e seus formatos: do presencial ao
     formato exclusivamente eletrônico 60
2.2.1 Surgimento do pregão e o novo marco da contratação
     pública 63
2.2.2 Nascimento do ambiente eletrônico para as contratações
     públicas 67
2.2.3 Nova lei de licitações e contratos administrativos 70
2.2.4 Licitação em ambiente eletrônico como regra geral 72
2.3 Contratações públicas inteligentes: novos horizontes
     a partir da nova lei de licitações 74
2.3.1 Incentivo à inovação como um dos objetivos do processo
     licitatório 80

2.3.2   Instrumentos da nova lei para fomentar a inovação 86
2.3.3   Desafios impostos à Administração Pública na era das
        contratações públicas inteligentes 92

CAPÍTULO 3
INTELIGÊNCIA ARTIFICIAL E AS CONTRATAÇÕES
PÚBLICAS 99
3.1   Conceito de Inteligência Artificial 103
3.2   *Machine learning* ou aprendizado de máquina 107
3.3   Discussões para a regulação da Inteligência Artificial 111
3.4   Inteligência Artificial e discussões para a criação de um
      marco regulatório brasileiro 117
3.5   Emprego da Inteligência Artificial para eficiência das
      contratações públicas 123
3.6   Contratação de solução de Inteligência Artificial pela
      Administração Pública 129
3.7   Controle externo e Inteligência Artificial 134

CAPÍTULO 4
PERSPECTIVAS DISRUPTIVAS NAS CONTRATAÇÕES
PÚBLICAS BRASILEIRAS 143
4.1   Necessidade de mudanças de paradigmas para o alcance
      da eficiência e da qualidade do gasto público 147
4.2   Formatos disruptivos de contratação pública: análise de
      viabilidade do *marketplace* público 154
4.2.1 Instrumentos para implementação do *marketplace*
      público 163
4.3   Tecnologia *blockchain* e *Smart contracts* 167
4.4   Proposta de conceito para contratações públicas
      inteligentes 175

CONCLUSÕES 181

REFERÊNCIAS 187

PREFÁCIO

A aguardada obra *Inovação e Contratações Públicas Inteligentes* vem a público em um momento muito auspicioso de integral vigor da *Nova Lei de Licitações e Contratos*, sendo um trabalho criterioso desenvolvido por um autor que reúne todas as qualificações para a elaboração de um livro completo e inspirador: Edcarlos Alves Lima.

Edcarlos é Mestre em Direito Político e Econômico pela Universidade Presbiteriana Mackenzie, tendo defendido com competência seu trabalho em banca composta por mim, como orientadora, Guilherme Jardim Jurksaitis e Antonio Cecílio Moreira Pires, em arguição memorável, sendo, ainda, Procurador Municipal, Advogado-Chefe de Consultoria Jurídica em Licitação, Contratos e Ajustes da Advocacia Geral do Município de Cotia, com um admirável histórico de atuação em inovação nas licitações, seja na consultoria em licitações e contratos do SEBRAE (2014-2017) ou mesmo na análise e emissão de pareceres jurídicos em minutas de editais e contratos administrativos no Instituto de Pesquisas Tecnológicas (IPT) do Estado de São Paulo (2011-2014).

Inovação é considerada, na Nova Lei de Licitações e Contratos, um objetivo específico a ser alcançado conforme previsão feita no inciso IV do art. 11 da Lei nº 14.133/2021, de acordo com o qual o processo licitatório objetiva incentivar a inovação e o desenvolvimento nacional sustentável. Edcarlos aprofunda a análise e, para tanto, aborda a inovação a partir do maior referencial do tema: Schumpeter, que desdobra a inovação como fator intrinsecamente propulsor de mudanças e, sobretudo, do desenvolvimento econômico de um país.

Seguindo os trilhos da visão schumpeteriana, propõe Edcarlos Alves Lima que o gestor público se posicione na condição do empresário-inovador que, motivado pelo ideal do fomento à inovação e empenhado na melhor realização do interesse público, busca satisfazer os anseios da sociedade por meio de *contratações públicas inteligentes*.

As contratações públicas representam setor do Estado que mobiliza de 10 a 15% do PIB nacional. Há tempos se percebe que os Estados são os maiores compradores do mundo, sendo ainda de se considerar a realidade brasileira que contempla a União, o Distrito Federal, 26 Estados-membros e 5.570 Municipalidades, todos carentes de consumir e contratar produtos e serviços para mobilizar o dia a dia da gestão pública.

Assim, é paulatina a disseminação da noção de que a licitação não é instrumento meramente contratual, isto é, que busca apenas uma contratação mais vantajosa, mas que as licitações devem ser tratadas como políticas públicas aptas a promoverem objetivos maiores de desenvolvimento por incentivo à inovação, alcançando patamares metacontratuais, uma vez que o seu planejamento rumo ao incentivo à inovação irá, no conjunto das licitações realizadas, contribuir para o desenvolvimento por meio da modelagem de licitações que fomentem a criação e o estabelecimento de um mercado fornecedor de produtos e serviços inovadores.

Ademais, a Revolução Tecnológica vivenciada na contemporaneidade veicula inúmeros instrumentos para a inovação das contratações públicas. A Era Digital impulsionou a prestação de serviços dentro do paradigma da Administração Pública 4,0, sendo este o pano de fundo retratado por Edcarlos Alves Lima quando aborda o ambiente eletrônico das contratações.

Nesta perspectiva, é analisado o potencial do uso da Inteligência Artificial nas licitações e contratações públicas, o *blockchain* para garantir mais segurança, sobretudo no controle, e a possibilidade da criação de *smart contracts*, inclusive em face da abertura proporcionada pela Nova Lei de Licitações e Contratos para a realidade do *market place* público.

Edcarlos completa sua análise com uma definição de *contratações públicas inteligentes*, congregando os elementos necessários, a exemplo do uso da inteligência artificial, agregada à tecnologia *blockchain*, tendo por resultado um contrato inteligente que seja gerido, fiscalizado e encerrado dentro da mesma plataforma eletrônica.

Então, com a presente obra, enfatiza a necessidade de agregar avanços tecnológicos para dentro do cenário incentivado pela Nova Lei de Licitações e Contratos, num momento muito auspicioso de mudança de disciplina legal, a partir do uso de plataforma eletrônica centralizada que viabilize a celebração de um contrato cujo nascimento, fiscalização e encerramento sejam feitos com uso de inteligência artificial.

Trata-se, pois, de obra completa, atual, abrangente e que contempla o labor criterioso e apaixonado, marcas características de seu autor, dedicado pesquisador na linha de pesquisa *o Poder Econômico e seus limites jurídicos*, em que adiciona toda sua competência e *expertise* ao transitar, com grande desenvoltura, por um assunto que domina, que é o da *inovação nas licitações e contratos*, acrescentando sua pitada de *inteligência*, momento em que, com grande alegria, vivenciamos a publicação da brilhante Dissertação de Mestrado, de grande valia para todos os que estudam e pesquisam o tema palpitante e atual da contratação pública.

Faço votos para que a obra alcance o merecido sucesso e que se transforme num livro obrigatório nas prateleiras dos mais exigentes e atualizados administrativistas de nosso país!

Irene Patrícia Nohara
Livre-Docente e Doutora em Direito do Estado (USP).
Professora-Pesquisadora do Programa de Direito Político e Econômico da Universidade Presbiteriana Mackenzie.

INTRODUÇÃO

A atual onda revolucionária da inovação, que se apresenta cada vez mais disruptiva e destruidora, faz com que as atividades administrativas desenvolvidas pelo Estado sejam repensadas, de modo a acompanhá-la *pari passu* para atender, satisfatoriamente, aos anseios de uma sociedade hiperconectada e digital.

Diante da inovação, o Estado não pode exclusivamente atuar como agente passivo, sendo apenas por ela influenciado, mas, sim, assumir o seu papel de protagonista no estímulo e fomento para que a inovação seja o motor condutor do desenvolvimento econômico.

Desse modo, para além de se focar apenas nas transformações digitais dos serviços públicos e nos reflexos que elas impõem em outras atividades administrativas, deve o Estado, para fomentar o desenvolvimento econômico inovador e sustentável, utilizar-se de outros instrumentos à sua disposição.

Um dos instrumentos eficazes para este intento é o processo de contratação pública, que é uma das formas utilizadas pelo Estado para implementar os valores fundamentais e as políticas públicas previstas na Constituição Federal de 1988.

Embora o poder de compra estatal possua um grande impacto na economia de diversos países, consumindo, especificamente no caso brasileiro, ao redor de 12,5% do Produto Interno Bruto (PIB),[1] ele não tem sido muito bem utilizado em prol deste papel regulador e indutor de comportamentos junto ao mercado competidor. Exemplo disso é a denominada "licitação sustentável", de modo que, não obstante os esforços legislativos, ainda são tímidas as práticas indutoras efetivadas pelo Estado.

Isso porque: ou o processo licitatório é pensado como um fim em si, consumido pelas burocracias e pelo rigor excessivo com foco em exigências sem fim, ainda que utilizado tão somente para

---

[1] BRASIL. Instituto de Pesquisa Econômica Aplicada – IPEA. *O mercado de compras governamentais (2006-2017)*: mensuração e análise. Brasília: Ipea, 2019. p. 18. Disponível em: https://www.ipea.gov.br/portal/images/stories/PDFs/TDs/td_2476.pdf. Acesso em: 08 dez. 2021.

o atendimento das demandas mais comezinhas da Administração Pública; ou o gestor público está acometido pelo "medo decisório", por não conhecer a visão do controle externo acerca do viés indutor que será empregado no caso concreto.

No atual cenário brasileiro, a contratação pública passa por uma ressignificação, sobretudo a partir da nova lei de licitações e contratos administrativos (Lei nº 14.133/2021), para alcançar novos objetivos, que são muito caros ao Estado e extremamente necessários ao desenvolvimento socioeconômico brasileiro.

Nesta perspectiva, a presente dissertação, desenvolvida na linha de pesquisa *O Poder Econômico e seus Limites Jurídicos*, procura adentrar a análise das seguintes problemáticas: abordagem da teoria da inovação voltada às atividades desenvolvidas pelo Estado, com foco nas contratações governamentais; influência das ondas de inovação disruptivas nas contratações públicas brasileiras; reflexão acerca da substituição de servidores por inteligência artificial e indagação sobre o atual modelo de contratação mais inteligente; e quais os desafios e perspectivas da nova Administração Pública em face das transformações em suas contratações.

A partir do enfrentamento destas problemáticas, intenta-se articular alguns caminhos teóricos com o escopo de ponderar os reflexos da inovação nas atividades desenvolvidas pelo Estado, verificando-se a viabilidade, no atual estado da arte, de alcance de uma contratação pública inteligente.

O método científico utilizado na presente pesquisa é o hipotético-dedutivo, de modo a iniciar com a problematização do tema, passando por uma formulação de possíveis hipóteses para o resultado, envolvendo um processo de confirmação ou refutação.

Do ponto de vista teórico, a pesquisa será exploratória, associada, portanto, ao levantamento e à revisão bibliográfica, bem como, em relação à abordagem da temática, será utilizado o método qualitativo, de modo a ser alcançado o objetivo final com ela pretendido.

O marco teórico para o desenvolvimento da pesquisa é a obra de Joseph Alois Schumpeter, intitulada *Teoria do desenvolvimento econômico: uma investigação sobre lucros, capital, crédito, juro e o ciclo econômico*, uma vez que a matriz adotada no trabalho é a inovação, sendo a teoria desenvolvida pelo referido economista, um dos maiores do século XX, fundamental para a sua compreensão.

No que toca ao desenvolvimento da pesquisa, o trabalho está estruturado em quatro capítulos, iniciando por uma breve introdução geral do tema, assim como dos aspectos da teoria da inovação sob a ótica de Schumpeter, a qual influencia esse fenômeno até os dias atuais.

É na obra de Schumpeter que a inovação, produzida pelo "empresário inovador", que é a figura central de sua teoria, é apresentada como "fenômeno fundamental do desenvolvimento econômico". Na sequência, será abordado o papel que o Estado exerce na inovação, os reflexos da teoria schumpeteriana nas atividades administrativas, bem como os desafios para que esse ideal possa ser espraiado em todas as atividades desenvolvidas pelo Estado. Com um olhar voltado para as transformações digitais das atividades administrativas, notadamente no campo dos serviços públicos, serão discutidos, posteriormente, o papel da Administração Pública na era digital (4.0) e a ressignificação dos serviços públicos por ela influenciados.

No segundo capítulo, serão analisadas as contratações públicas e as influências que a tecnologia exerceu sobre elas nos últimos anos. Desse modo, serão verificadas as transformações tecnológicas no formado de realização das licitações públicas, fazendo um recorte histórico para analisar tais ocorrências a partir do surgimento do pregão no cenário brasileiro.

Os novos horizontes para a concretização das contratações públicas inteligentes foram analisados a partir do incentivo à inovação como um dos objetivos trazidos pela Lei nº 14.133/2021, assim como por meio dos instrumentos previstos na referida norma, sem descuidar dos desafios impostos à administração na era das contratações públicas inteligentes.

No terceiro capítulo, analisam-se os aspectos da inteligência artificial, seu conceito, origem e aplicação, assim como as discussões acerca do tema e as tendências de estabelecimento de marco normativo brasileiro. Outro aspecto analisado será a adoção da inteligência artificial no campo das contratações públicas e o seu emprego para que possa ser atingida a eficiência nesse âmbito, além dos procedimentos para a contratação de solução de inteligência artificial pela Administração Pública brasileira. Ao final do capítulo, avaliam-se as influências desta tecnologia disruptiva nas ações de controle externo.

Já no último capítulo, buscar-se-á meditar sobre as perspectivas disruptivas nas contratações públicas brasileiras, perpassando pelas discussões em torno da implementação do *marketplace* público e os instrumentos para a sua viabilização, e do uso da tecnologia *blockchain* para o surgimento dos *Smarts Contracts* (contratos inteligentes), finalizando com a proposta de conceito para as *contratações públicas inteligentes*, que é o tema central desta dissertação.

Por fim, e a partir dos métodos propostos, serão apresentadas as considerações finais, de modo a articular as reflexões provenientes das problemáticas suscitadas no tocante às perspectivas disruptivas nas contratações públicas e os desafios para a realização do objetivo da inovação.

CAPÍTULO 1

INOVAÇÕES RUMO AO GOVERNO DIGITAL

A existência do Estado está vinculada ao exercício das suas funções administrativas,[2] por meio de seus órgãos ou entidades, em benefício de toda a coletividade, tendo a sua atuação sempre pautada pela plena satisfação do interesse público.[3]

Para Marçal Justen Filho,[4] a função administrativa do Estado pode ser entendida como um conjunto de poderes que engloba o exercício de atividades materiais e a formulação de regras que regem as condutas de terceiros, conforme competência constitucional atribuída para esses fins, não compreendendo, todavia, o poder de criação de normas jurídicas primárias.

A função administrativa não deve ser confundida com a atividade administrativa, embora esta seja materializadora daquela. A atividade administrativa é submetida ao regime do direito administrativo, sendo irrelevante se é exercida no âmbito dos Poderes Judiciário, Legislativo ou qualquer outro ente estatal.[5] O desempenho da atividade administrativa está compreendido no

---

[2] José dos Santos Carvalho Filho leciona que a função administrativa é a atividade do Estado para realizar seus fins, em conformidade com a ordem jurídica constitucional e legal vigente, sob regime de direito público. CARVALHO FILHO, José dos Santos. *Manual de direito administrativo*. 34. ed. São Paulo: Atlas, 2020. p. 73.

[3] CARVALHO FILHO, José dos Santos. *Manual de direito administrativo*. 34. ed. São Paulo: Atlas, 2020. p. 116.

[4] JUSTEN FILHO, Marçal. *Curso de direito administrativo* [livro eletrônico]. 5. ed. São Paulo: Thomson Reuters Brasil, 2018. p. 15.

[5] JUSTEN FILHO, Marçal. *Curso de direito administrativo* [livro eletrônico]. 5. ed. São Paulo: Thomson Reuters Brasil, 2018. p. 16.

sentido objetivo da Administração Pública, abrangendo o fomento, a polícia administrativa, serviço público e intervenção.[6]

No entanto, não serão todas as atividades desenvolvidas pela Administração Pública que serão examinadas nesta pesquisa. Isso porque o foco da pesquisa se voltará ao estudo de uma das formas de fomento e à prestação de serviços públicos, que podem, de forma direta ou indireta, serem utilizadas como fatores indutores da inovação, inclusive por meio do processo de contratação governamental.

É válido pontuar que a atividade de fomento é multifacetada, pois abrange qualquer tipo de incentivo instituído pelo Estado à iniciativa privada, como ocorre, por exemplo, nos casos de subvenções, financiamentos e incentivos fiscais, além dos casos em que se celebram parcerias com as Organizações Sociais e Organizações da Sociedade Civil de Interesse Público.[7]

Em síntese, na atividade de fomento, o Estado, como regra, não disponibiliza utilidades diretamente à sociedade, mas incentiva e encoraja os agentes econômicos para que o façam, de modo a gerar benefícios à coletividade. Em outras palavras, é a própria iniciativa privada que executa a atividade e desenvolve a utilidade que será disponibilizada à sociedade, contando, para isso, com o apoio do Estado.[8]

Considerando o aspecto multifacetado do fomento, e tendo em vista que se pretende focar no uso do poder de compra estatal como fator indutor do comportamento mercadológico para incentivar a inovação e, com isso, tornar o processo de contratação pública inteligente, cujo conceito se buscará em capítulo específico desta pesquisa, não serão analisadas todas as vertentes que tal atividade possui.

---

[6] Maria Sylvia Zanella Di Pietro destaca que alguns autores incluem a intervenção como a quarta função administrativa, enquanto outros a entendem como uma subespécie dentro do fomento. PIETRO, Maria Sylvia Zanella Di. *Direito administrativo* [livro eletrônico]. 33. ed. Rio de Janeiro: Forense, 2020. p. 194. Marçal Justen Filho inclui ainda a regulação como um tipo de função administrativa do Estado. JUSTEN FILHO, Marçal. *Curso de direito administrativo* [livro eletrônico]. 5. ed. São Paulo: Thomson Reuters Brasil, 2018. p. 16.

[7] PIETRO, Maria Sylvia Zanella Di. *Direito administrativo* [livro eletrônico]. 33. ed. Rio de Janeiro: Forense, 2020. p. 195.

[8] Não há compulsoriedade nas atividades de fomento, podendo o particular aceitá-lo ou não. Aliás, a ausência de compulsoriedade é um dos elementos caracterizadores da ação de fomento pelo Estado. Todavia, segundo assevera Eros Roberto Grau, o particular que, diante de um fomento oferecido pelo Estado, não promove a sua adesão, pode ocupar posição desprivilegiada no mercado competidor ao qual se encontra inserido. GRAU, Eros Roberto. *A ordem econômica na Constituição de 1988*. 16. ed. São Paulo: Malheiros Editores, 2014. p. 146.

No tocante aos serviços públicos, a sua análise se revela importante porque sua materialização e, portanto, a implementação de políticas públicas de Estado, ocorre por meio das contratações públicas, razão pela qual serão analisadas as influências da inovação nesta seara, assim como de que maneiras as contratações podem ser usadas como fator indutor de boas práticas mercadológicas, de modo que, por meio delas, sejam alcançadas a eficiência e a economicidade ao erário.

Serviço público,[9] como espécie de atividade administrativa, pode ser definido, segundo Maria Sylvia Zanella Di Pietro, como:

> (...) toda atividade que a Administração Pública executa, direta ou indiretamente, para satisfazer à necessidade coletiva, sob regime jurídico predominantemente público. Abrange atividades que, por sua essencialidade ou relevância para a coletividade, foram assumidas pelo Estado, com ou sem exclusividade. A própria Constituição Federal é farta em exemplos de serviços públicos, em especial os previstos no artigo 21 com a redação dada pela Emenda Constitucional nº 8/95: serviço postal e correio aéreo nacional (inciso X), serviços de telecomunicações (inciso XI), serviços e instalações de energia elétrica e aproveitamento energético, radiodifusão, navegação aérea, aeroespacial, transporte ferroviário e aquaviário entre portos brasileiros em fronteiras nacionais ou que transponham os limites de Estado ou Território, transporte rodoviário interestadual e internacional de passageiros, serviços de portos marítimos, fluviais e lacustres (inciso XII); serviços oficiais de estatística, geografia, geologia e cartografia de âmbito nacional (inciso XV); serviços nucleares (inciso XXIII). E ainda os serviços sociais do Estado, como saúde, educação, assistência social, previdência social, cultura, entre outros.[10]

Para Dinorá Adelaide Mussetti Grotti, não existe serviço público por natureza ou essência, uma vez que a qualificação de determinada atividade nesta categoria estará vinculada ao plano

---

[9] Para Antônio Cecílio Moreira Pires, não há uma uniformidade doutrinária acerca do conceito de serviço público. Para o autor, independente das divergências, é válido considerar que as atividades que compõem o serviço público não são imutáveis, pois variam a depender das circunstâncias de cada povo e de cada época, sendo certo que o que lhe qualifica é a vontade soberana do Estado. PIRES, Antonio Cecílio Moreira. *Direito administrativo*. 2. ed. Rio de Janeiro: Grupo GEN, 2013. 9788522483839. Disponível em: https://app.minhabiblioteca.com.br/#/books/9788522483839/. Acesso em: 19 dez. 2021.

[10] PIETRO, Maria Sylvia Zanella Di. *Direito administrativo* [livro eletrônico]. 33. ed. Rio de Janeiro: Forense, 2020. p. 196.

da escolha política, que é feita por meio da Constituição do país ou pela lei, jurisprudência ou costumes vigentes na época.[11]

Em outras palavras, serviço público é um conceito jurídico em constante evolução e sofre influências de diversas naturezas, sobretudo com a finalidade de a elas se adaptar. Nesse sentido, destaca Dinorá Adelaide Mussetti Grotti que:

> (...) noção de serviço público é essencialmente evolutiva, condicionada pela época e pelo meio social e, como todo instituto, só pode ser compreendido pelo estudo de sua história e das tendências sociais da nossa época. E é indubitável que a concepção tradicional dessa noção foi atingida, e o regime de alguns serviços públicos passou a assumir uma nova compostura diante das inovações trazidas com a reforma do Estado, em especial diante da compatibilidade ou não das políticas que levam à fragilização na prestação do serviço público pelo Estado com o texto constitucional brasileiro.[12]

Nesse sentido, as atividades administrativas incumbidas ao Estado vêm sendo ressignificadas e revolucionadas,[13] notadamente a partir da *nova era da sociedade da informação*, expressão esta que passou a ser utilizada alternativamente ao conceito de "sociedade pós-industrial"[14] e como forma de difundir um "novo paradigma técnico-econômico".[15]

---

[11] GROTTI, Dinorá Adelaide Musetti. *Evolução da teoria do serviço público*. Enciclopédia jurídica da PUC-SP. CAMPILONGO, Celso Fernandes. et al. (coord.). Tomo: Direito Administrativo e Constitucional. NUNES JÚNIOR, Vidal Serrano. et al. (coord. de tomo). 1. ed. São Paulo: Pontifícia Universidade Católica de São Paulo, 2017. Disponível em: https://enciclopediajuridica.pucsp.br/verbete/40/edicao-1/evolucao-da-teoria-do-servico-publico. Acesso em: 15 mar. 2022.

[12] GROTTI, Dinorá Adelaide Musetti. *O serviço público e a constituição brasileira de 1988*. São Paulo: Malheiros, 2003. p. 148.

[13] Sobre a compreensão de serviço público na contemporaneidade, ver MACERA, Paulo. Serviço público no século XXI: conceito e finalidades. *Revista Digital de Direito Administrativo*, v. 3, n. 2, p. 331-342, 2016.

[14] Para Daniel Bell, o conceito de "sociedade pós-industrial" é obtido a partir de atributos extraídos das sociedades pré-industriais, que é do tipo agrário, estruturado nos moldes tradicionais em que o poder está, em regra, intrinsicamente ligado à propriedade da terra, e industrial, que se apoia na produção de bens industriais, sendo o poder pertencente aos capitalistas. Desse modo, a sociedade pós-industrial é aquela que tem por base os serviços e se pauta pela sua ascensão e pelo declínio das atividades industriais, advindo o poder nela existente exclusivamente da informação. BELL, Daniel. *O Advento da sociedade pós-industrial*: uma tentativa social. Tradução de Heloysa de Lima Dantas. São Paulo: Cultrix. 1977. p. 146-149.

[15] WERTHEIN, Jorge. A sociedade da informação e seus desafios. *Ciência Da Informação/*

O avanço da inovação, sobretudo, mas não se limitando ao campo tecnológico, traz diversos reflexos à Administração Pública brasileira e ao próprio direito administrativo, de tal modo que o Estado está sendo, cada vez mais, desafiado a introduzir transformações inovadoras nas atividades que desempenha, a fim de que se possa alcançar a necessária eficiência, bem como a qualidade e os resultados positivos nos serviços públicos que coloca à disposição da sociedade, sem se descuidar das implicações que emergem do regime de direito público a que está submetido.[16]

Embora a assimilação dos conceitos e, ainda, a implementação, sobretudo no campo tecnológico, possa encontrar resistências na cultura organizacional ou, também, em problemas de infraestrutura física, tecnológica e de precariedade do capital humano, é dever do Estado buscar a inovação em todos os seus campos de atuação.

A busca pela inovação pode ser feita pela utilização das contratações públicas para fomentar novos negócios e/ou produtos ou por meio de melhorias na forma como o Estado presta e disponibiliza serviços públicos à sociedade.

Com base nas reflexões acima, o presente tópico se desenvolve a partir da matriz teórica de inovação abordada por Schumpeter, de forma a analisar o papel do Estado na inovação, bem como os desafios de sua implementação no âmbito da Administração Pública.

A teoria da inovação sob a perspectiva de Schumpeter é importante para que se possa investigar as raízes da disrupção existentes no desenvolvimento de novos produtos e soluções pelos agentes econômicos, assim como investigar a sua aplicabilidade ao setor público, de modo a incorporar a busca pela inovação nos anseios a serem perseguidos pela nova Administração Pública.

Instituto Brasileiro de Informação em Ciência e Tecnologia, v. 29, n. 2, p. 71-77, maio/ago. 2000. Disponível em: https://www.scielo.br/j/ci/a/rmmLFLLbYsjPrkNrbkrK7VF/?format=pdf&lang=pt. Acesso em: 06 nov. 2021.

[16] Segundo Fábio Fernandes Neves Benfatti, é impossível antever os resultados da inovação tecnológica, sendo ela um dos desafios atuais, estando no caminho dos eventos revolucionários, que alteram socialmente a humanidade, assim como ocorreu com as revoluções industrial, Francesa e Russa, de forma a se modificarem os costumes e o próprio Direito, além da própria cultura jurídica. BENFATTI, Fábio Fernandes Neves. *Atuação do Estado no desenvolvimento econômico*: a inovação tecnológica como eixo estruturante do desenvolvimento no Brasil. 2017. Tese (Doutorado em Direito Político e Econômico) – Universidade Presbiteriana Mackenzie, São Paulo, 2017. p. 155.

1.1 Teoria da inovação na visão schumpeteriana

A inovação, expressão que é oriunda do latim *innovatus*, consiste na "(...) introdução no mercado de produtos, processos, métodos ou sistemas não existentes anteriormente, ou com alguma característica nova e diferente daquela até então em vigor, com fortes repercussões socioeconômicas".[17]

Segundo Paulo Tigre, a inovação "(...) constitui uma ferramenta essencial para aumentar a produtividade e a competitividade das organizações, assim como para impulsionar o desenvolvimento econômico de regiões e países".[18]

Nesse mesmo sentido, é correto afirmar que a inovação e o conhecimento nascem como fatores basilares para a concretização da competitividade e do desenvolvimento dos países.[19]

O tema da inovação passou a integrar a pauta de discussões sobre o crescimento econômico com Joseph Alois Schumpeter, sendo, pois, impossível tratar do tema sem fazer referência a este que foi um dos maiores economistas do século XX.

Denominado "filósofo social e profeta do desenvolvimento capitalista",[20] Schumpeter, embora economista, soube dialogar muito bem com outras áreas do conhecimento humano, bem como entender que outras ciências colaboram com o entendimento em torno do desenvolvimento econômico.

Na abordagem de sua teoria de desenvolvimento econômico, Schumpeter faz um cotejo com a teoria do equilíbrio que "sempre foi e ainda é o centro da teoria tradicional".[21] Embora tradicional,

---

[17] MELO, Herbart dos Santos; LEITÃO, Leonardo Costa (Org.). *Dicionário Tecnologia e Inovação*. Fortaleza: SEBRAE, 2010. p. 122.

[18] TIGRE, Paulo. *Gestão da Inovação*: A Economia da Tecnologia no Brasil. 7. reimpr. Rio de Janeiro: Elsevier, 2006. p. 2.

[19] FEITOSA, Cid Olival. A importância da inovação para desenvolvimento econômico local. *Economia política do desenvolvimento*. Maceió, v. 4, n. 12, set./dez. 2011. Disponível em: https://www.seer.ufal.br/index.php/repd/article/viewFile/786/502#:~:text=Schumpeter%20(1997)%20acredita%20que%20a,m%C3%A9todo%20de%20produ%C3%A7%C3%A3o%2C%20da%20abertura. Acesso em: 07 nov. 2021.

[20] A expressão é de Paul Samuelson, mas foi reproduzida por Rubens Vaz da Costa no texto de introdução do livro *Teoria do desenvolvimento econômico: uma investigação sobre lucros, capital, crédito, juro e o ciclo econômico*, de Joseph Alois Schumpeter.

[21] SCHUMPETER, Joseph Alois, 1883-1950. *Teoria do desenvolvimento econômico*: uma investigação sobre lucros, capital, crédito, juro e o ciclo econômico. Introdução de Rubens Vaz da Costa; tradução de Maria Sílvia Possas. 2. ed. São Paulo: Nova Cultural, 1997. p. 9.

a teoria parte de uma visão da economia capitalista em que o desenvolvimento está ausente por completo.

O modelo de economia estática (estacionária), fundamentada em um fluxo circular da vida econômica, é contrastado por Schumpeter com a estrutura dinâmica, que ele apresenta como "Fenômeno Fundamental do Desenvolvimento Econômico".

Além das mudanças advindas de um fluxo circular, a vida econômica experimenta mudanças que não aparecem continuamente, mas que modificam o seu próprio curso natural. Por esta razão, Schumpeter compreende o desenvolvimento como as mudanças da vida econômica que não lhe são impostas por fatores externos, mas ocorridos em seu próprio âmbito e por sua própria iniciativa.[22]

Aliás, é válido pontuar que, na visão de Schumpeter, o "desenvolvimento"[23] não significa apenas o crescimento da economia, lastreado pelo aumento da população e da riqueza, fatos estes considerados como "mudança dos dados", deles não decorrendo nenhum fenômeno qualitativamente novo.

O desenvolvimento é, pois, um fenômeno distinto, uma transformação impensada e descontínua nos canais do fluxo, uma ruptura que altera e desarticula o estado de equilíbrio previamente estabelecido, a partir do que passa a se tornar o "novo normal" na vida industrial e comercial, não na esfera das necessidades dos consumidores de produtos.[24]

Em síntese, a expressão "desenvolvimento", na visão de Schumpeter, deve ser entendida de forma que:

> O desenvolvimento, no sentido em que o tomamos, é um fenômeno distinto, inteiramente estranho ao que pode ser observado no fluxo circular ou na tendência para o equilíbrio. É uma mudança espontânea e descontínua nos canais do fluxo, perturbação do equilíbrio, que altera

---

[22] SCHUMPETER, Joseph Alois, 1883-1950. *Teoria do desenvolvimento econômico*: uma investigação sobre lucros, capital, crédito, juro e o ciclo econômico. Introdução de Rubens Vaz da Costa; tradução de Maria Sílvia Possas. 2. ed. São Paulo: Nova Cultural, 1997. p. 74.

[23] Importa sublinhar que há uma conexão potencial entre a inovação tecnológica e o desenvolvimento. Ademais, a garantia ao desenvolvimento nacional é um dos objetivos fundamentais da República Federativa do Brasil, conforme previsto no art. 3º da Constituição Federal, o qual deve coexistir com os demais ali previstos.

[24] SCHUMPETER, Joseph Alois, 1883-1950. *Teoria do desenvolvimento econômico*: uma investigação sobre lucros, capital, crédito, juro e o ciclo econômico. Introdução de Rubens Vaz da Costa; tradução de Maria Sílvia Possas. 2. ed. São Paulo: Nova Cultural, 1997. p. 74-75.

e desloca para sempre o estado de equilíbrio previamente existente. Nossa teoria do desenvolvimento não é nada mais que um modo de tratar esse fenômeno e os processos a ele inerentes.[25]

Os tipos de mudanças da vida econômica aos quais Schumpeter se refere são aqueles que emergem do seio do próprio sistema capitalista que "desloca de tal modo o seu ponto de equilíbrio que o novo não pode ser alcançado a partir do antigo mediante passos infinitesimais".[26]

A protrusão do mundo estacionário e o começo de um método de desenvolvimento ocorrem, na teoria de Schumpeter, precipuamente no bojo da produção.[27]

É o produtor que, geralmente, inicia o processo de mudança econômica, e os consumidores são por ele induzidos e, em tese, educados a procurarem coisas novas ou aquelas que diferem em um ou outro aspecto em relação às que tinham o costume de usar.[28]

Embora as novas combinações de produtos possam dar surgimento a um novo produto, e haja, de certa forma, uma mudança

---

[25] SCHUMPETER, Joseph Alois, 1883-1950. *Teoria do desenvolvimento econômico*: uma investigação sobre lucros, capital, crédito, juro e o ciclo econômico. Introdução de Rubens Vaz da Costa; tradução de Maria Sílvia Possas. 2. ed. São Paulo: Nova Cultural, 1997. p. 75.

[26] SCHUMPETER, Joseph Alois, 1883-1950. *Teoria do desenvolvimento econômico*: uma investigação sobre lucros, capital, crédito, juro e o ciclo econômico. Introdução de Rubens Vaz da Costa; tradução de Maria Sílvia Possas. 2. ed. São Paulo: Nova Cultural, 1997. p. 75.

[27] No capítulo I do livro de Schumpeter, usado como referência neste tópico, produzir é descrito como a combinação de materiais e forças que estão ao nosso alcance. Assim, produzir outras coisas, ou as mesmas coisas a partir de métodos diferentes, significa combinar diferentemente esses materiais e forças. SCHUMPETER, Joseph Alois, 1883-1950. *Teoria do desenvolvimento econômico*: uma investigação sobre lucros, capital, crédito, juro e o ciclo econômico. Introdução de Rubens Vaz da Costa; tradução de Maria Sílvia Possas. 2. ed. São Paulo: Nova Cultural, 1997. p. 76.

[28] Schumpeter até considera que as mudanças podem advir da espontaneidade no gosto dos consumidores, o que ele denomina de "questão de súbita mudança dos dados", sendo tal fato um motivo ou uma oportunidade para adaptações. Porém, como tais mudanças não requerem nenhum método novo de tratamento, elas podem ser consideradas tão somente como "dados naturais", que devem ser enfrentados pelo "homem de negócios" para a satisfação das necessidades, que é o fim buscado pela produção. SCHUMPETER, Joseph Alois, 1883-1950. *Teoria do desenvolvimento econômico*: uma investigação sobre lucros, capital, crédito, juro e o ciclo econômico. Introdução de Rubens Vaz da Costa; tradução de Maria Sílvia Possas. 2. ed. São Paulo: Nova Cultural, 1997. p. 75-76. Luc Ferry nos traz um exemplo interessante e muito atual de como o consumidor é, muitas vezes, educado a partir da criação de um novo produto: "quando uma empresa como a Apple muda o conector do último iPhone, somos obrigados a comprar novos adaptadores". FERRY, Luc. *A inovação destruidora*: ensaio sobre a lógica das sociedades modernas. Tradução de Véra Lucia dos Reis. 1. ed. Rio de Janeiro: Objetiva, 2015. p. 18-19.

e, eventualmente, até um crescimento, não é deste tipo de desenvolvimento inovador a que Schumpeter se refere em sua obra.

Para Schumpeter, o desenvolvimento engloba: *i)* introdução de um novo bem ou de uma nova qualidade; *ii)* introdução de um novo método de produção, que não necessariamente decorrerá de uma descoberta cientificamente nova; *iii)* abertura de um novo mercado; *iv)* conquista de uma nova fonte de oferta de matérias-primas ou de bens semimanufaturados; e *v)* estabelecimento de uma posição de monopólio ou a sua fragmentação.

Além dos fatores acima enumerados, Schumpeter destaca que há duas coisas essenciais para a compreensão do fenômeno da inovação. A primeira é que as novas combinações não necessitam surgir das mesmas pessoas que controlam o processo produtivo, ou seja, o novo não surge a partir do velho, mas ao lado e em descontinuação a este, de modo a eliminá-lo do processo concorrencial.

Um dentre os inúmeros exemplos que podem decorrer deste fenômeno que, ainda no século XX, era descrito por Schumpeter como fluxo circular diz respeito ao inegável avanço da tecnologia existente atualmente em aparelhos de telefone celulares. Hoje em dia, um aparelho celular sem display *touchscreen*, sem câmera fotográfica de alta resolução embutida e sem banda de internet já está, de certa forma, obsoleto e fora do mercado.

O segundo ponto essencial para compreensão do fenômeno é não partir do pressuposto de que as novas combinações surgem pelo emprego de meios de produção que, por algum motivo, não estejam sendo utilizados no mercado. Isso porque segundo Schumpeter, sempre há trabalhadores desempregados, matérias-primas não vendidas e capacidade produtiva não utilizada.

As situações acima identificadas apenas contribuem, como incentivos, para o surgimento de novas combinações, que significam, portanto, o simples emprego, de forma diferenciada, da oferta de meios produtivos existentes no sistema econômico.

A mudança econômica que se observa no seio da economia capitalista é relacionada a novos bens, novas tecnologias, novas fontes de insumos, novos meios de as empresas se organizarem. Nesse contexto, ainda que o preço possua relevância, a ele é atribuído um papel secundário na determinação do nível de concorrência dos mercados.

Pode-se notar que, nas formas de mudanças econômicas apontadas por Schumpeter, o ponto comum entre elas é a noção de "novo" ou "novidade" ou, mais precisamente, de "inovação". Para o autor, portanto, a inovação possui um papel fulcral para o entendimento adequado do funcionamento do sistema capitalista.

Uma vez incorporado um produto inovador e, consequentemente, um lucro extra pelo empresário-empreendedor, os demais empresários, após assimilarem esse novo cenário, passam a ter estímulo para arriscar, isto é, para oferecer produto similar ao introduzido no mercado.

O empresário-empreendedor é o elemento central da inovação para o processo de inovação. Segundo Schumpeter:

> (...) na vida econômica a ação deve ser decidida sem a elaboração de todos os detalhes do que deve ser feito. Aqui o sucesso de tudo depende da intuição, da capacidade de ver as coisas de um modo que depois prove ser correto, mesmo que não possa ser estabelecido no momento, e da captação do fato essencial, descartando-se o não-essencial, mesmo que não seja possível prestar contas dos princípios mediante os quais isso é feito. Um meticuloso trabalho preparatório, conhecimento especializado, profundidade de compreensão intelectual, talento para a análise lógica podem, em certas circunstâncias, ser fontes de fracasso.[29]

Pela ótica de Schumpeter, a "destruição criadora"[30] está intrinsicamente ligada à dinâmica do capitalismo, de forma que as novas tecnologias surgem como "ondas", que, geral e aleatoriamente, vêm acompanhadas do aumento da produtividade do capital e do trabalho, de modo que os empresários inovadores conseguem alocar produtos com vantagens competitivas ou de forma diferenciada em relação aos seus concorrentes tecnologicamente desfasados.[31]

---

[29] SCHUMPETER, Joseph Alois, 1883-1950. *Teoria do desenvolvimento econômico*: uma investigação sobre lucros, capital, crédito, juro e o ciclo econômico. Introdução de Rubens Vaz da Costa; tradução de Maria Sílvia Possas. 2. ed. São Paulo: Nova Cultural, 1997. p. 92.

[30] Para Luc Ferry, a terminologia adequada seria "inovação destruidora", já que a inovação em um novo produto faz com que o anterior, pouco a pouco, se torne ultrapassado e seja naturalmente retirado do mercado. FERRY, Luc. *A inovação destruidora*: ensaio sobre a lógica das sociedades modernas. Tradução de Véra Lucia dos Reis. 1. ed. Rio de Janeiro: Objetiva, 2015. p. 35.

[31] SCHUMPETER, Joseph Alois, 1883-1950. *Teoria do desenvolvimento econômico*: uma investigação sobre lucros, capital, crédito, juro e o ciclo econômico. Introdução de Rubens Vaz da Costa; tradução de Maria Sílvia Possas. 2. ed. São Paulo: Nova Cultural, 1997. p. 152.

Com a finalidade de compreender o comportamento empresarial dos indivíduos, Schumpeter destaca algumas das qualidades dos empreendedores:

> Antes de tudo, há o sonho e o desejo de fundar um reino privado, e comumente, embora não necessariamente, também uma dinastia
> (...)
> Há então o desejo de conquistar: o impulso para lutar, para provar-se superior aos outros, de ter sucesso em nome não de seus frutos, mas do próprio sucesso.
> (...)
> Finalmente, há a alegria de criar, de fazer as coisas, ou simplesmente de exercitar a energia e a engenhosidade.[32]

Assim, a mente empreendedora não consiste somente no desmedido desejo de se obter o sucesso, de forma a realizar as coisas que necessitam ser feitas tão somente para que tal fim seja alcançado, aceitando as incertezas para que possa ver sua criação tomando vida e forma no mundo real.

Logo, para Schumpeter, a figura do empresário-empreendedor, a partir de suas nuances psicológicas e elementos subjetivos, é determinante para se compreender a conduta das empresas, a aptidão para a inovação, bem como o desenvolvimento do sistema capitalista.

Isso porque é a partir da personalidade do empreendedor, de sua predisposição a assumir riscos e de suas ações inovadoras, assim como de sua busca incessante por lucro e pelo sucesso, que o processo de desenvolvimento do sistema capitalista se concretiza e sobrevive.

A inovação possui, portanto, várias facetas, não simbolizando, tão somente, a criação de um novo produto (invenção), mas pode envolver o uso de novas tecnologias e/ou processos produtivos para adaptação e/ou customização de produto já existente no mercado.[33]

---

[32] SCHUMPETER, Joseph Alois, 1883-1950. *Teoria do desenvolvimento econômico*: uma investigação sobre lucros, capital, crédito, juro e o ciclo econômico. Introdução de Rubens Vaz da Costa; tradução de Maria Sílvia Possas. 2. ed. São Paulo: Nova Cultural, 1997. p. 98-99.

[33] Sob a ótica legal, anota-se que, no inciso I do art. 64 da Lei Complementar nº 123/2006, ao tratar do estímulo à inovação às microempresas e empresas de pequeno porte, a inovação foi definida como "a concepção de um novo produto ou processo de fabricação, bem como a agregação de novas funcionalidades ou características ao produto ou processo

Segundo Irene Patrícia Nohara e Maykel Ponçoni, há possibilidade de a inovação ser associada com "(...) tecnologias sustentadas, capazes de fazer um produto ou serviço adquirir melhor desempenho do que aqueles já existentes, a partir de um diferencial que agrega valor".[34]

Nesse aspecto, a inovação, sobretudo, nos tempos atuais, a tecnológica, passou a ser considerada como um fator propulsor de mudanças e do desenvolvimento econômico que, decerto, atingem a esfera interna da Administração Pública.

O desenvolvimento econômico a partir do uso de tecnologias, ou simplesmente "desenvolvimento tecnológico", é capaz de conduzir uma nação ou região a adquirir capacidade de inovação suficiente para influenciar a dinâmica econômica do mercado.[35]

Luc Ferry nos apresenta, ainda, dois modelos de crescimento na economia moderna: um, que é denominado de "keynesiano" e o outro, que pode ser qualificado como "schumpeteriano". Segundo o autor:

> O primeiro procede do aumento do número dos consumidores e, se possível, do tamanho de suas carteiras. O segundo afirma que o verdadeiro motor do crescimento é a inovação, que torna, aos poucos, obsoletos todos os restos do passado, sejam produtos, modos de vida ou organizações tecnologicamente passadas.[36]

---

que implique melhorias incrementais e efetivo ganho de qualidade ou produtividade, resultando em maior competitividade no mercado". Em sentido similar o art. 2º, IV, da Lei nº 10.973/2004 (Lei de inovação), define inovação como a "introdução de novidade ou aperfeiçoamento no ambiente produtivo e social que resulte em novos produtos, serviços ou processos ou que compreenda a agregação de novas funcionalidades ou características a produto, serviço ou processo já existente que possa resultar em melhorias e em efetivo ganho de qualidade ou desempenho".

[34] NOHARA, Irene Patrícia. PONÇONI, Maykel. Estado, Inovação e Desenvolvimento: instrumentos do direito administrativo nas transformações do capitalismo. *In*: CRISTÓVAM, José Sérgio da Silva *et al*. *Direito Administrativo em perspectiva*: diálogos interdisciplinares [e-book]. 1. ed. Florianópolis: Habitus, 2020. p. 165.

[35] É válido advertir que, para Schumpeter, "a lógica econômica prevalece sobre a tecnologia". Não obstante, o "ótimo econômico e o perfeito tecnologicamente não precisam divergir, no entanto o fazem com frequência, não apenas por causa da ignorância e da indolência, mas porque métodos que são tecnologicamente inferiores ainda podem ser os que melhor se ajustam às condições econômicas dadas". SCHUMPETER, Joseph Alois, 1883-1950. *Teoria do desenvolvimento econômico*: uma investigação sobre lucros, capital, crédito, juro e o ciclo econômico. Introdução de Rubens Vaz da Costa; tradução de Maria Sílvia Possas. 2. ed. São Paulo: Nova Cultural, 1997. p. 33.

[36] FERRY, Luc. *A inovação destruidora*: ensaio sobre a lógica das sociedades modernas. Tradução de Véra Lucia dos Reis. 1. ed. Rio de Janeiro: Objetiva, 2015. p. 15.

Atualmente, vivemos em uma sociedade globalizada, em que a inovação, por meio da revolução tecnológica, tem mudado significativamente a forma como as pessoas se relacionam, interagem e se comunicam entre si.[37] As inovações tecnológicas estão tão presentes na vida dos cidadãos e são tão usuais que já há discussão para que o acesso à internet passe a integrar o rol de direitos fundamentais previstos no art. 5º da Constituição Federal.[38] Ademais, já há política pública, com maior e rápida expansão durante a pandemia de Covid-19, de fornecimento gratuito de acesso à internet aos alunos da rede pública cujas famílias se encontrem inscritas no Cadastro Único do Governo Federal.

Dessa forma, a teoria schumpeteriana é, ainda atualmente, de suma relevância para que o fenômeno da inovação possa ser compreendido não apenas como vetor norteador da competitividade do setor produtivo, mas também incorporada como diretriz para as atividades administrativas desenvolvidas pelo Estado.

Após ser analisada a inovação sob a perspectiva de Schumpeter, que inegavelmente possui fortes inflexões sobre a dinâmica econômica do mercado ainda na atualidade, será estudado o papel do Estado na inovação, assim como analisados os desafios encontrados pela Administração Pública para a sua incorporação por meio das compras governamentais.

1.2 Papel do Estado na inovação e desafios de sua implementação

A forma como as pessoas enxergam o papel do Estado na inovação, sobretudo frente ao mercado, é limitada pela visão de que a ele incumbe tão somente corrigir as falhas mercadológicas,

---

[37] Podemos citar aqui as ferramentas de comunicação instantânea, como o WhatsApp, Telegram e outros, as de transporte por aplicativo, seja individual (Uber e 99 Táxi) ou coletivo (Buser), dentre outras que são utilizadas pela sociedade em geral.

[38] Nesse sentido, ver a Proposta de Emenda à Constituição nº 8, de 2020, que, desde 13.03.2020, está na Comissão de Constituição, Justiça e Cidadania (CCJ), do Senado Federal, aguardando a designação de relator. BRASIL. Senado Federal. *Proposta de Emenda à Constituição nº 8, de 2020*. Inclui o direito de acesso à internet no rol dos direitos fundamentais. Disponível em: https://www25.senado.leg.br/web/atividade/materias/-/materia/141096. Acesso em: 02 nov. 2021.

quando, muitas vezes, é ele que tem a missão de criar mercados, seja atuando diretamente, na forma do art. 173 da Constituição Federal, seja fomentando o seu surgimento.

Há, desse modo, um falso pressuposto de que a atuação do Estado deva ser em uma posição secundária, puramente subsidiária, a fim de deixar que o empreendedorismo e a inovação se aflorem exclusivamente na iniciativa privada, que é dinâmica, inovadora, competitiva e revolucionária, enquanto, em contraste, o Estado é taxado de preguiçoso, burocrático, inerte e intrometido.[39]

Porém, o Estado, em especial quanto à inovação, deve assumir um papel protagonista de empreendedor, criando mercados, ao invés de tão somente corrigi-los, bem como assumir riscos em prol do desenvolvimento de pesquisas básicas, muitas vezes não financiadas pelo setor privado.

Ao explicar o papel do Estado, Mariana Mazzucato expõe que se ele existisse apenas para corrigir um ou outro aspecto do mercado, a sociedade não obteria avanços fundamentais, como o desenvolvimento da internet ou o crescimento da indústria biofarmacêutica dos Estados Unidos. Isso porque o Estado desempenhou um papel fundamental no financiamento, por meio de recursos públicos, dos acima citados *cases* de inovação que, decerto, apenas se concretizaram pela mão visível do Estado.[40]

O Estado exerce, portanto, um papel relevante na inovação, uma vez que ela é essencial e a mola propulsora do desenvolvimento econômico nacional e global, tal como vimos na teoria difundida por Schumpeter.

A inovação, segundo Irene Patrícia Nohara, revela-se como "imperativo da dinamicidade do capitalismo contemporâneo", cujos reflexos, notadamente da "atual onda de exigência por inovação", atingem a Administração Pública brasileira, à qual são impostos diversos desafios, como a "adaptação às transformações

---

[39] MAZZUCATO, Mariana. *O estado empreendedor*: desmascarando o mito do setor público vs. setor privado. Tradução de Elvira Serapicos. 1. ed. São Paulo: Portfolio-Peguin, 2014. p. 91-100.

[40] MAZZUCATO, Mariana. *O estado empreendedor*: desmascarando o mito do setor público vs. setor privado. Tradução de Elvira Serapicos. 1. ed. São Paulo: Portfolio-Peguin, 2014. p. 97-103.

tecnológicas, sociais e simultaneamente ao regime jurídico de direito público".[41]

As atividades administrativas, portanto, devem, necessariamente, acompanhar as inovações, notadamente as de cunho tecnológico,[42] desde o momento do respectivo planejamento, a fim de induzir e incentivar o mercado a fornecer um bem ou serviço mais sofisticado, eficiente, econômico e inovador, até o de sua implementação como política pública de caráter permanente ou não.[43]

A Constituição Federal de 1988, após a alteração promovida pela Emenda à Constituição nº 85, de 2015, passou a prever, como dever do Estado, a promoção e o incentivo à inovação, destacando a prioridade da "pesquisa básica e tecnológica" para o desenvolvimento e o progresso da "ciência, tecnologia e inovação" (art. 218 e §1º).

Por meio da citada alteração, foi conferida ao Estado, no parágrafo único do art. 219 da Constituição Federal, a tarefa de estimular e fortalecer a inovação nas empresas e nos demais entes, públicos ou privados.

Além do papel do Estado promover políticas públicas de apoio ao empreendedorismo inovador, uma das formas para estimular a inovação é por meio das contratações governamentais que, conforme estudos do Instituto de Pesquisa Econômica Aplicada (IPEA), representam em torno de 12,5% do Produto Interno Bruto brasileiro.[44]

---

[41] NOHARA, Irene Patrícia. Desafios de inovação na administração pública contemporânea: "destruição criadora" ou "inovação destruidora" do direito administrativo? *Fórum Administrativo – FA*, Belo Horizonte, ano 17, n. 194, p. 65-71, abr. 2017.

[42] Thiago Marrara chama atenção à pluralidade de significados que possui o termo "Tecnologia". Segundo expõe o autor, "as novas tecnologias" podem ser entendidas, de uma forma mais restrita, "como conjunto de novas técnicas de transformação da realidade", ou, ainda, como um "conjunto de ciências de desenvolvimento de novas técnicas". MARRARA, Thiago. Direito Administrativo e novas tecnologias. *Revista de Direito Administrativo*, Rio de Janeiro, v. 256, p. 227, jan./abr. 2011.

[43] No entendimento de Thiago Lima Breus, dentro da equação geral dos contratos públicos deve incidir, também, a equação tecnológica, já que as inovações exercem o papel de "protagonistas nas diversas relações sociais", devendo, a seu turno, a Administração ser beneficiada por tais inovações, evitando a "obsolescência da infraestrutura" e promovendo um melhor grau de satisfação das suas finalidades. BREUS, Thiago Lima. *Contratação pública estratégica*: o contrato público como instrumento de governo e de implementação de políticas públicas. São Paulo: Almedina, 2020. p. 261.

[44] BRASIL. Instituto de Pesquisa Econômica Aplicada – IPEA. *O mercado de compras governamentais (2006-2017)*: mensuração e análise. Brasília: Ipea, 2019. p. 18. Disponível em: https://www.ipea. gov.br/portal/images/stories/PDFs/TDs/td_2476.pdf. Acesso em: 08 dez. 2021. No estudo, é

Significa dizer, portanto, que, tomando-se, por exemplo, o PIB do ano de 2021, que, conforme dados do Instituto Brasileiro de Geografia e Estatística, girou em torno de R$8,7 trilhões de reais, as contratações governamentais equivaleram a pouco mais de R$1 trilhão de reais.[45]

Desse modo, o montante de valores empregados dentro do mercado de contratações públicas é relevante, pois agita parcela importante do mercado produtivo nacional que, de alguma forma, se interessa em prestar serviços ou fornecer bens à Administração Pública em todos os níveis e esferas da federação.

Nesse sentido, o Estado deve usar o seu poder de compra para aquisição de bens ou produtos, ou para a contratação de serviços que não sejam tão somente aqueles comumente conhecidos como "de prateleira", muitas vezes obsoletos, caros e só consumidos pelo setor público, sem trazerem qualquer utilidade, economicidade e qualidade à administração, como consumidora final.

Ampliar os horizontes da contratação pública, a fim de se buscar mais do que a mera satisfação da necessidade imediata, é um dos objetivos a serem perseguidos pela Administração Pública, no atual contexto da sociedade da informação e da legislação que a cerca.

Para o presente estudo, é importante ser previamente traçado um acordo de nomenclaturas para que sejam compreendidas as diferenças existentes entre compras públicas inovadoras, de inovação e de tecnologia digital.

As compras públicas inovadoras estão intrinsecamente ligadas ao modo inovador como são realizadas. Cita-se, como exemplo, uma compra pública feita de modo compartilhado entre vários entes ou órgãos, a fim de ampliar o poder de compra e negociar melhores condições junto ao mercado fornecedor.[46]

---

indicado que a União é a maior compradora pública, com um percentual de 6,8% do PIB, seguida dos Municípios, com 3,2%, e dos Estados, com 2,2%.

[45] BRASIL. Instituto Brasileiro de Geografia e Estatística – IBGE. *Produto Interno Bruto – PIB*. Disponível em: https://www.ibge.gov.br/explica/pib.php. Acesso em: 06 dez. 2021.

[46] Em estudo realizado sobre a compra compartilhada sustentável, da qual participaram oito órgãos e entidades que estavam sediadas no Rio de Janeiro, constatou-se uma economia de, aproximadamente, 50% em relação ao valor inicialmente estimado. Para mais detalhes, ver SILVA, Renato Cader da; BARKI, Teresa Villac Pinheiro. Compras públicas compartilhadas: a prática das licitações sustentáveis. *Revista do Serviço Público*, Brasília, v.63, n. 2, p. 157-175, abr./jun. 2012.

Na hipótese de se pretender adquirir um produto ou um serviço inovador, podendo ou não envolver um serviço tecnológico, estar-se-ia diante de uma compra pública de inovação. A assertiva anterior pode ser exemplificada com um processo de contratação de consultoria técnica especializada para a implementação da metodologia BIM (*Building Information Modeling*) ou, ainda, a contratação de solução de Inteligência Artificial, a ser vista em capítulo próprio desta dissertação.

Já as compras públicas de tecnologia digital são aquelas em que a Administração Pública possua a necessidade de adquirir um bem ou contratar uma solução tecnológica, por exemplo, a aquisição de um servidor em nuvem ou uma solução de software como serviço (SaaS).

A inovação no setor público traz consigo alguns desafios que devem ser enfrentados pela Administração Pública, seja em sua atividade de fomento, quando se utiliza do processo de contratação como mecanismo de induzir positivamente o mercado, seja na sua incorporação às rotinas, atividades e serviços públicos que presta à sociedade.

1.2.1 Teoria schumpeteriana e Administração Pública

A concepção schumpeteriana de inovação, da forma como vimos anteriormente, dirige o seu foco para as relações econômicas exclusivamente aplicadas ao setor produtivo privado, já que uma empresa que não inova cotidianamente está fadada ao desaparecimento no mercado em que atua.[47]

E como poderíamos aplicar a teoria da inovação de Schumpeter às atividades administrativas desenvolvidas pelo Estado? E quais poderiam ser estes "retornos positivos para a sociedade", cujo conceito nos parece abrangente?

---

[47] FERRY, Luc. *A inovação destruidora*: ensaio sobre a lógica das sociedades modernas. Tradução de Véra Lucia dos Reis. 1. ed. Rio de Janeiro: Objetiva, 2015. p. 30. No mesmo sentido, destacam Irene Patrícia Nohara e Maykel Ponçoni que as "transformações do Capitalismo contemporâneo exigem que as organizações inovem continuamente, sendo relevante, muitas vezes, para a sobrevivência delas, que se adaptem às novas demandas, criando novos produtos, serviços e processos". NOHARA, Irene Patrícia. PONÇONI, Maykel. Estado, Inovação e Desenvolvimento: instrumentos do direito administrativo nas transformações do capitalismo. *In*: CRISTÓVAM, José Sérgio da Silva *et al*. *Direito Administrativo em perspectiva*: diálogos interdisciplinares [e-book]. 1. ed. Florianópolis: Habitus, 2020. p. 165.

O setor público, como se sabe, não objetiva a busca pelo lucro,[48] como ocorre no setor privado, o que, de certa forma, acarreta uma dificuldade para se encontrar uma definição para a inovação dentro do setor público.

Como regra geral, a inovação envolve mudanças que, consequentemente, geram "ganhos econômicos", ganhos estes que, no particular caso do setor público, não se equiparam a "retornos econômico-financeiros", mas "retornos positivos para a sociedade", de forma que a sua materialização pode ocorrer de várias formas, tais como: inovações de serviço, de processo, administrativa e organizacional, do sistema, de concepção ou radical de racionalidade.[49]

Se a inovação envolve a transformação de uma oportunidade em novos métodos e práticas, o processo de sua descoberta é perfeitamente adequado para o aperfeiçoamento das atividades desenvolvidas pela máquina administrativa em prol de alcançar maior eficiência e efetividade em sua atuação, entregando à sociedade um serviço público de qualidade.

Na perspectiva da teoria schumpeteriana, o gestor público poderia se posicionar na condição do "empresário inovador" que, motivado pelo ideal inovador e empenhado na melhor realização do interesse público, busca na inovação a forma eficaz de sua atuação e de satisfação aos anseios da sociedade.

Porém, não se pode deixar de considerar que a atividade desenvolvida pelo Estado não objetiva a geração de lucro. Também, o Estado não está disposto a amargar prejuízos na busca, muitas vezes infrutífera, pela inovação, já que os seus recursos são escassos e as políticas públicas a serem concretizadas são inesgotáveis.

O fim a ser buscado pelo Estado sempre será a satisfação do interesse público e, desse modo, o atendimento a uma necessidade

---

[48] De forma bastante simplória, o lucro empresarial é entendido como "excedente sobre os custos", ou seja, é a "diferença entre receitas e despesas no negócio". SCHUMPETER, Joseph Alois, 1883-1950. *Teoria do desenvolvimento econômico*: uma investigação sobre lucros, capital, crédito, juro e o ciclo econômico. Introdução de Rubens Vaz da Costa; tradução de Maria Sílvia Possas. 2. ed. São Paulo: Nova Cultural, 1997. p. 87.

[49] OLIVEIRA, Luiz Guilherme de. Inovação no setor público: uma reflexão a partir das experiências premiadas no Concurso Inovação na Gestão Pública Federal. *Cadernos ENAP*, n. 38, Brasília, 2014.

da população local, como os serviços de saúde, educação, transporte coletivo etc., que são custeados com as receitas obtidas por meio da atividade de arrecadação tributária.

Desse modo, é razoável se concluir que o maior escopo da inovação nas atividades administrativas, sobretudo no fomento e nos serviços públicos, é o de otimizar os recursos disponíveis, por meio de técnicas inovadoras de gestão e organização que possam gerar dinâmica, celeridade e eficiência ao setor público, assim como de incentivos voltados à inovação dos agentes econômicos que atuam no mercado público.

Como consequência, os excedentes auferidos pelo Estado – que para o agente econômico seria apropriado como lucro – serão reinvestidos e revertidos em mais benefícios para toda sociedade, como ampliação de oferta das atividades administrativas prestadas à sociedade.

Assim, a inovação poderia ser uma ferramenta capaz de melhorar o desempenho organizacional do Estado e, ao fim e ao cabo, garantir a sua adequação ante as mudanças externas, adaptando-se à realidade da sociedade cada vez mais hiperconectada, bem como para que se possa incentivar o mercado a fornecer produtos mais inovadores à Administração Pública.

Ainda, é válido pontuar: a inovação se relaciona, no caso da Administração Pública, com a ideia de celeridade, exigência cada vez mais acentuada na atual sociedade da informação, o que, por outro lado, traz consigo uma dose de complexidade, já que o gestor público não pode ser seduzido "pelas fórmulas simplistas de inovação".[50]

A inovação é, portanto, um ideal/objetivo novo a ser buscado pelo gestor público, notadamente após a vigência da Lei nº 14.133/2021, como será visto oportunamente, para o fim de aprimorar, dar eficiência, conferir celeridade e alcançar economicidade nas contratações públicas, bem como usá-las com foco na busca de comportamentos inovadores dos agentes econômicos que atuam no mercado.

---

[50] NOHARA, Irene Patrícia. Desafios de inovação na administração pública contemporânea: "destruição criadora" ou "inovação destruidora" do direito administrativo? *Fórum Administrativo – FA*, Belo Horizonte, ano 17, n. 194, p. 65-71, abr. 2017.

1.2.2 Inovação e seus desafios à Administração Pública

Não obstante estarmos na era da sociedade da informação, é certo considerar que há um processo burocrático a ser observado no âmbito da Administração Pública para que as inovações possam ser incorporadas em suas atividades, o que impõe alguns desafios a serem enfrentados.

Para Idalberto Chiavenato, a "era da informação" tem provocado, nas organizações, diversas transformações ocasionadas, notadamente, por três grandes fatores. O primeiro deles se reveste na ideia de minimização de espaço ("compactação"), o que fez com que haja a troca de grande massa de papéis, que antes necessitavam de espaços móveis para armazenamento, pelos arquivos exclusivamente eletrônicos ou nato digitais.[51]

O segundo fator é a "compreensão do tempo", já que as comunicações foram se tornando "móveis, flexíveis, rápidas, diretas e em tempo real", o que passou a permitir maior tempo de dedicação para outras atividades importantes na organização.[52] Já o terceiro fator é a "conectividade", uma vez que, por meio da evolução tecnológica, surgiu o "teletrabalho" e a "computação em nuvem", que permitem que as pessoas trabalhem juntadas eletronicamente, mas distantes fisicamente.[53]

Desse modo, a inovação tecnológica implica modificações importantes e profundas dentro das organizações privadas e, talvez não com a mesma rapidez e eficiência esperada, refletem no âmbito do setor público.

---

[51] CHIAVENATO, Idalberto. *Administração Geral e Pública*. 2. ed. Rio de Janeiro: Campus Elsevier, 2006. p. 108.

[52] Há um tempo, as comunicações eram feitas por meio de fac-símile e telefone fixo, que foram substituídos por e-mails e telefones móveis e, hodiernamente, por ferramentas como WhatsApp e outros comunicadores instantâneos.

[53] Exemplo disso é a criação do denominado "metaverso", que é um universo virtual por meio do qual usuários podem interagir por intermédio de uma realidade virtual aumentada, criando-se uma vivência em mundo virtual com elementos que compõem uma realidade não virtual. Para os impactos que tal inovação tecnológica trará ao direito, ver BRAGHETTO, Bruna Mirella Fiore; RODRIGUES, Maurício Pallotta. Impactos do metaverso no Direito. *Consultor Jurídico*, 21 fev. 2022. Disponível em: https://www.conjur.com.br/2022-fev-21/braghetto-pallotta-impactos-metaverso-direito?imprimir=1. Acesso em: 02 maio 2022.

As novas tecnologias disruptivas que já são muito utilizadas em operações privadas, como aplicativos de inteligência artificial, a exemplo do *chat bot*, e tecnologia *blockchain*,[54] dentre outras que serão mais bem analisadas em tópicos subsequentes, interferem, de uma forma ou outra, nas atividades administrativas.

Ao tratarem dessas tendências e de suas influências no âmbito da Administração Pública, Thiago Marrara e Gustavo Gil Gasiola explicitam que as novas tecnologias de informação e de comunicação (TIC):

> (…) facilitam o fluxo cada vez maior e veloz de dados, informações, mensagens e, por conseguinte, as formas de interação técnica e humana mediadas pelas máquinas. Essas tecnologias forçam a substituição de antigos contextos de interação social presencial, ou seja, dependentes de proximidade corporal. Por reflexo, também relativizam a importância de alguns espaços físicos, inclusive bens públicos de uso comum do povo, antes tomados como arenas exclusivas da interação humana em sentido coletivo ou em massa. A padronização e ampliação de novos meios de comunicação pela teia global e sob crescente qualidade operacional supera aos poucos as dificuldades que as grandes distâncias geográficas impunham ao relacionamento interpessoal e ao intercâmbio de afeto e de outros sentimentos.[55]

As dificuldades de adaptação na realidade prática da Administração Pública se tornaram muito evidentes no decorrer da pandemia de Covid-19,[56] quando houve a necessidade de se

---

[54] O *Chat bot* é um tipo de inteligência artificial desenvolvida para oferecer atendimento imediato ao usuário de determinada plataforma (um exemplo conhecido na atualidade é a "BIA", lançada pelo Banco Bradesco). Já *blockchain* é uma tecnologia que permite a inserção de transações mais complexas, que teve origem com a necessidade de estabelecer transações com criptomoedas e, na atualidade, pode ser utilizada, por exemplo, para contratos inteligentes (*smart contracts*).

[55] MARRARA, Thiago; GASIOLA, Gustavo Gil. Regulação de novas tecnologias e novas tecnologias na regulação. *International Journal of Digital Law*, Belo Horizonte, ano 1, n. 2, p. 120, maio/ago. 2020.

[56] Em 03 de fevereiro de 2020, foi declarada, em todo o território brasileiro, a Emergência em Saúde Pública de Importância Nacional (ESPIN) em decorrência da infecção humana pelo novo coronavírus (2019-nCoV), conforme Portaria nº 188 do Ministério da Saúde. Na sequência, em 06 de fevereiro de 2020, foi sancionada a Lei nº 13.979, que dispôs sobre as medidas para o enfrentamento da Covid-19, aplicável a todos os entes da Federação e que teve validade até 31 de dezembro de 2020, ressalvadas as medidas sanitárias previstas no art. 3º e 3º-A a 3º-J, as quais, na forma da cautelar deferida pelo Supremo Tribunal Federal na ADI nº 6.625, mantiveram as suas vigências para além do Decreto Legislativo nº 6, de 2020.

conciliar o distanciamento social com a manutenção de serviços públicos essenciais e necessários à sociedade em geral.

Não obstante os momentos de crises possam trazer estímulos ao avanço das inovações tecnológicas,[57] certo é que, durante a pandemia de Covid-19, os desafios impostos à Administração Pública, em todas as esferas da federação, notadamente nos pequenos municípios,[58] foram significativos, pois nem todos estavam aparelhados para a virtualização de parcela dos serviços públicos que, até então, vinham sendo prestados em ambiente unicamente físico.

O despreparo dos entes subnacionais é corroborado por estudos realizados pelo Instituto Brasileiro de Geografia e Estatística (IBGE), que indicam que, apesar de 97,7% dos municípios possuírem páginas na internet, especialmente como forma de divulgar suas ações e atender ao princípio da transparência, bem como os ditames da Lei de Acesso à Informação (divulgação de licitações, salários etc.), a solicitação de serviços públicos e o seu acompanhamento, por meio eletrônico ou de aplicativos, eram, no ano de 2019, disponibilizados por apenas 7% e 5,9% dos municípios, respectivamente.[59]

No caso dos Estados da federação, todos possuem páginas na internet; porém, apenas alguns fornecem serviços públicos de forma digital a seus cidadãos. Na pesquisa realizada, dos 26 Estados da federação mais o Distrito Federal, apenas 18

---

[57] Nesse sentido, Thiago Marrara e Gustavo Gil Gasiola entendem que toda vez que o "indivíduo enfrenta problemas ou encontra limites, a mente trabalha a buscar soluções, impulsionando novas técnicas. É por isso que, mesmo nos períodos mais sombrios e difíceis da humanidade, o avanço da técnica jamais cessou. Muito pelo contrário. As crises e, principalmente, as guerras e os conflitos estimulam seu desenvolvimento". MARRARA, Thiago; GASIOLA, Gustavo Gil. Regulação de novas tecnologias e novas tecnologias na regulação. *International Journal of Digital Law*, Belo Horizonte, ano 1, n. 2, p. 118, maio/ago. 2020.

[58] Dos 5.568 municípios brasileiros, 3.797 são de pequeno porte, assim entendidos como aqueles que possuem até 20.000 mil habitantes, o que equivale ao redor de 76% das Administrações Públicas municipais brasileiras. BRASIL. Instituto Brasileiro de Geografia e Estatística – IBGE. *Perfil dos municípios brasileiros*: 2019/IBGE, Coordenação de População e Indicadores Sociais. Rio de Janeiro: IBGE, 2020. Disponível em: https://biblioteca.ibge.gov.br/visualizacao/livros/liv101770.pdf. Acesso em: 12 nov. 2021.

[59] BRASIL. Instituto Brasileiro de Geografia e Estatística – IBGE. *Perfil dos municípios brasileiros*: 2019/IBGE, Coordenação de População e Indicadores Sociais. Rio de Janeiro: IBGE, 2020. p. 26. Disponível em: https://biblioteca.ibge.gov.br/visualizacao/livros/liv101770.pdf. Acesso em: 12 nov. 2021.

disponibilizam alguns serviços, como a impressão de boletos para pagamento de tributos e a emissão de documentos (licenças, alvarás, certidões etc.).[60]

Ademais, especificamente em relação à estrutura de pessoal e de tecnologia da informação e comunicação, o estudo releva que apenas 3.259 municípios brasileiros (58,5%) dispõem de estrutura organizacional na área de tecnologia, e, desses entes, apenas 53% (em torno de 1.727) possuíam servidores com cargos efetivos. No caso dos Estados, a pesquisa revelou que todos dispõem de estrutura de pessoal e de tecnologia.

Os dados acima apresentados demonstram alguns dos desafios que serão enfrentados, especialmente pelos entes subnacionais, em face das tecnologias disruptivas que estão surgindo na atual sociedade da informação, principalmente no campo da disponibilização de serviços públicos à sociedade.

Ainda que se possa perceber um aumento do uso de tecnologia no setor público, tal fato não resulta necessariamente em uma oferta significativa de serviços públicos digitais para o cidadão.

Isso porque a falta de recursos para o investimento em infraestrutura tecnológica e a forma precária com que parcela dos entes da federação lida com o capital humano na área de tecnologia da informação[61] são fatores que causam prejuízos à evolução tecnológica e à implementação de métodos inovadores na disponibilização de serviços públicos à população.

Conforme se analisará adiante, os problemas acima apontados, no campo das contratações públicas, podem ser mitigados com a centralização dos procedimentos e informações em uma plataforma eletrônica única, podendo ser o próprio Portal Nacional

---

[60] BRASIL. Instituto Brasileiro de Geografia e Estatística – IBGE. *Perfil dos municípios brasileiros*: 2019/IBGE, Coordenação de População e Indicadores Sociais. Rio de Janeiro: IBGE, 2020. Disponível em: https://biblioteca.ibge.gov.br/visualizacao/livros/liv101770.pdf. Acesso em: 12 nov. 2021.

[61] Embora a área de tecnologia da informação seja relevante diante do atual contexto tecnológico, os estudos feitos pelo IBGE indicam que muitas prefeituras se utilizam, na prestação de tais serviços, de servidores em cargo comissionados (45,4%) e prestadores de serviços terceirizados (39,3%). BRASIL. Instituto Brasileiro de Geografia e Estatística – IBGE. *Perfil dos municípios brasileiros*: 2019/IBGE, Coordenação de População e Indicadores Sociais. Rio de Janeiro: IBGE, 2020. p. 26. Disponível em: https://biblioteca.ibge.gov.br/visualizacao/livros/liv101770.pdf. Acesso em: 12 nov. 2021.

de Contratações Públicas, previsto na Lei nº 14.133/2021 e já implementado pelo Governo Federal.

Com efeito, a pandemia de Covid-19 reclamou celeridade para as mudanças de paradigmas na atuação da Administração Pública, o que intensificou a busca por tecnologias e iniciou um grande processo de virtualização de suas atividades administrativas, assim como da institucionalização do governo digital (*e-government*), cujos traços serão vistos mais adiante neste estudo.

Esse processo que, por si só, já é desafiador, traz consigo, além de inovações, algumas vulnerabilidades, uma vez que a transposição das atividades físicas para a sua realização em espaço virtual (ciberespaço ou até metaverso) pode ensejar algum tipo de exclusão social, notadamente de parcela da população economicamente mais vulnerável, que, por exemplo, não possua acesso à internet.[62]

É válido considerar que a inovação no setor público possui quatro facetas diferenciadas, que devem ser consideradas, seja no planejamento ou na concretização das políticas públicas: *i)* inovação orientada para a missão: deve ser estabelecido um objetivo claro a ser cumprido para o seu alcance; *ii)* inovação voltada para a melhoria: atualização das práticas, a fim de alcançar eficiência e melhores resultados, baseando-se em estruturas preexistentes; *iii)* inovação adaptativa, por meio da qual se explora e testa novas abordagens para atender a um ambiente operacional em evolução; e *iv)* inovação antecipada: explora e se envolve com questões emergentes, que podem determinar prioridades e compromissos futuros.[63]

Aos poucos, portanto, a Administração Pública vem sendo impulsionada a adotar a tecnologia da informação na implementação das políticas públicas e prestação de serviços aos cidadãos, transformando aquilo que antes se apresentava como uma perspectiva

---

[62] MEDEIROS, Breno Pauli *et al*. O uso do ciberespaço pela administração pública na pandemia da COVID-19: diagnósticos e vulnerabilidades. *Revista de Administração Pública*, Rio de Janeiro, v. 54, n. 4, p. 650-662, jul./ago. 2020. Disponível em: https://www.scielo.br/j/rap/a/x3VKDBRYpkvNb8dmXN4rNyR/?format=pdf&lang=pt. Acesso em: 12 nov. 2021.

[63] ORGANIZAÇÃO PARA A COOPERAÇÃO E O DESENVOLVIMENTO ECONÔMICO (OCDE). Olá, mundo: Inteligência Artificial e seu uso no setor público. *Documentos de Trabalho da OCDE sobre Governança Pública*. N. 36, 2020 (tradução livre). Disponível em: https://www.oecd.org/gov/innovative-government/hola-mundo-la-inteligencia-artificial-y-su-uso-en-el-sector-publico.pdf. Acesso em: 02 abr. 2022. (tradução livre).

inimaginável, em uma realidade quase que indissociável no âmbito de sua atuação na atualidade.

Trata-se de um cenário desafiador para a Administração Pública que, no âmbito de uma sociedade mais globalizada e informatizada, deve voltar o seu olhar para o implemento da inovação tecnológica tanto em suas rotinas internas (por exemplo, adotando meios mais eficazes, eficientes, transparentes e econômicos para suas contratações), quanto em sua atuação externa, disponibilizando serviços públicos acessíveis em plataformas digitais.

1.3 Administração Pública 4.0: era do governo digital

A sociedade moderna possui demandas cada vez mais complexas e imediatas, o que tem levado a novas reflexões em torno dos modelos de atuação do Estado para atendê-las de forma satisfatória, com qualidade, eficiência e celeridade.

Dentre todas as reformas pelas quais já passou o Estado brasileiro, é certo considerarmos que, no final da década de 90, notadamente com a Emenda à Constituição nº 19/1998,[64] houve uma profunda reforma administrativa com vistas à modernização de práticas no âmbito da Administração Pública, de modo a buscar a eficiência nos serviços disponibilizados à sociedade, que foi inspirada na visão gerencial.

O modelo gerencial de administração, que se baseia no contexto de escassez de recursos, enfraquecimento do poder estatal e de avanço de uma ideologia privatizante, tem por principais características: *i)* orientação para clientes e resultados; *ii)* flexibilidade; *iii)* competitividade administrada; *iv)* descentralização; *v)* Estado atuante, em contraposição à visão liberal; *vi)* orientação para critérios de eficiência via adoção de técnicas de administração de empresas

---

[64] Luiz Carlos Bresser-Pereira chama atenção ao fato de que a "reforma gerencial do Estado de 1995" não pode ser confundida com a emenda constitucional apresentada pelo governo em 1995, que foi alcunhada de "reforma administrativa". Para o autor, apenas a reforma que modifica, de forma substancial, o funcionamento do aparelho estatal deve ser reconhecido como "reformas administrativas". BRESSER-PEREIRA, Luiz Carlos. A reforma gerencial do Estado de 1995. *Revista de Administração Pública*, v. 34, n.4, p.7-26, 2000. Disponível em: https://bibliotecadigital.fgv.br/ojs/index.php/rap/article/view/6289. Acesso em: 20 abr. 2022.

(tecnologia gerencial); *vii)* estruturas horizontalizadas; *viii)* agências regulatórias independentes; *ix)* contrato de gestão etc.[65]

Segundo Irene Patrícia Nohara, o Plano Diretor da Reforma do Aparelho do Estado tinha por objetivo "preparar o Estado para enfrentar a crise que ameaçava as economias em escala mundial, e, em tese, proporcionar maior competitividade ao País num cenário de intensificação da integração regional e, principalmente, global".[66]

A reforma realizada neste período, que, repita-se, foi concretizada com a promulgação da Emenda Constitucional nº 19/1998, trouxe transformações e alterações em dispositivos da Constituição Federal na tentativa de modificar o papel do Estado: de prestador de serviços para gerenciador das atividades que seriam repassadas ao setor produtivo privado.[67]

Ao analisar o impacto da eficiência na configuração do direito administrativo e a partir do ideal reformador que ensejou as modificações do papel do Estado, Irene Patrícia Nohara destaca que:

> O arranjo propugnado pelo modelo gerencial na Administração Pública na contribui, no fundo, para o equacionamento das questões de ineficiência do País. Estas são relacionadas, conforme dito, com a desigualdade e o consequente "assujeitamento" de grande parcela da população. Ele acaba provocando uma diminuição no *status* de cidadania, por restringir a expansão e o reconhecimento não apenas dos direitos sociais, que auxiliam na consolidação da democracia material, mas também dos direitos dos próprios servidores públicos.[68]

Não obstante as diversas reformas pelas quais já passou o Estado brasileiro, fato é que os modelos de gestão da Administração Pública ainda são discutidos na atualidade.[69]

---

[65] ARAGÃO, Cecília Vescovi. Burocracia, eficiência e modelos de gestão pública: um ensaio. *Revista do Serviço Público*, ano 48, n. 3, set./dez. 1997.
[66] NOHARA, Irene Patrícia. *Reforma administrativa e burocracia*: impacto da eficiência na configuração do direito administrativo brasileiro. São Paulo: Atlas, 2012. p. 1.
[67] Para estudos mais intensos sobre a temática envolvendo a reforma administrativa, ver NOHARA, Irene Patrícia. *Reforma administrativa e burocracia*: impacto da eficiência na configuração do direito administrativo brasileiro. São Paulo: Atlas, 2012.
[68] NOHARA, Irene Patrícia. *Reforma administrativa e burocracia*: impacto da eficiência na configuração do direito administrativo brasileiro. São Paulo: Atlas, 2012. p. 161.
[69] Há, nos debates de reforma do Estado, premissas muitas vezes equivocadas acerca do tamanho da máquina estatal. Os discursos reformistas, conforme expressa Irene Patrícia Nohara, sempre repousam na "priorização do incremento da produção, alegando visar

Embora esteja diante de uma sociedade da informação e da digitalização de serviços públicos, assim como do uso de tecnologias disruptivas, não há como existir avanço dentro da Administração Pública senão por meio da profissionalização do capital humano capaz de entregar à sociedade, com eficiência e agilidade, serviços públicos de qualidade.

A essência informatizada do mundo, caracterizada pelas suas múltiplas naturezas, releva uma dinâmica totalmente mutante e apenas acessível por meio da interação entre o humano e a tecnologia, o que está cada vez mais presente na vida da sociedade e com reflexos significativos sobre as atividades da Administração Pública.

O mundo vive, na atualidade, uma quarta revolução industrial, que tem como marco inicial o século XXI e está lastreada na denominada "revolução digital",[70] que envolve inovações integrativas do ambiente físico, digital e biológico.

Na atualidade, o direito à conectividade e, portanto, ao acesso à internet passa a ser enfrentado como um direito essencial e fundamental,[71] sendo este um pressuposto para que os serviços públicos possam ser migrados para um ambiente exclusivamente digital.

Com o avanço da sociedade exclusivamente baseado nas inovações tecnológicas, a Administração Pública se vê obrigada a incorporar, em suas práticas, tais evoluções, a fim de melhorar a prestação de serviços, otimizar processos internos e reduzir custos,

---

o melhor e maior preenchimento das necessidades sociais". Não obstante, na prática, o que se busca é a "demissão em massa" para que ocorra um ajuste de contas públicas, com a falsa ideia de que houve uma reforma estatal. NOHARA, Irene Patrícia. *Reforma administrativa e burocracia*: impacto da eficiência na configuração do direito administrativo brasileiro. São Paulo: Atlas, 2012. p. 162.

[70] Patrícia Peck Pinheiro, citando Don Tapscott, discorre que a revolução digital se baseia "em quatro pilares fundamentais: transparência, colaboração, compartilhamento de conhecimento e mobilização. Portanto, estaria sendo gerado um verdadeiro "capital digital" que merece proteção". PINHEIRO, Patrícia Peck. Direito digital. 7. ed. São Paulo: Saraiva Educação, 2021. E-book. p. 47. Segundo Lucas Borges de Carvalho, a atual revolução é caracterizada por um contínuo ciclo de alinhamento entre a inovação e o seu uso, sendo que a rapidez das transformações é um dos diferenciais dessa era digital. CARVALHO, Lucas Borges de. Governo digital e direito administrativo: entre a burocracia, a confiança e a inovação. *Revista de Direito Administrativo*, v. 279, n. 3, p. 115-148, set/dez. 2020.

[71] Nesse sentido, destaca-se que a Organização das Nações Unidas (ONU) reconhece como direito fundamental o acesso à internet e define que "Toda pessoa tem o mesmo direito de acessar e usar a Internet com segurança e liberdade". ORGANIZAÇÃO DAS NAÇÕES UNIDAS (ONU). *10 Derechos y Principios para Internet*. Disponível em: https://drive.google.com/file/d/1UsvbA2ftG6yXp9omv855JDuElYKh9ZUY/view. Acesso em: 14 nov. 2021.

buscando, ainda, transparência e fortalecendo a democracia, por meio da ampla participação da sociedade.

1.3.1 Ressignificação dos serviços públicos na era digital

Os serviços públicos estão em constante evolução, sendo que um dos principais impactos em sua configuração é, sem dúvida, o rápido avanço tecnológico. Neste contexto evolutivo, surge a necessidade de o Estado disponibilizar serviços públicos a partir de plataformas digitais ou, simplesmente, e-serviços públicos, a fim de atender aos anseios de uma sociedade cada vez mais conectada.

A partir das perspectivas evolutivas nos serviços e atividades públicas, a Organização para a Cooperação e o Desenvolvimento Econômico (OCDE), no ano de 2014, elaborou o primeiro documento internacional para tratar do "governo digital".

No documento elaborado pela OCDE, são oferecidas recomendações sobre o uso transversal da tecnologia nos governos, com a finalidade de os aproximar das empresas e dos cidadãos, assim como para o estabelecimento de diretrizes para execução de políticas públicas. Segundo o documento:

> A difusão e adoção de tecnologias também está mudando as expectativas sobre a capacidade dos governos de entregar valor público. Os governos não podem mais separar a eficiência de outros objetivos de política social na governança e gestão de tecnologias digitais. A crise econômica e financeira está mostrando que a melhoria na prestação de serviços e a eficiência do setor público interno andam de mãos dadas com o crescimento econômico, a igualdade social e os objetivos de boa governança, como maior transparência, integridade e envolvimento do cidadão.[72]

Com efeito, há um reconhecimento, pela OCDE, da necessidade de transição entre o "governo eletrônico", baseado tão somente na implementação de tecnologias e uso da internet, para o "governo

---

[72] ORGANIZAÇÃO PARA A COOPERAÇÃO E O DESENVOLVIMENTO ECONÔMICO (OCDE). *Recomendações do Conselho sobre Estratégias Digitais*. 2014. Disponível em: https://www.oecd.org/gov/digital-government/Recommendation-digital-government-strategies.pdf. Acesso em: 14 nov. 2021.

digital", no âmbito do qual a tecnologia é utilizada como fator agregador para a efetiva melhoria da gestão pública.[73]

Nesse sentido, e a fim de possibilitar a implantação do governo digital, foram traçadas algumas recomendações pela OCDE, quais sejam: a) garantia de transparência, com a atualização de regulamentos, além de garantia de soluções voltadas à inclusão digital da população; b) incentivo à participação da sociedade, mediante soluções digitais, em desenvolvimentos de políticas, projetos e quaisquer decisões governamentais; c) criação de cultura orientada aos dados no setor público; d) desenvolvimento de mecanismos de proteção à privacidade digital e a dados sigilosos dos cidadãos; e) garantia de liderança, compromisso e engajamento político com a estratégia de digitalização; f) garantia de uso coerente das tecnologias digitais em todas as áreas políticas e nos níveis de governo; g) estabelecimento de estrutura organizacional e de governança, eficazes para coordenar as estratégias digitais dentro e entre os níveis de governos; h) fortalecimento da cooperação internacional com o intuito de buscar boas práticas e novas tecnologias; i) desenvolvimento de negociações claras para sustentar o financiamento e implementação focada de projetos tecnológicos; j) reforço de capacidades institucionais de gerenciamento e monitoria de implementação dos projetos; k) aquisição de tecnologias digitais baseadas na avaliação dos ativos existentes; l) garantir uma legislação que acompanhe os rumos do governo digital e as inovações que as novas tecnologias irão proporcionar.

As dificuldades reais para que as diretrizes acima elencadas sejam seguidas pelos entes da federação brasileira[74] não são desconhecidas, pois muitos desses possuem infraestruturas de tecnologia e de recursos humanos precárias e defasadas, além de culturas totalmente diferentes entre si.

---

[73] No Brasil, por meio do Decreto Presidencial de 03 de abril de 2000, foi criado o programa de governo eletrônico, ocasião em que se instituiu um grupo de trabalho com a finalidade de examinar e propor políticas, diretrizes e normas relacionadas ao uso das novas formas de interação por meio de ferramentas tecnológicas.

[74] Como se conhece, a federação brasileira é formada pela União, 26 Estados e 1 Distrito Federal e 5.568 municípios, dentre os quais, ao redor de 76%, são de pequeno porte (com até 20 mil habitantes) e possuem, conforme estudos do IBGE já apresentados neste trabalho, uma precária infraestrutura tecnológica para digitalização de serviços públicos prestados à população de seu território.

Além disso, há um necessário tratamento regulamentar a ser conferido à matéria por cada ente da federação, a fim de se estabelecer parâmetros para segurança cibernética dos dados gerados e dos serviços a serem disponibilizados por meio do governo digital a ser implementado.

Tendo em vista a necessidade acima explicitada, no âmbito da Administração Pública federal, foi iniciado, a partir do ano de 2015,[75] um movimento para regulamentação e implementação do governo digital.

A primeira norma editada foi o Decreto nº 8.936, de 19 de dezembro de 2016, que instituiu a plataforma de cidadania digital e dispôs sobre a oferta de serviços públicos digitais. No decreto, foi previsto que a plataforma digital seria um canal único e integrado para a disponibilização de informações, solicitações e acompanhamento dos serviços públicos prestados em âmbito federal.

Na sequência, foi instituída, por meio do Decreto nº 9.637, de 26 de dezembro de 2018, a Política Nacional de Segurança da Informação (PNSI), com a finalidade de assegurar a disponibilidade, a integralidade, a confidencialidade e autenticidade da informação em âmbito nacional.

A segurança da informação tratada pelo ato normativo federal engloba a segurança e a defesa cibernética, bem como a segurança física e a proteção de dados organizacionais, além de contemplar ações destinadas a assegurar a disponibilidade, a confidencialidade e a autenticidade da informação.

No mesmo ano de 2018, foi publicada a estratégia brasileira para transformação digital (e-digital) para o quadriênio 2018-2021, havendo, dentre os eixos temáticos, a transformação digital do governo, com a finalidade de torná-lo mais dinâmico, mais próximo

---

[75] Destaca-se que a transformação conceitual e concreta do governo eletrônico para o governo digital só se tornou possível pelas evoluções tecnológicas iniciadas desde o ano de 2000, cujo aprimoramento foi sendo feito a partir de vários diagnósticos, legislações (a exemplo da Lei de Acesso à Informação (LIA), marco civil da internet, Lei Geral de Proteção de Dados Pessoais (LGPD) etc.) e instituições de boas práticas inovadoras (criação de infraestrutura de chaves públicas, portais eletrônicos, e-Gov. Para mais detalhes sobre essa evolução, ver BRASIL. Ministério da Economia. *Do eletrônico ao Digital*. 2019. Disponível em: https://www.gov.br/governodigital/pt-br/estrategia-de-governanca-digital/do-eletronico-ao-digital. Acesso em: 15 nov. 2021.

da população e mais eficiente para resolver os problemas e facilitar a vida do cidadão.[76]

É possível ser percebida, nas estratégias traçadas pelo governo federal, a incorporação das recomendações expedidas pela OCDE, já indicadas anteriormente neste estudo, sobretudo para a transformação dos serviços públicos com a finalidade de agregar valores e benefícios para toda a sociedade.

Dentro do eixo G, "Transformação Digital: Cidadania e Governo", é reforçada a importância da digitalização dos serviços públicos para o incremento da democracia, que se dá com a ampla participação social na formulação e controle das políticas públicas:

> (...) A digitalização dos serviços públicos e do governo como um todo é importante para aumentar não apenas o nível de eficiência da atividade governamental, em termos de custos ou de maior racionalização, como também a efetividade em relação ao aumento da participação social ou da satisfação do cidadão, visando principalmente a melhoria da prestação serviços à população. Existem áreas em que o Estado atua com grande protagonismo, como educação e saúde, no âmbito do Pacto Federativo.[77]

O processo de digitalização dos serviços públicos tem sido visto como uma grande oportunidade para que se garanta, por meio dos governos, o amplo acesso aos serviços públicos, que podem ser ofertados com mais qualidade e agilidade, promovendo, assim, o exercício efetivo da cidadania.

Para atender às expectativas de implementação do governo digital, foram traçados três grandes linhas orientadoras para as políticas públicas brasileiras, quais sejam: *i)* aumento da transparência e do controle social; *ii)* ampliação da participação social na

---

[76] BRASIL. Ministério da Ciência, Tecnologia, Inovações e Comunicações. *Estratégia brasileira para a transformação digital*. Brasília, 2018. Disponível em: https://www.gov.br/mcti/pt-br/centrais-de-conteudo/comunicados-mcti/estrategia-digital-brasileira/estrategiadigital.pdf. Acesso em: 14 nov. 2021. No ano de 2020, por meio do Decreto federal nº 10.332, de 28 de abril de 2020, foi instituída a Estratégia de Governo Digital para o período de 2020 a 2022, cuja operacionalidade deveria estar em consonância com a Estratégia brasileira para transformação digital (art. 4º).

[77] BRASIL. Ministério da Ciência, Tecnologia, Inovações e Comunicações. *Estratégia brasileira para a transformação digital*. Brasília, p. 93. 2018. Disponível em: https://www.gov.br/mcti/pt-br/centrais-de-conteudo/comunicados-mcti/estrategia-digital-brasileira/estrategiadigital.pdf. Acesso em: 14 nov. 2021.

formulação das políticas públicas; e *iii)* prestar mais e melhores serviços públicos por meio digital.[78]

Também no ano de 2018, foi divulgada, pela Organização das Nações Unidas (ONU), a 10ª edição do relatório de governo eletrônico, em que se analisa o estado de desenvolvimento de governo digital no seio dos 193 estados-membros que compõem a referida Organização. Na oportunidade, o Brasil figurou dentre os dez principais países com governo digital das Américas, tendo alcançado, no ranking geral, a 44ª posição.[79]

No ano de 2019, por meio do Decreto nº 9.756, com a finalidade de centralizar as informações e serviços digitais a serem prestados à sociedade brasileira, foi instituído o portal único "gov.br", bem como foram regulamentadas as regras de unificação dos canais digitais do governo federal.

Buscando a sua consolidação rumo à efetiva implantação do governo digital, foi sancionada a Lei nº 14.129, de 29 de março de 2021, com o intuito de dispor sobre princípios, regras e instrumentos para o aumento da eficiência da Administração Pública, especialmente por meio da desburocratização, da inovação, da transformação digital e da participação do cidadão.

A lei do governo digital não é nacional e, portanto, tem a sua aplicabilidade restrita à Administração Pública direta federal, abrangendo os Poderes Executivo, Judiciário e Legislativo, incluindo o Tribunal de Contas da União e o Ministério Público da União. Os entes subnacionais poderão, no entanto, adotar os comandos veiculados pela referida norma, desde que o façam por meio de atos normativos próprios.

Dados do Ministério da Economia indicam que, dos 3,9 mil serviços disponíveis na plataforma eletrônica (portal Gov.br), 61%

---

[78] BRASIL. Ministério da Ciência, Tecnologia, Inovações e Comunicações. *Estratégia brasileira para a transformação digital*. Brasília, p. 93. 2018. Disponível em: https://www.gov.br/mcti/pt-br/centrais-de-conteudo/comunicados-mcti/estrategia-digital-brasileira/estrategiadigital.pdf. Acesso em: 14 nov. 2021.

[79] ORGANIZAÇÃO DAS NAÇÕES UNIDAS. *e-Government Survey 2018*: Gearing e-Government to support transformation towards sustainable and resilient societies. 2018. Disponível em: https://publicadministration.un.org/egovkb/Portals/egovkb/Documents/un/2018-Survey/E-Government%20Survey%202018_FINAL%20for%20web.pdf. Acesso em: 14 nov. 2021.

são oferecidos exclusivamente de forma digital, o que, segundo o órgão, pode gerar uma economia de aproximadamente R$2 bilhões por ano, sendo R$500 milhões especificamente para o governo e R$1,5 bilhão para a sociedade.[80]

A preocupação com a inclusão digital é refletida no Brasil pela evolução alcançada para possibilitar a chegada do governo digital, cujo elemento central é a eficiência na relação com a sociedade, com o fito de tornar mais simples, mais acessível e mais competente a oferta de serviços por meio das tecnologias digitais.

Esta evolução na transformação digital levou o Brasil a ser reconhecido e alcançar a 16ª posição no Índice de Governo Digital, do ranking realizado pela OCDE, tendo ficado acima da média dos países que compõem a referida organização, bem como superando nações como Alemanha, Estônia, Países Baixos, Áustria e Irlanda.[81]

Outro reconhecimento feito às iniciativas brasileiras adveio do resultado do Índice de Maturidade GovTec, do Banco Mundial (*GovTech Maturity Index*), que, avaliando a transformação digital de serviços públicos em 198 economias pelo mundo, considerou o Brasil como o 7º país com a mais alta maturidade em Governo Digital.[82]

A evolução tecnológica para a era do governo digital tem sido uma realidade brasileira exclusiva – ou talvez com mais visibilidade – em âmbito federal, o que faz com que o Governo brasileiro seja visto como uma economia com alta maturidade na disponibilização de serviços digitais.

No entanto, quando nos voltamos para dentro da federação brasileira, as inovações tecnológicas e as transformações digitais tendem a ser mais morosas e dificultosas, de maneira especial para os

---

[80] BRASIL. Ministério da Economia. *Governo Digital*: Brasil conquista 16ª posição em ranking de governo digital da OCDE. 2020. Disponível em: https://www.gov.br/economia/pt-br/assuntos/noticias/2020/outubro/brasil-conquista-16a-posicao-em-ranking-de-governo-digital-da-ocde. Acesso em: 22 nov. 2021.
[81] BRASIL. Ministério da Economia. *Governo Digital*: Brasil conquista 16ª posição em ranking de governo digital da OCDE. 2020. Disponível em: https://www.gov.br/economia/pt-br/assuntos/noticias/2020/outubro/brasil-conquista-16a-posicao-em-ranking-de-governo-digital-da-ocde. Acesso em: 22 nov. 2021.
[82] O Brasil apenas fica atrás Coreia do Sul, Estônia, França, Dinamarca, Áustria e Reino Unido. Para ter acesso ao relatório completo, ver WORLD BANK GROUP. *GovTech Maturity Index*: The State of Public Sector Digital Transformation. 2021. Disponível em: https://openknowledge.worldbank.org/handle/10986/36233. Acesso em: 24 nov. 2021.

municípios brasileiros. À exceção dos municípios de grande porte, que representam em torno de 6% do total,[83] muitos deles sendo capitais de Estados, a realidade da maioria dos municípios brasileiros demonstra precariedade de infraestrutura tecnológica e, em muitos casos, de recursos humanos capacitados, o que pode acarretar dificuldades para a transformação digital dos serviços públicos.

---

[83] Dos 5.568 Municípios, apenas 326 possuem população acima de 100 mil habitantes. BRASIL. Instituto Brasileiro de Geografia e Estatística – IBGE. *Perfil dos municípios brasileiros*: 2020/ IBGE, Coordenação de População e Indicadores Sociais. Rio de Janeiro: IBGE, 2021. Disponível em: https://biblioteca.ibge.gov.br/visualizacao/livros/liv101871.pdf. Acesso em: 05 abr. 2022.

CAPÍTULO 2

INOVAÇÃO E CONTRATAÇÕES PÚBLICAS

O debate em torno do papel do Estado, notadamente quanto à sua intervenção na economia, está longe de um consenso, já que, por vezes, é contaminado por premissas ideológicas.[84]

O senso comum está voltado para a ideia de que a atuação do Estado deve ser subsidiária,[85] secundária, o que faz com que subsista uma conveniente dicotomia entre, de um lado, um setor produtivo "dinâmico, inovador, competitivo e 'revolucionário'" e, de outro, um "setor público preguiçoso, burocrático, inerte e 'intrometido'".[86]

Não obstante, conforme já visto, o Estado possui um papel relevante não só para a concretização de políticas públicas, mas

---

[84] A ideologia possui um poder tão grande que, segundo Mariana Mazzucato, na crise financeira que teve início em 2017, muitas pessoas foram induzidas a crer que tal cenário foi causado unicamente pela dívida pública, quando, na verdade, o real fator foi o excesso de endividamento do setor privado, notadamente no mercado imobiliário americano. MAZZUCATO, Mariana. *O estado empreendedor*: desmascarando o mito do setor público vs. setor privado. Tradução de Elvira Serapicos. 1. ed. São Paulo: Portfolio-Peguin, 2014. p. 43-44.

[85] Aliás, houve um debate interessante acerca da proposta de inclusão no art. 37, *caput*, da Constituição Federal, por meio da Proposta de Emenda à Constituição nº 32/2020 (PEC da Reforma Administrativa), do princípio da subsidiariedade, o que não escapou das críticas de juristas em torno da temática. Nesse sentido, ver BERCOVICI, Gilberto. A administração pública dos cupons. *Consultor Jurídico*, 06 set. 2020. Disponível em: https://www.conjur.com.br/2020-set-06/estado-economia-administracao-publica-cupons. Acesso em: 07 dez. 2021. Após as diversas críticas, a Comissão de Constituição, Justiça e Cidadania da Câmara dos Deputados, quando do juízo de admissibilidade da proposta, excluiu os princípios previstos na PEC 32.

[86] MAZZUCATO, Mariana. *O estado empreendedor*: desmascarando o mito do setor público vs. setor privado. Tradução de Elvira Serapicos. 1. ed. São Paulo: Portfolio-Peguin, 2014. p. 41.

também no fomento e incentivo aos agentes econômicos, devendo, nesse sentido, criar condições sistêmicas e institucionais para que a inovação possa ocorrer.

Portanto, estudar as compras governamentais e os instrumentos para que, a partir dos objetivos predeterminados constitucionalmente, possam ser satisfeitas as necessidades cotidianas da sociedade, é compreender a atuação essencial do Estado na prestação de serviços públicos, no fomento ao mercado e na execução das políticas a seu cargo.[87]

As contratações públicas, sejam elas precedidas ou não de procedimento licitatório, revelam-se como um dos maiores instrumentos para que, de forma isonômica e garantindo-se a justa competição, possa o Estado atuar na concretização dos direitos fundamentais e na execução de políticas públicas que beneficiem a sociedade.

Também, é por meio das contratações públicas que o Estado exerce o condão de incentivar e fomentar a inovação dos agentes competidores, seja incentivando a criação de novos produtos – por exemplo, aqueles que atendam a critérios de sustentabilidade (ecosustentáveis) –, seja pela implementação de novos métodos de fornecimento ou de prestação de serviços.

Nesta perspectiva, o presente capítulo focará seu estudo nos marcos legais existentes para a contratação de inovação, assim como na evolução do formato de realização das contratações públicas brasileiras, bem como analisará os desafios impostos pelas transformações digitais do governo.

Mais adiante, serão analisados mecanismos de produção de documentos exclusivamente digitais (nato digitais), assim como tendências do uso da inteligência artificial e como ela pode contribuir para a eficiência e economicidade das compras públicas.

---

[87] Marcos Nobrega destaca que o tema das compras governamentais é de suma importância em diversos países, uma vez que o montante que elas representam os colocam na categoria de principais agentes econômicos. NOBREGA, Marcos. *Direito e economia da infraestrutura*. 1. Reimpressão. Belo Horizonte: Fórum, 2020. p. 21. Tal assertiva é corroborada pelo levantamento que concluiu que o mercado de compras públicas representa algo em torno de 12% das economias dos países que compõem a OCDE. BRASIL. Instituto de Pesquisa Econômica Aplicada – IPEA. *Cadernos Brasil na OCDE*: Compras Públicas. 2021. Disponível em: https://repositorio.cepal.org/bitstream/handle/11362/47061/1/S2100424_pt.pdf. Acesso em: 26 nov. 2021.

2.1 Contratações de soluções inovadoras pelo Estado: breve aparato normativo

Antes de ser analisada a evolução em torno dos meios para a realização das compras governamentais, é necessário traçar um panorama legislativo brasileiro sobre fomento e as contratações públicas na área de inovação.

Desde o início dos anos 2000, houve uma forte mobilização para a construção de um ambiente mais propicio à inovação no país, tendo sido implementadas políticas voltadas para a ciência e tecnologia (C&T) e para a inovação, a exemplo da Lei federal nº 10.168/2000, que instituiu contribuição de intervenção no domínio econômico para financiar um programa de estímulo à interação Universidade-Empresa para apoio à inovação.

Em 2004, foi sancionada a Lei nº 10.973, denominada "Lei da Inovação", concebida, em síntese, com a finalidade de promover e incentivar o desenvolvimento científico, a pesquisa e a capacitação tecnológicas, de forma a viabilizar o desenvolvimento, conforme define os art. 218 e 219 da Constituição Federal.

Posteriormente, por meio da Lei nº 11.196/2005, conhecida como "Lei do Bem", foram criados incentivos fiscais às pessoas jurídicas que realizarem pesquisa e desenvolvimento de inovação tecnológica.

No âmbito da Lei Complementar nº 123/2006, conhecida como "Estatuto das Microempresas e Empresas de Pequeno Porte", o legislador trouxe mecanismos de estímulos à inovação que deveriam ser adotados pelos entes da federação em favor de empresas enquadradas na referida norma.

Mais um passo importante rumo à inovação adveio da Emenda à Constituição nº 85, de 2015, que passou a prever, como dever do Estado, a promoção e incentivo à inovação, destacando a prioridade da "pesquisa básica e tecnológica" para o desenvolvimento e o progresso da "ciência, tecnologia e inovação" (art. 218 e §1º).

Por meio da citada alteração, foi conferida ao Estado, no parágrafo único do art. 219 da Constituição, a função precípua de gerar estímulo e fortalecimento à inovação nas empresas e nos demais entes, públicos ou privados.

Não obstante a criação de incentivos por parte do Estado, por meio das leis acima citadas, houve a necessidade de criação de um novo patamar de inovação ao país, o que foi feito por meio da Lei nº 13.243/2016, que alterou dispositivos da Lei de inovação, de modo a introduzir o Marco Regulatório da Ciência, Tecnologia e Inovação (MRCTI).

A partir do MRCTI, o Estado passou a ter uma relevante função no fomento e no financiamento da atividade científica e de inovação no país, notadamente no que diz respeito às parcerias com Institutos de Ciência e Tecnologias, o que vai ao encontro e efetiva as diretrizes do art. 218 da Constituição.

Um dos aspectos relevantes do novo marco foi a atualização da Lei nº 8.666/1993, sobretudo para que os contratos atinentes à inovação fossem encarados de maneira diferenciada.

Nesse sentido, podem ser destacadas as seguintes inclusões feitas na lei geral de licitações: *i)* inciso XX, no rol do art. 6º, a fim de traçar a definição de "produtos para pesquisa e desenvolvimento"; *ii)* inciso XXI dentre as hipóteses de dispensa de licitação (art. 24), a fim de permitir a contratação direta de "produto para pesquisa e desenvolvimento";[88] *iii)* §3º ao art. 24, dispondo que, quando a hipótese do inciso XXI for aplicada a serviços de engenharia, deverá seguir procedimentos especiais estabelecidos em regulamentação específica;[89] *iv)* §4º ao art. 24, a fim de afastar, no caso da hipótese versada pelo inciso XXI, a vedação prevista no inciso I do *caput* do art. 9º, ou seja, a contratação, direta ou indireta, do autor do projeto básico ou executivo; e *v)* §7º ao art. 32, a fim de possibilitar a dispensa da exigência da documentação de habilitação para a contratação de produto para pesquisa e desenvolvimento, conforme disposto em regulamento.[90]

---

[88] Segundo Marçal Justen Filho, embora haja uma dificuldade de encontrar uma definição precisa da abrangência abarcada pela norma, a atividade de pesquisa "não é meio para o atendimento direto e imediato de uma necessidade individual ou coletiva, mas consiste na formulação de teses e na busca de soluções inovadoras e até então não existentes, a partir do conhecimento científico e tecnológico". JUSTEN FILHO, Marçal. *Comentários à lei de licitações e contratos administrativos*: Lei nº 8.666/1993. 18. ed. rev., atual. e ampl. São Paulo: Thomson Reuters Brasil, 2019. p. 538.

[89] Para tanto, foi editado o Decreto federal nº 9.283/2018, que, nos arts. 61 a 63, estabeleceu os procedimentos especiais a serem observados.

[90] A regulamentação em torno da dispensa da documentação foi feita no art. 67 do Decreto federal nº 9.283/2018.

Em 1º de junho de 2021, foi sancionada a Lei Complementar nº 182, que introduziu, no arcabouço normativo da inovação, o marco regulatório das startups e do empreendedorismo inovador (MRSEI).

Nesse contexto de inovação, o MRSEI traçou diretrizes em torno do enquadramento de empresas startups, bem como de instrumentos de inovação e regras de fomento, prevendo, ainda, disposições aplicáveis à contratação de soluções inovadoras pelo Estado.

Dentro de um ambiente experimental, foi criado o chamado "*sandbox* regulatório", uma espécie de regime menos burocrático e mais flexível no qual a startup pode lançar novos produtos e serviços experimentais.[91]

No capítulo VI da lei complementar (artigos 12 a 15), foram traçadas normas gerais para as licitações e contratos que possuam as finalidades de: *i)* resolver demandas públicas que exijam solução inovadora com emprego de tecnologia; e *ii)* promover a inovação no setor produtivo por meio do uso do poder de compra do Estado.

Foram previstos, também, mecanismos para contratação de startups pelo Poder Público, por meio de licitação na modalidade especial criada pelo art. 13, cujos procedimentos foram traçados nos §§1º ao 10, do Contrato Público para Solução Inovadora – CPSI previsto no art.14, assim como de Contratos de Fornecimento, conforme regras fixadas no art. 15.

Na Lei nº 14.133/2021, além de a inovação ter sido incluída como um dos objetivos do processo licitatório (art. 11, IV), conforme mais adiante será abordado, houve a disciplina de alguns aspectos para o fomento ou contratação de inovação pelo Estado.

No §2º do art. 26, foi prevista a possibilidade de ser estabelecida preferência para, dentre outros, bens manufaturados nacionais e serviços nacionais resultantes de desenvolvimento e inovação tecnológica no país.

---

[91] A definição de *sadbox* regulatório foi prevista no inciso II do art. 2º da lei complementar, *verbis*: "conjunto de condições especiais simplificadas para que as pessoas jurídicas participantes possam receber autorização temporária dos órgãos ou das entidades com competência de regulamentação setorial para desenvolver modelos de negócios inovadores e testar técnicas e tecnologias experimentais, mediante o cumprimento de critérios e de limites previamente estabelecidos pelo órgão ou entidade reguladora e por meio de procedimento facilitado".

O diálogo competitivo, que é uma das novidades da lei, é a modalidade possível de ser eleita quando a Administração Pública visar à contratação de objeto que envolva inovação tecnológica ou técnica (art. 32, I, *a*).

Uma das hipóteses de contratação direta, por dispensa de licitação, é quando o objeto envolver a transferência de tecnologia ou licenciamento de direito de uso ou de exploração de criação protegida nas contratações realizadas por instituição científica, tecnológica e de inovação (ICT) pública ou por agência de fomento, desde que demonstrada vantagem para a Administração (art. 75, IV, *d*).

O procedimento de manifestação de interesse (PMI), previsto no art. 81 da lei, poderá ser restrito apenas às startups que se dediquem à pesquisa, ao desenvolvimento e à implementação de novos produtos ou serviços baseados em soluções tecnológicas inovadoras que possam causar alto impacto, cumpridas as exigências do §4º do mesmo dispositivo.

A partir da síntese legislativa traçada acima, é possível perceber o avanço do cenário legislativo brasileiro para criar um ambiente propício ao fomento da inovação, assim como também para disponibilizar ao gestor público instrumentos adequados para que possam ser contratadas, pela Administração Pública, as soluções inovadoras, a fim de melhor satisfazer suas necessidades.

2.2 Contratação pública e seus formatos: do presencial ao formato exclusivamente eletrônico

A literatura que se debruça sobre o estudo das contratações públicas identifica quatro fases na construção da legislação brasileira. Cada uma das fases destina-se à análise do diploma que, de acordo com a sua respectiva época, regulou as compras públicas no Brasil.[92]

---

[92] Não é escopo do presente trabalho tratar da evolução histórica detalhada do nascimento das licitações públicas no Brasil. Para tal finalidade, indica-se a leitura da dissertação de mestrado de André Janjácomo Rosilho. ROSILHO, André Janjácomo. *Qual é o modelo legal das licitações no brasil?* As reformas legislativas federais no sistema de contratações públicas. 2011. 214p. Dissertação (Mestrado em direito) – Escola de Direito da Fundação Getúlio Vargas, FGV, 2011.

O Código de Contabilidade da União, instituído por meio do Decreto nº 4.536/1922 e regulamentado pelo Decreto nº 15.783/1922, regeu, de forma simplória, as contratações públicas entre os anos 1922 e 1967, inaugurando, assim, a primeira fase de legislação sobre o tema.[93]

A segunda fase surgiu dentro do escopo da reforma administrativa realizada no Estado e com a finalidade de unificação nacional e racionalização de procedimentos, por meio do Decreto-Lei nº 200/1967, que trouxe regras sobre as contratações mais detalhadas dentro do título XII (arts. 125 a 144).

A norma precitada vigorou entre 1967 e 1986, quando foi revogada pelo Decreto-Lei nº 2.300, de 21 de novembro de 1986, que tratou única e exclusivamente das licitações e dos contratos da Administração Pública federal, sendo a terceira fase normativa em torno do tema.

Logo após, foi promulgada a Constituição Federal de 1988 que, além de definir a licitação pública como regra geral a ser observada nas contratações públicas (art. 37, XXI), outorgou competência privativa para a União traçar as normas gerais de licitações e contratos administrativos (art. 22, XXVII).

Com isso, colocou-se um fim na controvérsia instaurada desde a edição do Decreto-Lei nº 2.300/1986 que, sem receber delegação expressa na Carta anterior, se autoproclamava "normas gerais" em matéria de licitações e contratos aplicáveis aos Estados, Distrito Federal e Municípios (vide art. 85).

Com base na disciplina constitucional conferida à matéria e a fim de regulamentar o disposto no art. 22, XXVII, sobreveio a Lei nº 8.666, de 21 de junho de 1993, concebida ainda na era da burocracia e influenciada pela busca de paradigmas éticos para a atuação da Administração Pública.[94]

A referida lei, que é retratada como a quarta fase, trouxe em seu bojo procedimentos e modalidades de licitações tradicionais e

---

[93] As normas relacionadas às compras públicas foram previstas a partir do art. 49, sendo prevista, tão somente, a concorrência como modalidade de competição entre interessados em fornecer e/ou prestar serviços à Administração Pública. Houve uma previsão de uma sistemática similar ao atual sistema de registro de preços (art. 52), precedido de uma espécie de concorrência permanente.

[94] MOREIRA, Egon Bockmann; GUIMARÃES, Fernando Vernalha. Licitação pública. São Paulo: Malheiros Editores, 2012. p. 25.

passíveis de serem adotados por todos os entes da federação para a contratação de serviços e aquisição de bens.[95]

Há, ainda, a Lei nº 14.133/2021 que, a partir de abril de 2023, revogará a Lei nº 8.666/1993 e outras normas de licitações, a qual consideramos como quinta fase dentro do escopo da legislação brasileira sobre contratações públicas.

Traçado, em síntese, o panorama legal anterior das contratações públicas, é válido pontuar que, na literatura brasileira, a licitação pública é reconhecida como um processo administrativo formal,[96] por meio do qual os órgãos e entidades de todas as esferas e entes da federação, no exercício da função administrativa, possibilitam, por meio de regras pré-fixadas em edital, que potenciais interessados, em igualdade de condições, travem disputa em torno do objeto de que necessita para a satisfação do interesse público.

A disputa em torno do objeto licitado é feita de forma transparente e em sessão pública aberta. Como regra geral, se sagrará vencedor aquele que ofertar a proposta apta a gerar o resultado de contratação mais vantajoso à Administração Pública.[97]

---

[95] Vale destacar que na visão de vários doutrinadores, a exemplo de Maria Sylvia Zanella Di Pietro, houve exorbitância da competência legislativa federal na concepção da Lei nº 8.666/1993, uma vez que não foi feita qualquer distinção acerca das normas gerais e aquelas que não sustentam tal natureza. PIETRO, Maria Sylvia Zanella Di. *Direito administrativo* [livro eletrônico]. 33. ed. Rio de Janeiro: Forense, 2020. p. 769. Aliás, tal crítica também vem sendo feita ao atual diploma editado para versar sobre as licitações e contratos administrativos (Lei nº 14.133/2021). Para alguns juristas, a classificação entre normas gerais e especiais é subjetiva, isto é, "normas gerais são aquelas destinadas a todas as pessoas federativas. Simples assim. Inverte-se a lógica pretérita: todos os dispositivos da Lei 14.133/2021 são, a priori, normas gerais". MOREIRA, Egon Bockmann. Por uma nova compreensão das 'normas gerais de licitação'. *Portal Jota*, 04 maio 2021. Disponível em: https://sbdp.org.br/wp/wp-content/uploads/2021/05/04.05.21-Por-uma-nova-compreensao-das-normas-gerais-de-licitacao-_-JOTA.pdf. Acesso em: 20 nov. 2021. Para Celso Antônio Bandeira de Mello, são normas gerais apenas aquelas que veiculam: *i)* preceitos que estabelecem princípios, fundamentos, diretrizes, critérios básicos que irão conformar as leis que a sucederam, tornando específico aquilo que é geral; e *ii)* normas que possam ser aplicadas de forma uniforme e independente das especificidades dos demais entes da federação. BANDEIRA DE MELLO, Celso Antônio. *Curso de direito administrativo*. 26. ed., rev. e atual até a Emenda Constitucional 57, de 18.12.2008. São Paulo: Malheiros Editores, 2009. p. 524-525.

[96] Nesse sentido, PIETRO, Maria Sylvia Zanella Di. *Direito administrativo* [livro eletrônico]. 33. ed. Rio de Janeiro: Forense, 2020. p. 767; NOHARA, Irene Patrícia. *Direito Administrativo*. 11. ed. Barueri: Atlas, 2022. p. 261; e JUSTEN FILHO, Marçal. *Curso de direito administrativo* [livro eletrônico]. 5. ed. São Paulo: Thomson Reuters Brasil, 2018. p. 224.

[97] Segundo Hely Lopes Meirelles, com a finalidade de ser garantida a lisura do procedimento licitatório, "a abertura dos documentos e propostas deve ser feita em ato público, facultando-se

Talvez pela época e pelas influências recebidas na edição da Lei nº 8.666/1993, não foi prevista, pelo legislador, a possibilidade de realização das sessões públicas em formatos que não o presencial, a exemplo de licitações à distância ou com o uso da tecnologia da informação.[98]

Em regra, portanto, no âmbito das licitações deflagradas sob a égide da Lei nº 8.666/1993, as sessões públicas de recebimento, abertura e julgamento dos documentos de habilitação e das propostas apresentadas pelos interessados são realizadas, exclusivamente, em formato presencial,[99] por intermédio de Comissão Permanente ou especialmente designada para tal fim.

2.2.1 Surgimento do pregão e o novo marco da contratação pública

No ano de 1997, por meio da Lei nº 9.472, surgiu, ainda que de modo embrionário, o pregão, como uma das possíveis modalidades próprias para a contratação de serviços e fornecimento de bens comuns no âmbito da Agência Nacional de Telecomunicações – ANATEL.[100]

---

o seu exame e rubrica pelos interessados presentes, mas o julgamento das propostas é ato interno da comissão, na concorrência ou na tomada de preço, ou do responsável pelo convite, pelo que pode ser feito reservadamente, publicando-se o resultado na imprensa oficial". MEIRELLES, Hely Lopes (1971). Licitações e contratos administrativos. *Revista de direito administrativo*, 105, p. 14-34, jul./set. 1971. Disponível em: https://bibliotecadigital.fgv.br/ojs/index.php/rda/article/view/35800/34595. Acesso em: 05 dez. 2021.

[98] Para se ter uma ideia, à época da edição da lei, era empregado o termo "informática" para designar a contratação de serviços computacionais e de tecnologia. A nomenclatura "tecnologia da informação" foi introduzida apenas em 2001, por meio da Lei nº 10.176, de 11 de janeiro, que dispôs sobre a capacitação e competitividade do setor de tecnologia da informação, alterando algumas leis federais.

[99] Nesse sentido, é descrito por Maria Sylvia Zanella Di Pietro que "Em ato público, a Administração recebe os envelopes contendo a documentação referente à habilitação dos licitantes e a proposta". PIETRO, Maria Sylvia Zanella Di. *Direito administrativo* [livro eletrônico]. 33. ed. Rio de Janeiro: Forense, 2020 p. 832.

[100] A lei geral foi elaborada e idealizada por uma assessoria jurídica externa ao então Ministério das Comunicações, dentre os quais o Prof.º Carlos Ari Sundfeld. Para mais detalhes sobre o contexto do surgimento da ANATEL e da Lei Geral das Telecomunicações, ver SUNDFELD, Carlos Ari. Meu depoimento e avaliação sobre a Lei Geral de Telecomunicações. *Revista de Direito de Informática e Telecomunicações – RDIT*. Belo Horizonte, ano 2, n. 2, p. 5584, jan./jun. 2007. Disponível em: https://www.academia.edu/49442484/Meu_depoimento_e_avalia%C3%A7%C3%A3o_sobre_a_Lei_Geral_de_Telecomunica%C3%A7%C3%B5es. Acesso em: 25 abr. 2022.

Observa-se que a supracitada lei surgiu pouco antes da Emenda Constitucional nº 19/1998, que foi um dos principais marcos da reforma administrativa, concebida com o intuito de transformar a gestão burocrática da Administração Pública para o modelo denominado "gerencial".

Conforme já mencionado neste trabalho, a reforma gerencial implementada teve como valor-base o princípio da eficiência, que foi expressamente incorporado ao *caput* do art. 37 da Constituição Federal, e que passou a nortear a atuação de toda Administração Pública.

Aliás, o foco de administração gerencial, em que a referida proposta foi concebida, consta da própria exposição de motivos da propositura, conforme excertos abaixo:[101]

> Na sequência, o Projeto dá a configuração da consulta e do pregão. Essas modalidades de licitação não se traduzem em simples alteração de nomenclatura. Comparadas com as modalidades tradicionais de certames licitatórios evidenciam inovações que, em razão mesmo da experiência haurida com a aplicação da Lei nº 8.666/93, *estão voltadas à implementação de um modelo gerencial de atuação do órgão regulador*.
>
> O pregão é a modalidade de certame a ser adotada para fornecimento de bens e serviços comuns, em que concorrentes previamente cadastrados deverão fazer lances em sessão pública (art. 53).
>
> Conquanto essa restrição do pregão, em princípio, apenas a concorrentes previamente cadastrados, prevê o art. 54 do Projeto sua abertura à participação de qualquer interessado, com verificação, a um só tempo, da qualificação subjetiva de cada qual e da aceitabilidade das respectivas propostas, após a etapa competitiva, nos casos de contratação de bens e serviços comuns de alto valor, ou quando o número de cadastrados na classe for inferior a cinco, ou para o registro de preços, por exemplo.[102]

---

[101] Cabe destacar que a reforma gerencial que estava sendo produzida pelo Ministério da Administração Federal e Reforma de Estado (MARE) previa a edição de uma nova lei de licitações para alterar ou substituir completamente a Lei nº 8.666/1993, pois, segundo Luiz Carlos Bresser-Pereira, a referida lei adotava uma "perspectiva estritamente burocrática, ao pretender regulamentar tudo tirando autonomia e responsabilidade do administrador público, atrasou e encareceu os processos de compra do Estado e das empresas estatais, sem garantir a redução da fraude e dos conluios". BRESSER-PEREIRA, Luiz Carlos. Uma nova lei de licitações. *In* BRASIL. Ministério da Administração Federal e Reforma do Estado. A Reforma administrativa na imprensa: seleção de artigos produzidos no MARE/Ministério da Administração Federal e Reforma do Estado. Brasília: MARE, 1997.

[102] BRASIL. Agência Nacional de Telecomunicações. *Documento de encaminhamento da Lei Geral das Telecomunicações Comentado-A (1996)*. Disponível em: https://www.anatel.gov.br/Portal/verificaDocumentos/documento.asp?numeroPublicacao=331. Acesso em: 19 nov. 2021.

No regulamento editado pela ANATEL, aprovado por meio da Resolução nº 05/1998, foram trazidos os detalhes em torno da novel modalidade, dentre os quais se destacam: *i)* aplicação a objetos (bens e serviços) comuns; *ii)* publicidade também em meios eletrônicos; *iii)* divulgação do aviso de pregão mínima de cinco dias (pregão fechado) e oito dias úteis (pregão aberto); *iv)* inversão do procedimento comum previsto na Lei nº 8.666/1993, sendo, numa primeira etapa, realizado o julgamento das propostas e, apenas do melhor classificado, o de sua habilitação; e *v)* constituição de uma etapa competitiva, por meio de lances verbais e sucessivos em valores distintos e decrescentes.

Em que pesem os benefícios abarcados pela legislação, foi proposta, em face das comentadas inovações, a Ação Direta de Inconstitucionalidade (ADI) nº 1.668-DF, a fim de discutir, dentre outros pontos, a inconstitucionalidade das disposições que criam as modalidades denominadas de "pregão" e de "consulta".

O Supremo Tribunal Federal (STF), por meio de seu Plenário e por maioria de votos, indeferiu o pedido de medida cautelar contra o parágrafo único do art. 54, e dos arts. 55 ao 58 da Lei nº 9.472/1997.[103]

A decisão de mérito do STF, todavia, só foi conhecida em 1º de março de 2021, após o voto do relator, Ministro Edson Fachin, ter conduzido o acórdão do Plenário que, por maioria, conheceu em parte da ADI e, na parte em que conhecia, julgou parcialmente procedente o pedido.

Embora a questão tenha sido decidida num cenário em que o uso do pregão, notadamente sob a forma eletrônica, já estava consolidado em âmbito nacional – e obrigatório para alguns entes da federação –, é válido enaltecer o entendimento externado pelo STF no sentido de que a competência privativa da União para legislar sobre licitações e contratos não se esgota com a edição de um único diploma normativo.[104]

---

[103] Impende destacar o excerto do voto, à época, do Ministro Nelson Jobim, que asseverou o seguinte: "(...) A Lei Geral de 1993 não possui, em relação a outras leis federais, hierarquia especial e distinta. Ela se encontra no mesmo patamar de qualquer outra lei federal. Não é ela lei complementar". BRASIL. Supremo Tribunal Federal. Ação Direta de Inconstitucionalidade nº 1.668-DF. Disponível em: http://portal.stf.jus.br/processos/detalhe.asp?incidente=1682731. Acesso em: 28 nov. 2021.

[104] "(...) Na linha desse entendimento, também compreendo que a inserção, no ordenamento jurídico, de novas modalidades licitatórias, por lei que tem o mesmo status que a lei geral de licitações é admissível, e não viola a Carta Magna". BRASIL. Supremo Tribunal Federal.

Fato é que, à época, o uso da questionada modalidade licitatória rendeu amplos ganhos à ANATEL, sejam eles do ponto de vista econômico ou de eficiência. Em análise feita naquele momento, Solon Lemos Pinto constatou que:

> Como resultado da utilização dessa modalidade de licitação, a ANATEL tem conseguido, em média, reduções de 22% entre os preços iniciais e os vencedores. A confrontação direta dos participantes possibilitou diminuições de preços expressivas, como a redução de 62% na contratação de serviços de saúde e de 68% na aquisição de *softwares* para uso na Internet. Além disso, a duração do processo licitatório tem sido encurtada para cerca de 20 dias.[105]

A partir dos benefícios atraídos pelo uso de modalidades de licitação mais racionais e eficientes, houve permissão de suas utilizações pelas demais Agências Reguladoras, o que ocorreu por meio do art. 37 do Decreto federal nº 9.986, de 18 de julho de 2000.[106]

A eficiência e a celeridade, sobretudo do uso do pregão, que trouxe uma dose de simplificação ao procedimento licitatório,[107] fez com que o Governo Federal editasse a Medida Provisória nº 2.026, de 04 de maio de 2000, que, após várias reedições ocorridas até a Medida Provisória nº 2.182-18, de 23 de agosto de 2001, foi finalmente convertida em lei, dando origem à Lei nº 10.520, de 17 de julho de 2002.

Destaca-se que, originalmente, as medidas provisórias editadas somente previam a aplicação da modalidade do pregão

---

Ação Direta de Inconstitucionalidade nº 1.668-DF. Disponível em: http://portal.stf.jus.br/processos/detalhe.asp?incidente=1682731. Acesso em: 28 nov. 2021.

[105] PINTO, Solon Lemos. Pregão para Menor Preço. *Revista Zênite de Licitações e Contratos – ILC*, Curitiba, ago. 2000.

[106] "Art. 37. A aquisição de bens e a contratação de serviços pelas Agências Reguladoras poderá se dar nas modalidades de consulta e pregão, observado o disposto nos arts. 55 a 58 da Lei nº 9.472, de 1997, e nos termos de regulamento próprio.
Parágrafo único. O disposto no caput não se aplica às contratações referentes a obras e serviços de engenharia, cujos procedimentos deverão observar as normas gerais de licitação e contratação para a Administração Pública".

[107] Advinda, sobretudo, da inversão da fase de habilitação prevista na Lei nº 8.666/1993, a fim de que fossem analisadas, primeiramente, as propostas comerciais e, posteriormente, sendo alcançado o menor preço, analisados os documentos de habilitação relativamente ao primeiro classificado na disputa.

à União, o que foi objeto de diversas críticas pela doutrina administrativista, tendo ocorrido, nos debates travados no âmbito do processo legislativo de conversão, a inclusão dos demais entes da federação, já que se tratava de normas gerais.

Enquanto para alguns autores, como Celso Antônio Bandeira de Mello,[108] era inconstitucional a modalidade de pregão trazida pela Medida Provisória, para outros, a exemplo de Jessé Torres Pereira Júnior,[109] dever-se-ia realizar uma interpretação conforme a Constituição, de modo a concluir que Estados, Distrito Federal e Municípios também pudessem se utilizar da modalidade em suas licitações.

Tal problemática, no entanto, foi resolvida com a conversão da última Medida Provisória nº 2.182-18 na ainda vigente Lei nº 10.520/2002, que fez nascer a modalidade do pregão.

Entretanto, o uso da modalidade restringiu-se à aquisição de bens e contratação de serviços comuns, assim considerados como aqueles cujos padrões de qualidade possam, por meio de especificações usuais, ser objetivamente definidos em edital.

2.2.2 Nascimento do ambiente eletrônico para as contratações públicas

Com a instituição da nova modalidade denominada de pregão, foi veiculada a possibilidade de utilização de recursos de tecnologia da informação no âmbito da Administração Pública, surgindo, assim, o denominado "pregão eletrônico", que foi regulamentado, no plano federal, inicialmente pelo Decreto nº 3.697, de 2000.[110]

---

[108] BANDEIRA DE MELLO, Celso Antônio. *Curso de direito administrativo*. 26. ed., rev. e atual até a Emenda Constitucional 57, de 18.12.2008. São Paulo: Malheiros Editores, 2009. p. 556.

[109] PEREIRA JÚNIOR, Jessé Torres. Pregão, a sexta modalidade de licitação. *Revista Zênite de Licitações e Contratos – ILC*, Curitiba, ago. 2000. p. 638.

[110] Segundo destacado na obra de Hely Lopes Meirelles, o pregão não seria uma novidade atual, pois o seu emprego remonta a idade média quando, nos Estados medievais da Europa, era utilizado um sistema denominado "vela e pregão". Em tal sistema, enquanto a vela queimava, os concorrentes formulavam seus lances orais e, quando ela se acabava, proclamava-se o resultado e o objeto era adjudicado àquele que propôs o melhor preço. MEIRELLES, Hely Lopes. *Licitação e Contrato Administrativo*. 13. ed. São Paulo: Malheiros, 2002. p. 27.

Em 2005, com o advento do Decreto federal nº 5.450, o pregão passou a ser a modalidade de utilização compulsória no âmbito da União, para a aquisição de bens ou contratação de serviços comuns (art. 4º),[111] sendo o formato eletrônico adotado preferencialmente (caráter orientativo).

A utilização do pregão eletrônico, diante da celeridade e economicidade que vinha trazendo às contratações públicas, passou a ser objeto de recomendação pelos órgãos de controle externo, notadamente pelo Tribunal de Contas da União (TCU).[112]

Tais recomendações, feitas pelo TCU, passaram a atingir, inclusive, as contratações efetivadas pelas entidades privadas sem fins lucrativos do terceiro setor, que atuam em colaboração com o Estado, compondo o denominado "Sistema S", as quais licitam por meio de regras previstas em seus próprios regulamentos, editados em observância aos princípios regentes da Administração Pública.[113]

Com a superveniência, em 2019, do Decreto federal nº 10.024, a realização do pregão em formato eletrônico passou a ser mandatória, apenas sendo possível a sua realização presencial quando comprovada inviabilidade, a ser justificada nos autos pela autoridade competente (*vide* §1º e *caput* do art. 4º).

Na citada regulamentação federal foram incorporadas, portanto, as orientações que vinham sendo adotadas pelo TCU em torno da utilização obrigatória da modalidade pregão eletrônico, por ser mais vantajosa e econômica ao erário.

O contexto traçado nas linhas antecedentes demonstra a busca, ainda que de forma vagarosa, mas necessariamente relevante,

---

[111] Muitos outros entes da federação editaram regulamentos em sentido similar ao baixado pela União, a fim de preverem a utilização do pregão eletrônico, a exemplo do Estado de São Paulo que, em 24 de junho de 2005, editou o Decreto nº 49.722.

[112] *Vide*, por todos, o Acórdão nº 2.034/2017, do Plenário do TCU, por meio do qual o colegiado determinou para que um Município, caso viesse a realizar novo certame na modalidade pregão, que adotasse a forma eletrônica e não presencial, salvo se comprovada a sua inviabilidade.

[113] No Acórdão nº 2.165/2014, e, no mesmo sentido, no Acórdão nº 1.584/2016, entendeu o Plenário do TCU que, embora não obrigadas a observar o teor do Decreto federal nº 5.450/2005, e, portanto, a utilizar o pregão eletrônico, as entidades do Sistema "S" "devem motivar a escolha do pregão presencial na contratação de bens e serviços comuns, sob o risco de incorrerem em contratações antieconômicas".

da Administração Pública pela celeridade e eficiência no campo das contratações públicas, por meio da adoção de práticas que traduzem inovações tecnológicas para a satisfação de suas necessidades e dos interesses da coletividade.

Embora o marco inicial do uso da tecnologia da informação no campo das licitações públicas seja de longa data (meados dos anos 2000, especialmente com a edição do Decreto Federal nº 3.697),[114] a sua utilização prática encontra barreiras ainda atualmente, notadamente em Municípios menores que, pela falta de infraestrutura de tecnologia, não conseguem introduzir inovações tecnológicas em suas contratações.

É certo que, de acordo com as disposições do Decreto federal nº 10.024/2019, Estados, Distrito Federal e Municípios foram praticamente obrigados a se utilizarem do pregão eletrônico quando da contratação de bens e serviços comuns com recursos do orçamento da União, advindos de transferências voluntárias, tais como convênios e contratos de repasse (*vide* art. 1º, §3º).[115]

Embora possa ser discutível a imposição do uso do pregão eletrônico feita a Estados e Municípios, seja pelo princípio do pacto federativo ou pelo fato de os demais entes não estarem sob sujeição hierárquica,[116] fato é que se trata de recursos próprios do orçamento

---

[114] No Estado de São Paulo, há registros de utilização de procedimentos de dispensas de licitação eletrônicas já a partir dos anos 2000, bem como de convites eletrônicos a partir de 2001, conforme informações que podem ser consultadas na Bolsa Eletrônica de Compras. SÃO PAULO (Estado). *Bolsa Eletrônica de Compras*. Disponível em: https://www.bec.sp.gov.br/becsp/Aspx/Resultado_Ano.aspx?chave=. Acesso em: 22 nov. 2021.

[115] Na forma da Instrução Normativa nº 206, de 21.10.2019, foram estabelecidos quatro diferentes marcos iniciais para tal obrigatoriedade: *i)* Estados e Distrito Federal: a partir de 28.10.2019; *ii)* Municípios com mais de 50 mil habitantes: a partir de 03.02.2020; *iii)* Municípios entre 15 até 50 mil habitantes: a partir de 06.04.2020; e *iv)* Municípios com menos de 15 mil habitantes: a partir de 01.06.2020. Muitos municípios foram impulsionados, para não dizer obrigados, a adotar o sistema de compras do Governo federal, denominado comprasnet, para a efetivação de aquisição de bens e serviços comuns quando o recurso utilizado for decorrente de transferências voluntárias da União. Com isso, em torno de 3.200 dos 5.568 municípios já haviam aderido, até maio de 2022, a plataforma federal de compras. BRASIL. Portal de Compras do Governo Federal. *Painel de Municípios*. Disponível em: https://www.gov.br/compras/pt-br/cidadao/painel-municipios. Acesso em: 02 jun. 2022.

[116] Conforme Irene Patrícia Nohara, a hierarquia confere "harmonia e unidade de direção na organização da função administrativa", pressupondo as ideias de "autoridade e escalonamento". Significa dizer, portanto, que uma autoridade superior terá o dever-poder de controlar os atos de órgãos que se encontrem em patamares inferiores. NOHARA, Irene Patrícia. *Direito Administrativo*. 11. ed. Barueri: Atlas, 2022. p. 100.

da União que, voluntariamente, por meio de transferência, contrato, convênio ou outro ajuste, são repassados a outro ente para execução de política pública.[117]

2.2.3 Nova lei de licitações e contratos administrativos

Após um longo processo de gestação legislativa, e com a finalidade de aproximar o cenário de contratações governamentais às práticas internacionais, bem como de unificação e racionalização de procedimentos, foi sancionada, em 1º de abril de 2021, a Lei nº 14.133, que introduziu um novo diploma de licitações e contratações administrativas.

A nova lei nasce com fortes influências da jurisprudência do TCU, das orientações consolidadas no âmbito da Advocacia-Geral da União, bem como de práticas administrativas adotadas pela administração federal, estando, todavia, distante da realidade técnica e tecnológica de vários entes da federação.

Embora a nova lei tenha passado a vigorar de forma imediata, sem *vacatio legis* (art. 193), foi estabelecido, pelo legislador, um período de convivência entre o novo regime e os anteriores previstos nas Leis nº 8.666/1993, nº 10.520/2002 e nº 12.462/2012 (art. 1º a 47-A), as quais, após o período de dois anos, serão revogadas.[118]

A nova lei de licitações e contratos administrativos foi concebida em sintonia com compromissos internacionais assumidos pelo Brasil, sobretudo pela adesão ao Acordo de Compras Governamentais da Organização Mundial do Comércio (GPA, em inglês), a fim de viabilizar que empresas dos países-membros do acordo possam participar, em igualdade de condições, das licitações nacionais.[119]

---

[117] Ressalta-se que, por se tratar de transferências voluntárias, as condições e regras para a obtenção do recurso poderia ser fixada pela União no ato vinculativo obrigacional (convênio ou outro ajuste congênere), cabendo ao respectivo ente da federação aceitá-lo ou não.

[118] Não obstante, alguns doutrinadores entendem que a Lei nº 14.133/2021 traz normas que se aplicam imediatamente, sobretudo as de governança e aquelas que estabeleçam rotinas administrativas. Sobre o assunto, ver JURKSAITIS, Guilherme Jardim; ISSA, Rafael Hamze. A Lei 14.133/2021 e as rotinas administrativas das contratações públicas. *Portal Jota*, 16 jun. 2021. Disponível em: https://www.jota.info/opiniao-e-analise/artigos/avigencia-da-lei-administracao-contratacoes-publicas-16062021. Acesso em: 21 nov. 2021.

[119] Segundo Monique Rocha Furtado e James Batista Vieira, a nova lei de licitações e contratos "(...) está alinhada aos compromissos internacionais que o Brasil assumiu

O novo diploma geral traz instrumentos capazes de induzir a inovação por parte do mercado fornecedor, a fim de que a Administração Pública possa receber bens ou serviços adaptados à sua real necessidade, capazes de atingir as finalidades pretendidas com a contratação.

Um dos instrumentos que pode ser utilizado pela Administração Pública é a contratação integrada, no âmbito da qual o contratado se responsabiliza pela elaboração e desenvolvimento dos projetos básicos, executivos e por executar a obra, entregando-a em plenas condições de ocupação. Esta novidade afasta o impedimento até então existente no contexto da Lei nº 8.666/1993, no sentido de que o autor do projeto básico não poderia ser contratado para a sua execução.

A deficiência em projeto básico elaborado exclusivamente pela Administração Pública é uma das causas que mais prejudicam o bom andamento de uma obra pública. Segundo levantamentos feitos pela auditoria do Tribunal de Contas da União (TCU), as maiores irregularidades encontradas em obras de engenharia executadas se relacionam a falhas de projetos e planilhas orçamentárias.[120]

A delegação ao particular da elaboração do projeto básico, executivo e a execução integral da obra deve estar acompanhada de um cuidado na preparação do anteprojeto pela Administração Pública. Por outro lado, esta delegação pode estimular os potenciais competidores a incorporarem inovações, inclusive tecnológicas, a seus projetos, a fim de reduzir os custos e possibilitarem uma contratação mais vantajosa à Administração Pública.[121]

---

junto à Organização das Nações Unidas (por meio da Convenção das Nações Unidas contra a Corrupção e outros tratados), a Iniciativa pelo Governo Aberto (*Open Government Partnership* – OGP) e as orientações da Organização para a Cooperação e o Desenvolvimento Econômico (*Organisation for Economic Co-operation and Development* – OECD) que o país pleiteia o ingresso". FURTADO, Monique Rocha; VIEIRA, James Batista. Portal Nacional de Contratações Públicas: uma nova lógica jurídica, gerencial e econômica para a Lei de Licitações e Contratos. *ONLL – Observatório da Nova Lei de Licitações*, 20 mar. 2022. Disponível em: http://www.novaleilicitacao.com.br/2021/05/13/portal-nacional-de-contratacoes-publicas-uma-nova-logica-juridica-gerencial-e-economica-para-a-lei-de-licitacoes-e-contratos/. Acesso em: 23 nov. 2021.

[120] BRASIL. Tribunal de Contas da União. *Fiscobras*: 2021: fiscalização de obras públicas pelo TCU: 25º ano. Brasília: TCU, Secretaria-Geral de Controle Externo, 2021. Disponível em: https://portal.tcu.gov.br/data/files/24/36/86/0F/0D3CC710C74E7EB7E18818A8/035.374-2020-9%20-%20AN%20-%20Fiscobras%202021.pdf. Acesso em: 06 dez. 2021.

[121] Sobre as reflexões em torno da inovação que os regimes de contratações integrada e semi-integrada poderá trazer às contratações públicas, ver NOHARA, Irene Patrícia.

2.2.4 Licitação em ambiente eletrônico como regra geral

Além dos instrumentos com vistas a incentivar a inovação e da política de governança das contratações fomentada pela nova lei, houve significativa novidade no que diz respeito à realização das sessões públicas, seja qual for a modalidade adotada para o processamento da licitação.

No §2º do art. 17, ao tratar das fases do procedimento licitatório, o legislador previu que as licitações devem ser realizadas preferencialmente sob a forma eletrônica, admitindo-se o formato presencial apenas de forma excepcional, desde que haja motivação da autoridade.

A utilização do formato presencial, todavia, não deve ser desregrada ou executada ao bel prazer do administrador público. A sessão pública, em tal situação excepcional, deverá ser registrada em ata e devidamente gravada com recursos de áudio e vídeo, sendo, posteriormente, armazenada no processo licitatório sob guarda da Administração Pública (§§2º e 5º do art. 17).

Embora não seja de utilização impositiva, o legislador criou regras e condições para que o gestor, diante de peculiaridades e dificuldades reais de operacionalização, motive a realização presencial da sessão pública em detrimento da eletrônica. As sessões públicas eletrônicas permitem e estimulam a ampliação da disputa de interessados em torno do objeto licitado, sobretudo considerando todas as facilidades logísticas atualmente existentes no território nacional.

Outro avanço a ser destacado, em sincronia com o eixo tecnológico da nova lei, foram as diretrizes para que as contratações diretas realizadas pela Administração Pública, fundamentadas na hipótese de dispensa de licitação em decorrência do valor estimado (art. 75, I e II), possam iniciar um processo de migração para o ambiente eletrônico.

Contratação integrada e semi-integrada na nova lei de licitações. *Direito Administrativo*, 2021. Disponível em: https://direitoadm.com.br/tag/contratacao-semi-integrada/. Acesso em: 06 dez. 2021.

Ainda que não determinando o uso de plataforma eletrônica para tanto, previu o legislador as seguintes diretrizes: *i)* divulgação do aviso em sítio eletrônico oficial com prazo de antecedência mínimo de 3 três dias úteis; *ii)* divulgação das especificações do objeto pretendido; *iii)* manifestação da Administração Pública para obter propostas adicionais de eventuais interessados; e *iv)* obrigatoriedade de seleção da proposta mais vantajosa.

A existência de um portal eletrônico por meio do qual se processem as sessões públicas e se disponibilizem todos os documentos do procedimento licitatório ou das contratações diretas, amplia a publicidade e o dever de transparência ativa, pouco exercitada no âmbito de entes municipais, e viabiliza os mecanismos de controle exercido pelos órgãos externos e pela própria sociedade.

A partir desta perspectiva, foi criado, pela Lei nº 14.133/2021, um portal nacional (art. 174) com a finalidade de concentrar as informações sobre licitações e contratações de todos os entes da federação e, desse modo, diminuir um dos maiores gargalos existentes no campo das contratações públicas: a assimetria de informações.[122]

Nesse contexto, Marcos Nóbrega e Diego Franco de Araújo Jurubeba entendem que o cume das discussões em torno das licitações é a "questão da informação", sendo que ela funciona como um "mecanismo de revelação de informações". Para os autores:

> A maioria das falhas em procedimentos licitatórios provoca ineficiências e má alocação de recursos. Infelizmente, todos os defeitos são colocados

---

[122] O problema de assimetria de informações não é novo, pois, segundo Marcos Nobrega, autores como Adam Smith (1987) e outros, embora não tenham se dedicado a estudar o tema, possuíam consciência dos problemas informacionais. *cf.* NOBREGA, Marcos. *Direito e economia da infraestrutura.* 1. Reimpressão. Belo Horizonte: Fórum, 2020. p. 23. Ademais, conforme destacado por Monique Rocha Furtado e James Batista Vieira, a criação do PNCP adota a lógica de economia da informação e, ao concentrar todas as informações relevantes por meio de um único canal, reduz o problema de assimetria de informações entre: *i)* cidadãos e Administração Pública; e *ii)* entre a Administração Pública e os fornecedores. *cf.* FURTADO, Monique Rocha; VIEIRA, James Batista. Portal Nacional de Contratações Públicas: uma nova lógica jurídica, gerencial e econômica para a Lei de Licitações e Contratos. *ONLL – Observatório da Nova Lei de Licitações*, 20 mar. 2022. Disponível em: http://www.novaleilicitacao.com.br/2021/05/13/portal-nacional-de-contratacoes-publicas-uma-nova-logica-juridica-gerencial-e-economica-para-a-lei-de-licitacoes-e-contratos/. Acesso em: 23 nov. 2021. É possível a inclusão, dentre as relações apresentadas na lista, uma terceira, que seria entre a Administração Pública e o controle externo, que passaria a ter todas as informações à sua disposição e de forma integral e integrada.

na conta da má qualidade da gestão pública ou da corrupção de gestores e de empresários mal-intencionados. De fato, boa parte das dificuldades em procedimentos licitatórios, em todos os países, se dá por esses dois fatores, mas não se pode tributá-los com a culpa exclusiva pelas ineficiências existentes.[123]

A concentração não só de informações acessíveis a todos, mas também de mecanismos para a realização da licitação eletrônica, pode tornar o processo de seleção do fornecedor mais célere, transparente, eficiente e econômico.

As licitações no Brasil, notadamente quanto ao formato de sua realização, sobretudo após o advento do pregão eletrônico e, recentemente, com as diretrizes insertas na nova lei de licitações e contratos, estão passando por uma transformação digital.

Conforme dados divulgados no portal de compras do governo federal, pouco mais que 3.200 municípios já fizeram adesão à plataforma do Comprasnet 4.0, com a finalidade de realização do pregão eletrônico e, decerto, a partir da plena vigência da nova lei de licitações, estarão aptos ao processamento de todas as contratações públicas em tal plataforma.

Não obstante, alguns desafios – novos ou até velhos, mas praticados de um modo diferente – cercam as contratações públicas nesta era das transformações digitais, o que será analisado no tópico subsequente.

2.3 Contratações públicas inteligentes: novos horizontes a partir da nova lei de licitações

A discussão em torno de novas modelagens de contratações públicas, mais eficientes e econômicas, não é de hoje, conforme se verificou em tópico anterior deste trabalho.

Após anos lidando com as burocracias da Lei nº 8.666/1993, grande parte da literatura administrativista e do mercado que atua com compras públicas aguardava a edição de uma lei menos

---

[123] NOBREGA, Marcos; JURUBEBA, Diego Franco de Araújo. Assimetrias de informação na nova lei de licitações e o problema da seleção adversa. *Revista Brasileira de Direito Público – RBDP*, Belo Horizonte, ano 18, n. 69, p. 9-32, abr./jun. 2020.

maximalista[124] e ineficiente, e que pudesse revolucionar, do ponto de vista prático e da inovação, as licitações brasileiras.

Esperava-se, portanto, que a Lei nº 14.133/2021 fosse concebida mais moderna e com um texto mais simples, bem como que pudesse se focar na ideia de efetiva busca da proposta que melhor pudesse satisfazer o interesse público em cada caso concreto.[125]

Desse modo, pouco se avançou com o novo diploma, que não alterou, da forma como se esperava, o regime das licitações públicas, tendo sido mantidas muitas das práticas já consolidadas e perpetradas no âmbito dos diplomas que ela busca revogar após o período de dois anos do início de sua vigência.

Não obstante, como observa Irene Patrícia Nohara:

> Percebe-se que, por agregar muitas sugestões, a Lei nº 14.133/2021 foi produto de um **consenso** da comunidade científica e de várias entidades da sociedade organizada. Mesmo que não seja possível agradar a todos, pois seguem insatisfeitos aqueles que gostariam de uma lei mais minimalista, houve claramente a intenção dos congressistas de aprimorar, a partir da sugestão ampla de distintos setores e organizações, o regime das licitações, o que resultou num diploma mais moderno e

---

[124] Segundo André Rosilho, as normas sobre licitações públicas oscilam entre dois extremos: o minimalismo, que abarcaria metas voltadas aos três objetivos que se buscam com a norma (isonomia aos competidores, redução de corrupção e a eleição da proposta mais vantajosa (maior qualidade pelo menor preço), e maximalismo, no âmbito do qual se aposta em uma norma mais detalhista, minuciosa e abrangente, capaz de cercar o gestor e reduzir qualquer margem de discricionariedade. ROSILHO, André Janjácomo. *Qual é o modelo legal das licitações no brasil?* As reformas legislativas federais no sistema de contratações públicas. 2011. 214p. Dissertação (Mestrado em direito) – Escola de Direito da Fundação Getúlio Vargas, FGV, 2011. Essa crítica também é compartilhada por Guilherme Jardim Jurksaitis que, ao comentar os desafios para que o Brasil ingresse ao Acordo de Compras Públicas da Organização Mundial de Comércio (OMC), destacou a perda da oportunidade legislativa na transformação do regime de licitações, uma vez que, ao invés de "apostar em regimes simplificados e igualitários, que se sabe bem sucedidos, como o pregão – e o próprio GPA –, optou-se por uma lei extensa, confusa e cheias de exceções explícitas ou implícitas aos princípios da isonomia e da ampla competitividade". JURKSAITIS, Guilherme Jardim. O Acordo de Compras Públicas (GPA) da Organização Mundial do Comércio e a nova lei de licitações. *Revista do Advogado*, São Paulo, n. 153, p. 138-144, mar./2022.

[125] É válido considerar que, diante de uma sociedade cada vez mais dinâmica e sujeita às rápidas evoluções digitais e tecnológicas, seria recomendável que o legislador tivesse se aprofundado no debate para que a nova lei abarcasse melhores práticas para licitar e contratar com eficiência, a partir da normatização de procedimentos mais flexíveis. NOBREGA, Marcos; JURUBEBA, Diego Franco de Araújo. Assimetrias de informação na nova lei de licitações e o problema da seleção adversa. *Revista Brasileira de Direito Público – RBDP*, Belo Horizonte, ano 18, n. 69, p. 9-32, abr./jun. 2020.

seguro, que não empreende revoluções, mas que procura adaptar, com acentuado grau de legitimidade, as mudanças já testadas.[126]

Aproximar o modelo de contratação pública aos padrões adotados pelo setor privado – em que a ausência de "amarras legislativas" pode gerar, em tese, uma contratação célere e adequada ao interesse a ser satisfeito, sem desvios e com o valor de mercado – é um objetivo do gestor público e de empresas que atuam no campo das contratações governamentais.

Entretanto, o debate em torno das compras públicas é tomado pelas discussões em torno da prevenção aos desvios de condutas e à corrupção que, muitas vezes, acabam conduzindo à criação de regras rígidas, delimitação de etapas burocráticas e de mecanismos os quais, na prática, possam mitigar tais eventos prejudiciais aos interesses públicos, coletivos e à própria concorrência.[127]

A nova lei de licitações e contratos administrativos avançou em algumas direções, como na incorporação de uma nova modalidade de contratação, o diálogo competitivo e a previsão de novos mecanismos à disposição da Administração Pública (por exemplo, os regimes das contratações integradas e semi-integradas, o credenciamento etc.).

Houve avanço também na abertura de possibilidades para discussões em torno da criação de um mercado eletrônico de contratações públicas, similar ao já existente no âmbito do setor privado, o que será discutido mais adiante.

---

[126] NOHARA, Irene Patrícia. *Nova lei de licitações e contratos*: comparada. 1. ed. São Paulo: Thomson Reuters Brasil, 2021. p. 12 (destaque no original).

[127] Em texto publicado em 27 de setembro de 1996, no jornal Gazeta Mercantil, o então ministro Bresser Pereira, destacava que o Governo federal estaria preparando um novo projeto de lei de licitações para fins de substituição da Lei nº 8.666/1993, que havia sido sancionada há pouco mais de três anos atrás. Segundo o ministro, era urgente a profunda mudança ou revogação da referida lei, que, em sua visão, burocratizou, atrasou e encareceu o processo de compra do Estado, sem ter garantido redução de fraude ou conluios. O erro fulcral da Lei nº 8.666/1993 seria ter "concentrado toda sua atenção na tarefa de evitar a corrupção, por meio de medidas burocráticas estritas, sem preocupar-se em baratear as compras do Estado, nem permitir que o administrador público tome decisões. Partiu-se do pressuposto de que todo servidor público é corrupto e assim foi-lhe retirada qualquer capacidade de negociação, deixando tudo por conta da lei. Reduziu-se assim o espaço do administrador eventualmente corrupto, mas a um custo altíssimo: tornou quase impossível que administrador honesto – que é a maioria – faça a melhor compra para o Estado". BRASIL. Ministério da Administração Federal e Reforma do Estado. *A Reforma administrativa na imprensa*: seleção de artigos produzidos no MARE/Ministério da Administração Federal e Reforma do Estado. Brasília: MARE, 1977. p. 58.

Outro aspecto positivo, notadamente diante das transformações da sociedade, foi a previsão de realização das sessões públicas em ambiente eletrônico, o que propiciará ganhos similares aos obtidos, desde a implementação, pelo pregão eletrônico.

Porém, maior ganho poderá obter a Administração Pública – e a sociedade em geral –, se as licitações não se restringirem a terem as suas sessões realizadas em ambiente eletrônico, mas puderem ser inteiramente digitais, desde o seu nascimento, com o documento oficializador da demanda, na assinatura, na gestão e na finalização do contrato celebrado, que poderá se utilizar de ferramentas tecnológicas.

Isso porque o nascimento do governo eletrônico e o seu aprimoramento constante, com a digitalização de serviços públicos e a diminuição da assimetria de informações entre os atores públicos e privados, são o marco desta nova era da sociedade da informação, que exigirá do poder público uma atuação mais célere, transparente, econômica, eficiente e inovadora.

Nesse cenário, o emprego de novas tecnologias é essencial não só para a manutenção do governo digital, mas também para que o processamento das compras governamentais possa ocorrer por meio exclusivamente eletrônico, podendo nos conduzir a discussões em torno da implementação futura de um comércio eletrônico público (e-*procurement*).[128]

A vida digital já é parte do cotidiano da maioria dos cidadãos brasileiros. Estudos do Instituto Brasileiro de Geografia e Estatística (IBGE), realizados no ano de 2019, indicam que pouco mais de 78,3% das pessoas com mais de 10 anos de idade se utilizam da internet.[129]

A preocupação atual do Poder Público não pode ser, portanto, apenas com os objetivos inerentes à ampliação do governo

---

[128] Destaca-se a compreensão de Natalia Tanno, pesquisadora sobre o tema das compras públicas em ambiente digital na Universidade de Buenos Aires, para quem: "Os sistemas de compras eletrônicas surgem do que é conhecido como e-commerce ou Comércio Eletrônico, que se refere à troca de bens e serviços por meio eletrônico, principalmente a Internet". TANNO, Natalia. Sistema de Compras Electrónicas del Estado. Su Implementación. *Revista Jurídica de Buenos Aires*, Buenos Aires, Año 43, n. 96, p. 209-231, 2018. (tradução livre).

[129] BRASIL. Instituto Brasileiro de Geografia e Estatística – IBGE. *Pesquisa Nacional por Amostra de Domicílios Contínua*: acesso à Internet e à televisão e posse de telefone móvel celular para uso pessoal 2019. Disponível em: https://biblioteca.ibge.gov.br/visualizacao/livros/liv101794_informativo.pdf. Acesso em: 10 nov. 2021.

digital, mas também em tornar os procedimentos de contratações públicas totalmente digitais, a fim de garantir, em concreto, o acesso à informação, ampliar a transparência e, por consequência, a competição entre os potenciais agentes econômicos interessados.

Assim, a ampliação da utilização de ferramentas eletrônicas para a realização de contratações públicas, sejam elas decorrentes de procedimentos licitatórios ou não, deve ser um dos objetivos a serem perquiridos pelos entes da federação.

No âmbito do Governo Federal, por meio da Instrução Normativa nº 67, de 09 de julho de 2021, nascida com o intuito de regulamentar pontos da Lei nº 14.133/2021, foi instituído o sistema de dispensa eletrônica, por meio do qual os órgãos e entidades da Administração Pública federal podem efetivar as contratações diretas cujo procedimento licitatório tenha sido dispensado em função dos valores previstos no art. 75.

Foi criado, desse modo, um procedimento de seleção pública a ser realizado totalmente de forma eletrônica, para que as contratações diretas, legalmente dispensadas em função dos valores estimados em cada caso,[130] possam ser celebradas no âmbito do Governo Federal.

Cabe notar que, no âmbito do Estado de São Paulo, a dispensa de licitação eletrônica para os casos em que os valores estimados estivessem compreendidos dentro dos limites dos incisos I e II do art. 24 da Lei nº 8.666/1993, já era uma realidade possível desde o ano de 2001, quando foi instituída a Bolsa Eletrônica de Compras, por meio do Decreto nº 45.695.[131]

A nova lei de licitações abriu caminhos para a implementação das contratações públicas inteligentes – cujo conceito se buscará ao final desta dissertação – que ultrapassam a mera noção de utilização

---

[130] Nos casos de obras, serviços de engenharia ou serviços de manutenção de veículos automotores, previu o legislador o limite de R$100 mil reais (inciso I), enquanto para outros tipos de serviços e compras, o limite é de R$50 mil reais (inciso II), continuando vedado o fracionamento indevido de despesas para o enquadramento em um dos limites previstos na lei (*vide* §1º). Estes valores foram atualizados por meio do Decreto federal nº 10.922, de 30 de dezembro de 2021, passando, respectivamente, a corresponder aos montantes de R$108.040,82 e R$54.020,41.

[131] No decreto, houve a previsão contida no art. 4º, no sentido de que a dispensa de valor consignada no inciso II do art. 24 da Lei nº 8.666/1993 deveria ser efetivada exclusivamente por meio da utilização da BEC.

de ferramentas eletrônicas para se buscar a contratação mais vantajosa à administração ou a celebração de atos exclusivamente em meio digital (que podem ser nominadas de "contratações públicas digitais").

Há possibilidade de criação de meios eletrônicos para disputa sem a interação humana, com o uso da inteligência artificial, assim como de celebração de contratos inteligentes, cuja elaboração, acompanhamento e fiscalização seja feita por meio de algoritmos previamente ajustados pelo poder público. Esse aspecto que será mais bem trabalhado no tópico em que trataremos das perspectivas disruptivas das contratações públicas.

Além disso, o processo de contratação pública deve ser utilizado como mecanismo para fomentar a inovação junto ao mercado de compras governamentais, a fim de atender a um dos mais novos objetivos a serem perquiridos pela gestão pública.

A Administração Pública, muitas vezes por interpretações distorcidas dos órgãos de controle externo, pode estar sujeita às práticas defasadas dos agentes econômicos que não adotam – ou não querem adotar – soluções inovadoras nos produtos que fornece ao poder público.

Há situações em que o próprio mercado cria dois tipos de produtos, um para ser fornecido ao setor público e outro, ao privado, já que este último possui, muitas vezes, um poder maior de barganha se comparado ao processo público de seleção para a contratação.

Para nos fixarmos em um exemplo prático, há algum tempo, os entes da federação contratavam, para os seus servidores, o que se denominava "ticket refeição", que era fornecido em papel impresso com, de certa forma, algum custo à Administração Pública, além do valor facial nele impresso. A partir de uma visão schumpeteriana de "empresário-empreendedor", o mercado evoluiu e passou a fornecer tais serviços por meio de cartão magnético com tarja, muito mais moderno, fácil de controlar e usar e, quiçá, mais econômico ao erário.

Desse modo, o novo produto disruptivo fez com ocorresse o fenômeno denominado de "criação destruidora", uma vez que a era do ticket refeição em papel ficou para trás. Em mais uma onda de evolução mercadológica, o cartão magnético passou a ser fornecido com chip, com muito mais segurança em relação ao anterior, o que fez muitos entes da federação passarem a exigir, em suas licitações, tal tipo de modelo, que já era fornecido normalmente aos contratantes privados.

No início, os Tribunais de Contas pelo país passaram a entender, a partir de representações de empresas que atuavam no mercado – as quais certamente temiam essa "inovação destruidora" – que havia violação à competitividade pelo estabelecimento de exigência dessa natureza, sendo, portanto, ilegal e anti-isonômica.[132]

O exemplo trazido, cuja inovação partiu do próprio mercado, leva-nos à reflexão no sentido de que o poder público não pode ficar refém de tecnologias defasadas ou de práticas corporativas não mais admitidas no mercado, sobretudo diante da atual sociedade da informação, muito mais interconectada e atenta às realidades socioeconômicas locais.

Mais do que obter soluções modernas fornecidas pelo mercado, deve o Poder Público ser protagonista em fomentar cenários inovadores, impulsionando a atuação dos agentes econômicos para criação de novos produtos e melhoria de seus processos produtivos, gerando eficiência e economicidade às compras governamentais.

Nesse sentido, o novel objetivo trazido pela Lei nº 14.133/2021, qual seja de fomentar a inovação, que será abordado no tópico seguinte deste trabalho, é uma importante diretriz para que o Estado, usando de seu poder de compra, possa criar incentivos voltados à inovação.

2.3.1 Incentivo à inovação como um dos objetivos do processo licitatório

O procedimento de contratações públicas é norteado por diversos princípios explícitos e implícitos previstos na Constituição Federal e nos diplomas que regem as licitações públicas.[133]

---

[132] Cita-se, por todos, o Acórdão do TCE/SP que, acolhendo parcialmente a representação formulada em face de edital de uma Fundação, determinou que esta promovesse "a adequação no ato convocatório, passando a admitir ambas as tecnologias para cartão vale refeição e vale alimentação disponíveis no mercado". SÃO PAULO (Estado). Tribunal de Contas do Estado de São Paulo. TC nº 1916.989.14-8, *2037.989.14-2 e 2047.989.14-0*. Rel. Cons. Cristiana de Castro Moraes, jul. 04.06.2014. Disponível em: https://www.tce.sp.gov.br/sites/default/files/noticias/6_-_epe-e-05-ccm-001a003-tc-1916_989_14-8_-_unesp.pdf. Acesso em: 10 dez. 2021.

[133] Destaca Irene Patrícia Nohara que, até a metade do Século XX, os princípios eram reconhecidos como secundários e supletivo das lacunas normativas, o que se alterou com

Segundo a definição de Celso Antônio Bandeira de Mello:

> O princípio é, pois, por definição, mandamento nuclear de um sistema, verdadeiro alicerce dele, disposição fundamental que se irradia sobre diferentes normas, compondo-lhes o espírito e servindo de critério para exata compreensão e inteligência delas, exatamente porque define a lógica e a racionalidade do sistema normativo, conferindo-lhe a tônica que lhe dá sentido harmônico.[134]

No bojo da Lei nº 8.666/1993, o art. 3º traz o elenco de princípios explícitos aplicáveis à licitação, misturando-os com os objetivos/finalidades a serem buscados, quais sejam a garantia de isonomia e a seleção da proposta mais vantajosa.

Em 2010, após a conversão da Medida Provisória nº 495 na Lei nº 12.349/2010, o citado art. 3º foi alterado para inclusão, como uma das finalidades da licitação, a promoção do desenvolvimento nacional sustentável.[135]

Na visão de Marina Fontão Zago, antes mesmo da precitada alteração, já eram realizadas as denominadas "licitações verdes", no bojo das quais se incluíam critérios de preferência de sustentabilidade, o que, sem a devida regulação, acarretava insegurança jurídica ao gestor.[136] Ademais, para a autora, a inclusão do desenvolvimento nacional sustentável trouxe maior fôlego para que o poder de compra estatal continuasse a ser orientado às contratações públicas que visassem à efetivação das políticas socioambientais.[137]

---

o pós-positivismo, de forma que diversos deles foram elevados à Constituição, ganhando um status de norma jurídica superior e retirando a pecha de "servos da lei". NOHARA, Patrícia Irene; CÂMARA, Jacinto de Arruda; DI PIETRO, Maria Sylvia Zanella (Coord.). *Tratado de direito administrativo*: vol. 6 – licitação e contrato administrativo. 2. ed. São Paulo: Thomson Reuters Brasil, 2019. p. 106.

[134] BANDEIRA DE MELLO, Celso Antônio. *Curso de direito administrativo*. 26. ed., rev. e atual até a Emenda Constitucional 57, de 18.12.2008. São Paulo: Malheiros Editores, 2009. p. 53.

[135] A Medida Provisória baixada pelo Presidente da República previa a inclusão da finalidade do "desenvolvimento econômico nacional", algo bem diferente do "desenvolvimento nacional sustentável" que foi incluído quando de sua conversão. Depreende-se, da justificação da MP, que a intenção do governo era utilizar o poder de compra governamental como instrumento de promoção do mercado interno, com medidas para, como consequência, alcançar o desenvolvimento do país. Não havia preocupação, portanto, com o viés sustentável da atuação do poder público.

[136] ZAGO, Marina Fontão. *Poder de compras estatal como instrumento de políticas públicas?* Brasília: Enap, 2018. p. 181.

[137] ZAGO, Marina Fontão. *Poder de compras estatal como instrumento de políticas públicas?* Brasília: Enap, 2018. p. 182.

O desenvolvimento nacional sustentável, na visão de Marçal Justen Filho, não deveria ser visto como uma finalidade da licitação, já que, na prática, por meio dela, busca-se a seleção da contratação mais vantajosa à Administração. Ou seja, o procedimento licitatório, por si só, não seria capaz de gerar o desenvolvimento sustentável. O que pretendeu o legislador, segundo o autor, foi garantir que a contratação pública pudesse ser utilizada como um instrumento interventivo apto a produzir efeitos socioeconômicos e ambientais favoráveis a toda sociedade.[138]

Com a ampliação do rol de objetivos do procedimento licitatório, a Lei nº 14.133/2021 trouxe uma importante separação entre os princípios a serem observados na aplicação geral da lei (art. 5º) e os objetivos específicos do procedimento licitatório (art. 11), diferente da tratativa prevista na Lei nº 8.666/1993, que os concentrava no art. 3º. Vejamos os atuais objetivos da licitação:

> Art. 11. O processo licitatório tem por objetivos:
> I – assegurar a seleção da proposta apta a gerar o resultado de contratação mais vantajoso para a Administração Pública, inclusive no que se refere ao ciclo de vida do objeto;
> II – assegurar tratamento isonômico entre os licitantes, bem como a justa competição;
> III – evitar contratações com sobrepreço ou com preços manifestamente inexequíveis e superfaturamento na execução dos contratos;
> IV – incentivar a inovação e o desenvolvimento nacional sustentável.

A ressignificação dos objetivos do processo licitatório possui expressiva relevância para a mudança de paradigmas no escopo das contratações públicas. Isso porque a procura por uma maior eficiência, inovação, competição e melhor relação custo-benefício foi negligenciada na interpretação da Lei nº 8.666/1993, que se pautou no formalismo e no cumprimento da ritualística que, muitas vezes, não guardam qualquer conexão com a eficiência buscada em uma contratação ou aquisição feita no setor público.

Ressalta-se que os objetivos acima traçados não são considerados propriamente uma novidade em matéria de licitações, já que são

---

[138] JUSTEN FILHO, Marçal. *Comentários à lei de licitações e contratos administrativos*: Lei nº 8.666/1993. 18. ed. rev., atual. e ampl. São Paulo: Thomson Reuters Brasil, 2019. p. 97.

frutos advindos do Regime Diferenciado de Contratações Públicas que foi incorporado à nova lei geral (*cf.* art. 1º, §1º, da Lei nº 12.462/2011).

Outro ponto a ser destacado é que, no escopo da nova lei, o desenvolvimento nacional sustentável, por ser um vetor de relevância constitucional e que abriu caminho para as "licitações verdes" – ainda muito timidamente adotadas –, passou a ser, ao mesmo tempo, um princípio expresso no art. 5º e um objetivo a ser buscado na licitação.[139]

Mas o que pode ser entendido por "objetivo" trazido pela nova lei de licitações e por qual motivo o legislador o distanciou, topologicamente, dos princípios expressos no art. 5º?

Em suma, tanto os princípios quanto as regras são espécies de normas que se valem dos modais deônticos comuns a elas inerentes (obrigatório, proibitivo e permissivo).

A literatura, no entanto, faz uma diferenciação entre princípios, que congregam um valor de caráter abstrato, e as regras, que são prescrições específicas com pressupostos e consequências delimitadas pela norma.

Para Marçal Justen Filho, embora grande parte das normas disciplinadoras das licitações públicas se enquadrem como regras ou princípios, deve ser reconhecido que a "complexidade das funções do Estado e das características do direito traduzem-se em outras figuras normativas, tal como a diretriz ou outra manifestação daquilo que já foi denominado de *"soft law"*".[140]

Em comentário às disposições previstas na Lei nº 8.666/1993, cujo raciocínio pode ser reproduzido no contexto da Lei nº 14.133/2021, o autor ainda destaca que a maioria das normas veiculadas na mencionada lei é composta de regras que devem ser interpretadas à luz dos princípios.[141]

---

[139] Segundo Juarez Freitas, a sustentabilidade é, dentre os valores constitucionais, um valor supremo, que molda o desenvolvimento (e não o contrário), sendo um dos centros gravitacionais da República. Enquanto parte da doutrina destaca que a sustentabilidade congrega os vieses econômico, social e ambiental, o autor desenvolve o seu caráter multidimensional, a partir de cinco dimensões, quais sejam, social, econômico, ambiental, jurídico-político e ético. FREITAS, Juarez. *Sustentabilidade*: direito ao futuro. 4. ed. Belo Horizonte: Fórum, 2019. p. 34-48.

[140] JUSTEN FILHO, Marçal. *Comentários à lei de licitações e contratos administrativos*: Lei nº 8.666/1993. 18. ed. rev., atual. e ampl. São Paulo: Thomson Reuters Brasil, 2019. p. 106.

[141] JUSTEN FILHO, Marçal. *Comentários à lei de licitações e contratos administrativos*: Lei nº 8.666/1993. 18. ed. rev., atual. e ampl. São Paulo: Thomson Reuters Brasil, 2019. p. 106.

Neste contexto, a compreensão mais adequada ao art. 11 da Lei nº 14.133/2021 caminha no sentido de que o legislador estatuiu diretrizes que devem nortear todas as etapas do processo licitatório, desde o planejamento até a conclusão de execução do objeto almejado pela Administração Pública.

Algumas das diretrizes traçadas pelo legislador possuem características de regras a serem observadas, a exemplo do objetivo de evitar, nas contratações públicas, sobrepreço ou superfaturamento, cujos conceitos foram traçados pela lei de licitações (art. 6º, LVI e LVII), ou, ainda, preço inexequível, que possui regras objetivas para aferição (art. 59).

A novidade prevista na nova lei e que ganha relevância por ser aplicada indistintamente a todo e qualquer processo de contratação pública, é o objetivo relacionado ao incentivo à inovação, previsto ao lado do desenvolvimento nacional sustentável.

O objetivo indica uma direção a ser seguida pelo gestor público, de forma que a sua inobservância não deve gerar, como consequência necessária, a nulidade do ato administrativo praticado. Isso porque a eficácia do objetivo a ser buscado poderá variar em virtude da solução adotada no caso concreto.[142]

Entendemos ter sido correta, portanto, a opção – consciente ou não – do legislador em não categorizar a inovação como princípio do procedimento licitatório, mas como objetivo a ser considerado pela Administração Pública, seja para fomento e incentivo à criação de produtos ou meios mais eficazes ao atendimento de suas demandas, seja para adequação de seus procedimentos internos.

É oportuno mencionar que houve a tentativa de tornar a inovação um princípio norteador da atividade da Administração Pública, por meio de sua inclusão no *caput* do art. 37 da Constituição Federal, o que ocorreu por meio da Proposta de Emenda à Constituição nº 32/2020, denominada "PEC da Reforma Administrativa".

---

[142] Marina Fontão Zago destaca que a inovação é objetivo que possui plurissignificação, ou seja, pode ser utilizado com diferentes enfoques, quais sejam, "a inovação quanto ao objeto a ser contratado, inovação quanto aos resultados a serem obtidos pela contratação ou, ainda, a inovação do próprio processo de licitação e contratação". ZAGO, Marina Fontão. Poder de compra estatal e políticas públicas na Lei nº 14.133/2021. *Revista do Advogado*, São Paulo, n. 53, p. 21-27, mar./2022.

Houve, por parte da doutrina administrativista, duras críticas à tentativa de tornar a inovação um princípio, o que levou a Comissão de Constituição, Justiça e Cidadania da Câmara dos Deputados a excluir da proposta não só tal aberração, mas também a gama de princípios igualmente criticados.[143]

Nesse sentido, destacamos a compreensão de Irene Patrícia Nohara acerca da famigerada tentativa:

> Parece que a proposta supõe que a positivação dos princípios trará mera sugestões, estimulando a que a Administração se volte a pensar em tais pautas, sendo que, na atualidade, a positivação de um princípio com caráter normativo faz com que se a Administração, doravante, por exemplo, editar um ato administrativo que não se adeque ao princípio da inovação, este ato poderá ser questionado pelo controle por ser ilegal em seu sentido mais abrangente.
>
> Assim, apesar de todos sermos pessoas conscientes de que a inovação é um imperativo que guia as organizações na sociedade contemporânea, que, diante das disrupções tecnológicas em produtos e serviços devem inovar, esse dever não deve ser uma obrigação para toda e qualquer situação da vida, apta a ser controlada com base em um princípio constitucional cogente.[144]

Conforme Maria Sylvia Zanella Di Pietro, o controle de atos da administração tem por finalidade assegurar a sua atuação em

---

[143] Nesse sentido, ver: MATOS, Gabriel Visoto de. A inovação como princípio da Administração Pública na reforma administrativa. *Portal Jota*, 13 out. 2020. Disponível em: https://www.jota.info/coberturas-especiais/inova-e-acao/a-inovacao-como-principio-da-administracao-publica-na-reforma-administrativa-13102020. Acesso em: 06 dez. 2021. No sentido de que a inclusão da inovação releva um "simbolismo" na representação de uma Administração mais eficiente, ver PAULA, Eduardo Loula Novais de. Reforma administrativa: novos princípios da Administração Pública. *Revista do Tribunal de Contas da União*. Brasília, v. 1, n. 146, p. 38-55, jul./dez. 2020. Disponível em: https://revista.tcu.gov.br/ojs/index.php/RTCU/issue/view/91. Acesso em: 06 dez. 2021. Paulo Modesto, em balanço feito sobre as normas previstas na PEC nº 32/2020, traz a classificação daquilo que, em sua visão, seriam "normas placebo", concebidas para não produzirem efeitos práticos e, assim permanecendo, realizam o seu propósito de existir, e "normas perigo", as que trazem retrocessos evidentes a tempos superados. Para ele, a partir desta definição, a inclusão de princípios ao art. 37, dentre eles o da inovação, poderia ser considerado como "norma placebo". MODESTO, Paulo. PEC 32 – Notas Sobre a Proposta de Emenda Constitucional da Reforma Administrativa da Gestão Bolsonaro. *Direito do Estado*, 16 dez. 2020. Disponível em: http://www.direitodoestado.com.br/colunistas/paulo-modesto/pec-32-notas-sobre-a-proposta-de-emenda-constitucional-da-reforma-administrativa-da-gestao-bolsonaro. Acesso em: 06 dez. 2021.

[144] NOHARA, Irene Patrícia. 5 Pontos Explosivos da PEC 32 da Reforma Administrativa. *Direito Administrativo*, 07 fev. 2021. Disponível em: https://direitoadm.com.br/5-pontos-explosivos-da-pec-32-da-reforma-administrativa/. Acesso em: 10 nov. 2021.

conformidade com os princípios a que se encontra vinculada pelo ordenamento jurídico pátrio.[145]

Não obstante ser corolário da atuação da Administração Pública a obediência aos princípios, sejam eles expressos ou derivados – matéria que inclusive norteia o controle dos atos administrativos –, a inclusão da inovação como princípio norteador da atividade administrativa traz consigo alguns problemas de ordem prática. Isso porque a compreensão do que seria inovação pode variar a depender do intérprete e do aplicador na norma, além da análise do caso concreto.

Inovar, para o gestor público, poderia ter uma empregabilidade prática diferente do que teria para o servidor do controle interno ou auditor do Tribunal de Contas que, posterior e futuramente, fiscalizará o ato praticado. Assim, a inovação não deveria – como de fato não o foi – ser alçada à categoria jurídica de princípio, sobretudo considerando que a transformação tecnológica ocorre cada vez mais rápida e disruptiva, tornando-se impossível exigir que a Administração Pública acompanhe e rapidamente se adapte a todo esse processo evolutivo.

O novo objetivo trazido pela Lei nº 14.133/2021 possibilitará que a licitação pública – que possui um papel relevante para a regulação do comportamento dos agentes econômicos que atuam no campo das contratações governamentais – possa ser um instrumento para a inovação, não só compreendida como a busca de melhorias para os processos internos da Administração Pública, mas também como fomento e indução do mercado propriamente dito.

2.3.2 Instrumentos da nova lei para fomentar a inovação

A concretização do novo objetivo traçado pela nova lei de licitações e contratos administrativos pode ser feita a partir dos diversos instrumentos por ela abarcados. Um exemplo concreto poderia ser pelo uso da modalidade do diálogo competitivo que,

---

[145] PIETRO, Maria Sylvia Zanella Di. *Direito administrativo* [livro eletrônico]. 33. ed. Rio de Janeiro: Forense, 2020. p. 1.658.

embora complexa, pode ser adotada quando a Administração Pública objetivar contratar objeto que envolva inovação tecnológica ou técnica ou, ainda, meios e alternativas inovadoras para o atendimento concreto à sua necessidade.

Trata-se de uma modalidade de licitação que, se bem entendida e empregada, permitirá a realização de uma contratação que atenda, com eficiência e qualidade, o interesse púbico a ser satisfeito, mesmo diante de uma necessidade concreta cuja solução, por ser inovadora e sofisticada, envolva método desconhecido tecnicamente no âmbito da Administração Pública e de difícil especificação objetiva em edital.

No âmbito dessa modalidade, torna-se imprescindível o abandono da relação verticalizada entre a Administração e o particular, a fim de estabelecer, por meio do diálogo colaborativo, a satisfação do interesse público que ensejou a sua deflagração.

Para Antônio Cecílio Moreira Pires e Aniello Parziale:

> (...) o exercício dos poderes administrativos, até então exercitados como meio de imposição unilateral de decisões autoritárias, se democratizou, permitindo-se um diálogo entre a Administração e o particular, de sorte que esse último possa participar da vontade administrativa. Daí decorre a denominada Administração Pública Dialógica, como um dos consectários da adoção do Estado Democrático de Direito, em que a participação cidadã da gestão e do controle da Administração Pública são medidas impositivas.[146]

Na deflagração do diálogo competitivo, a Administração Pública utilizará o processo licitatório para incentivar a criação, pelo mercado competidor, de métodos e soluções inovadoras para que, a partir dos critérios definidos no início da fase competitiva, possa selecionar, como resultado, a contratação mais vantajosa à satisfação de sua necessidade.

Outro caminho, desenhado pelo legislador, para a concretização do incentivo à inovação, que decerto dependerá de regulamentação dos entes subnacionais, é a previsão contida no art. 26,

---

[146] PIRES, Antonio Cecílio M.; PARZIALE, Aniello. *Comentários à Nova Lei de Licitações Públicas e Contratos Administrativos*: Lei n.º 14.133, de 1º de abril de 2021. São Paulo: Grupo Almedina (Portugal), 2022. 9786556274416. Disponível em: https://app.minhabiblioteca.com.br/#/books/9786556274416/. Acesso em: 04 maio 2022.

§2º – em similitude ao que já era previsto na Lei nº 8.666/1993 que amplia para 20% a margem de preferência à contratação de bens manufaturados nacionais e serviços nacionais que sejam resultantes de desenvolvimento e inovação tecnológica no país.

Quando se tratar de contratação que englobe serviços atrelados a sistemas de tecnologia da informação e comunicação que sejam considerados estratégicos às atividades desenvolvidas pela Administração Púbica, previu o legislador a possibilidade de a licitação se restringir a tecnologias desenvolvidas no país e que sejam fruto de processo produtivo básico estabelecido na Lei nº 10.176/2001.

Para as contratações de obras e serviços de engenharia, o legislador previu diretrizes específicas que foram direcionadas à alta direção dos órgãos da Administração Pública.

Conforme prescrito no art. 19, V, da Lei nº 14.133/2021, devem ser promovidas medidas para adoção gradativa de tecnologias e processos integrados, a fim de permitir a criação, utilização e atualização de modelos digitais de obras e serviços de engenharia.

A adoção de tecnologia de Modelagem da Informação da Construção (*Building Information Modeling – BIM*)[147], já há muito tempo utilizada na iniciativa privada, passa a ser uma opção disponível ao gestor para buscar uma contratação mais eficiente e adequada à necessidade da Administração Pública.

O BIM se traduz em uma metodologia de troca e compartilhamento de informações no decorrer de todas as fases que compõem o ciclo de vida de uma edificação, permitindo a exploração e o estudo de alternativas ainda na fase conceitual do projeto, mantendo-o atualizado até a sua eventual demolição.[148]

A tecnologia BIM traz consigo alguns aspectos que podem resultar em incentivos à aceitação, pelo mercado competidor, de sua

---

[147] Em síntese, são ferramentas tecnológicas por meio das quais é possível ser desenvolvido uma versão 3D ou 4D do projeto, podendo ser realizados testes virtuais e revisão de detalhes, a fim de alcançar a maior eficiência construtiva em sua execução.

[148] SANTA CATARINA (Estado). Secretaria de Estado do Planejamento. *Caderno de especificações de projetos em BIM*. V. 2. Disponível em: https://www.sie.sc.gov.br/webdocs/sie/doc-tecnicos/labim/Caderno%20de%20Especifica%C3%A7%C3%B5es%20de%20Projetos%20em%20BIM_102018.pdf. Acesso em: 08 dez. 2021.

exigência, por exemplo: a redução de custos e de tempo de execução e controle, assim como aumento na qualidade e diminuição dos riscos do empreendimento.[149]

Trata-se de um importante repositório de informações, as quais podem ser compartilhadas, possibilitando prever, inclusive, eventuais erros de projeto e antecipar problemas que seriam enfrentados na execução da obra, permitindo a redução de custos e conferindo maior controle e transparência à execução da obra pública.

No âmbito da Administração Pública federal, por meio do Decreto nº 10.306, de 02 de abril de 2020, foi estabelecida a obrigatoriedade de utilização da tecnologia BIM na execução, direta ou indireta, de obras e serviços de engenharia.

No art. 3º, inciso II, do citado decreto, o BIM está definido como:

> (...) conjunto de tecnologias e processos integrados que permite a criação, a utilização e a atualização de modelos digitais de uma construção, de modo colaborativo, que sirva a todos os participantes do empreendimento, em qualquer etapa do ciclo de vida da construção.[150]

Também no campo das obras e serviços de engenharia, o incentivo à inovação pode advir da adoção do regime de contratação integrada que, ainda no âmbito do Regime Diferenciado de Contratações Públicas (RDC), passou a ser utilizada nos casos em que o objeto envolvesse: *i)* inovação tecnológica ou técnica; *ii)* diferentes metodologias de execução; *iii)* possibilidade de execução com tecnologias de domínio restrito no mercado.

---

[149] Nesse sentido, ver MIRANDA, Antônio Carlos de Oliveira; MATOS, Cleiton Rocha. Potencial uso do BIM na fiscalização de obras públicas. *Revista do Tribunal de Contas da União*, Brasília, v. 1, n. 133 p. 22-31, maio/ago. 2015. Disponível em: https://revista.tcu.gov.br/ojs/index.php/RTCU/issue/view/62. Acesso em: 06 dez. 2021.

[150] BRASIL. *Decreto federal nº 10.306, de 2 de abril de 2020*. Estabelece a utilização do Building Information Modelling na execução direta ou indireta de obras e serviços de engenharia realizada pelos órgãos e pelas entidades da administração pública federal, no âmbito da Estratégia Nacional de Disseminação do Building Information Modelling – Estratégia BIM BR, instituída pelo Decreto nº 9.983, de 22 de agosto de 2019. Brasília, DF, Presidência da República. 2020. Disponível em: http://www.planalto.gov.br/ccivil_03/_ato2019-2022/2020/decreto/D10306.htm. Acesso em: 02 maio 2022.

As restrições até então previstas no RDC para a adoção ao regime da contratação integrada não foram recepcionadas na Lei nº 14.133/2021, de forma que poderá ser utilizado para qualquer contratação de obra ou serviço de engenharia.

No âmbito desse regime, a Administração Pública está dispensada da preparação do projeto básico, que será delegada ao futuro contratado; todavia, deve ser elaborado, na etapa de planejamento, um anteprojeto que deverá seguir as prescrições do art. 6º, XXIV.

Em tal regime de execução, a Administração Pública busca uma contratação por resultados, já que o cumprimento das obrigações contratuais pressupõe a efetiva entrega da obra pronta, acabada, testada e em condições de usabilidade, a fim de atender aos fins para os quais ela se destina.[151]

Há um ganho de oportunidades tanto para a Administração Pública, que poderá celebrar contratos mais econômicos, eficientes e com soluções técnicas inovadoras, quanto para o mercado competidor, que poderá se beneficiar da inovação proposta para vencer a licitação e ampliar a sua lucratividade.

Contudo, a adoção de tal regime pressupõe conhecimento técnico por parte dos servidores incumbidos do papel de fiscalização do contrato, a fim de viabilizar que a entrega da obra seja feita exatamente dentro do cronograma físico estipulado inicialmente pelo contratado e aprovado pela Administração.

Neste contexto de normatização da inovação, vale destacar que, por meio da Lei Complementar nº 182, de 1º de junho de 2021, foi instituído o marco legal das startups e do empreendedorismo inovador.[152]

---

[151] Segundo Irene Patrícia Nohara, a forte crítica que reside nesse regime seria o fato de que, como se busca resultados, pressupõem-se, na adoção de tal regime, uma margem de flexibilização no controle dos meios utilizados pelo particular, sobretudo porque ele será o responsável pela elaboração do projeto básico e não poderá pleitear aditamentos posteriores ao contrato celebrado com a Administração. Tal perspectiva, na visão da autora, é associada ao *new public management*, no sentido de "dar ao gestor um voto de confiança para que num momento posterior haja o controle com foco no resultado, mirando muito mais a *performance* do que o procedimento em si. NOHARA, Patrícia Irene; CÂMARA, Jacinto de Arruda; DI PIETRO, Maria Sylvia Zanella (Coord.). *Tratado de direito administrativo*: vol. 6 – licitação e contrato administrativo. 2. ed. São Paulo: Thomson Reuters Brasil, 2019. p. 282.

[152] DOMINGUEZ, Guilherme D. F. Como é possível estimular a contratação de inovação e de startups pelo poder público? *Portal Jota*, 18 jun. 2019. Disponível em: https://www.

O precitado diploma, além de traçar diretrizes em torno do enquadramento de empresas startups, bem como de instrumentos de inovação e regras de fomento, trouxe disposições aplicáveis à contratação de soluções inovadoras pelo Estado.[153]

Concretizando o ideal de utilização do poder de compras do Estado para o fomento da inovação, foram previstas, em capítulo próprio (Capítulo VI – artigos 12 a 15), normas gerais para as licitações e contratos que possuam as finalidades de: *i)* resolver demandas públicas que exijam solução inovadora com emprego de tecnologia; e *ii)* promover a inovação no setor produtivo.

O legislador possibilitou que a Administração Pública, no edital a ser lançado, limite o escopo da licitação à indicação do problema a ser resolvido e dos resultados esperados, incluídos os desafios tecnológicos a serem superados, de modo a incentivar que as proponentes apresentem diferentes meios para a resolução do problema que ensejou a abertura do processo de contratação.

É possível notar que, o legislador, à medida que criou um objetivo a ser seguido no âmbito do procedimento licitatório, também trouxe mecanismos concretos para que a inovação pudesse ser viabilizada, inclusive por meio de legislação específica, como no caso do marco legal das startups.

As compras públicas, a partir do contexto da nova lei de licitações, legitimam a atuação visível do Estado na economia, utilizando-se de seu poder de compra para regular condutas e como instrumento de fomento à inovação e à sustentabilidade para, com isso, gerar o desenvolvimento socioeconômico capaz de atender às reais, atuais e futuras necessidades da sociedade da informação.

Há, por outro lado, desafios para que a inovação seja concebida, implementada e incentivada no âmbito da Administração Pública, o que melhor será estudado no tópico a seguir deste trabalho.

---

jota.info/coberturas-especiais/inova-e-acao/como-e-possivel-estimular-a-contratacao-de-inovacao-e-de-startups-pelo-poder-publico-18062019. Acesso em: 03 mar. 2022.

[153] Sobre o tema, ver: LIMA, Edcarlos Alves. Licitação e contratação no contexto do marco legal das Startups. *Revista Síntese de Direito Administrativo*, São Paulo, v. 17, n. 197, p. 237-240, maio 2022.

2.3.3 Desafios impostos à Administração Pública na era das contratações públicas inteligentes

Além da vertente regulatória que foi explorada anteriormente, por meio do procedimento licitatório busca-se o atendimento a três exigências públicas inadiáveis, a saber: *i)* proteção aos interesses públicos e recursos governamentais; *ii)* respeito aos primados da isonomia e impessoalidade, garantido por meio da disputa competitiva; e *iii)* obediência aos reclamos de probidade administrativa, esta última elevada a princípio básico pela nova lei de licitações (art. 5º da Lei nº 14.133/2021).[154]

Os recursos orçamentários são escassos e a sua alocação para concretização de políticas públicas e execução das atividades administrativas do Estado deve ser feita de forma eficaz, sem desperdícios ou gastos desnecessários.

Isto não impede, por outro lado, que o gestor, com o espírito de "empreendedor inovador", adote as providências "ótimas" para a melhor satisfação das necessidades públicas, seja otimizando e dando celeridade ao processo de contratação em si, seja buscando bens e serviços que gerem, como resultado, a contratação mais vantajosa à Administração, considerando, inclusive, o ciclo de vida útil do objeto.[155]

A busca por modelos mais eficientes de contratações públicas é, todavia, acompanhada pela crescente preocupação em torno de riscos tecnológicos, como de agente econômico que atue com foco em fraudar a competitividade dentro da licitação pública.

É inelutável a conclusão de que a aplicabilidade da inovação, por meio da tecnologia da informação, no campo das contratações

---

[154] BANDEIRA DE MELLO, Celso Antônio. *Curso de direito administrativo*. 26. ed., rev. e atual até a Emenda Constitucional 57, de 18.12.2008. São Paulo: Malheiros Editores, 2009. p. 519.

[155] Celso Antônio Bandeira de Mello denomina de "providência ótima" a solução escolhida pelo administrador, dentro da discricionariedade que a lei lhe confere, para que o interesse público almejado pela Administração possa ser concretizado. Há, no caso, uma margem de discrição para que o Administrador, diante das soluções que se apresentem, possa adotar a "providência ótima", isto é, aquela que melhor concretize os interesses públicos em jogo. Nesse sentido, a análise do ato administrativo, segundo o autor, deve se atentar às especificidades do caso concreto, o que, atualmente, encontra-se, inclusive, positivado na LINDB (art. 22 do Decreto-Lei nº 4.657/1942). BANDEIRA DE MELLO, Celso Antônio. *Curso de direito administrativo*. 26. ed., rev. e atual até a Emenda Constitucional 57, de 18.12.2008. São Paulo: Malheiros Editores, 2009. p. 430.

públicas, é capaz de favorecer e ampliar as disputas pelos contratos a serem celebrados com o Poder Público. Isso porque fornecedores de qualquer parte do território nacional, desde que credenciados junto ao provedor do sistema em que se processa a licitação, poderão participar de certames deflagrados por todos os entes e órgãos da Administração Pública direta e indireta.

Por outro lado, o uso de tais ferramentas, em alguns casos, pode gerar um ambiente de insegurança, seja para a disputa em si, no âmbito da sessão pública (por exemplo, com a prática de conluio entre competidores para simular lances ou prejudicar eventual empate ficto previsto legalmente às micro e pequenas empresas); seja quanto ao adimplemento contratual, pois, pela facilidade de participação, empresas podem se aventurar na disputa, de modo a gerar prejuízos às concorrentes e ao próprio ente licitante.

À medida que a Administração Pública implementa novos métodos e processos de contratação pública, o mercado fornecedor, por outro lado, busca meios de melhorar a sua *performance* e alcançar o maior número de contratos possíveis com o setor público.[156]

Um exemplo dessa tendência se deu quando houve a implementação do tempo randômico por algumas plataformas de processamento do pregão eletrônico.[157] As empresas que atuam no campo da tecnologia começaram a desenvolver e a comercializar ferramentas (softwares) que auxiliavam, por meio da automatização, empresas interessadas em participar dos certames pelo Brasil afora.

As soluções tecnológicas de mercado ofertavam não só a busca de licitações por ramo do objeto, mas também a efetiva participação em licitações, com o oferecimento de lances automáticos, acompanhamento de mensagens do pregoeiro, bem como entrega de documentação para habilitação.

---

[156] Sobre o tema, sugere-se: SAMPAIO, Adilson da Hora *et al*. Compras públicas no Brasil: indícios de fraude usando a Lei de Newcomb-Benford. FGV EAESP. *Cadernos de Gestão Pública e Cidadania*, v. 27, n. 86, jan./abr. 2022. Disponível em: https://bibliotecadigital.fgv.br/ojs/index.php/cgpc/article/download/82760/80532. Acesso em: 03 mar. 2022.

[157] É um período estabelecido de forma aleatória, na fase competitiva, após a classificação das propostas de preço, pelo próprio sistema/plataforma de processamento da licitação eletrônica, que tinha sido previsto no Decreto federal nº 5.450/2005 (art. 24, §7º), o qual foi revogado pelo Decreto federal nº 10.024/2019, que manteve previsão similar (art. 33, §1º).

Houve, assim, uma verdadeira substituição do profissional que atua representando empresas em licitações por uma solução totalmente automatizada. O uso dos chamados "robôs" em licitações intrigou o próprio mercado, que passou a representar a Tribunais de Contas para invocar a ilegalidade da utilização de tal tecnologia, pois havia clara infringência ao princípio da isonomia entre os licitantes.

O Tribunal de Contas da União, debruçando-se sobre o uso de robôs para lances em pregões eletrônicos, determinou, em 2011, ao Governo Federal que adotasse medidas para "implementação rápida de mecanismos inibidores do uso de dispositivos de envio automático de lances em pregões eletrônicos", pois, segundo o tribunal, tal ferramenta afrontaria o princípio da igualdade.[158]

Analisando tal celeuma em face do art. 90 da Lei nº 8.666/1993, isto é, se o uso de robôs configuraria crime em licitações, Irene Patrícia Nohara trouxe a seguinte reflexão:

> (...) apesar de não desprezíveis os argumentos em sentido contrário, temos a tendência a fazer coro com os que são contrários à criminalização133 do uso de tecnologia por si só, pois, mesmo que seja difícil ganhar de quem possui mais recursos para dispor do *software*, tenderíamos a ter uma resposta mais próxima à liberdade e contrária, portanto, à proibição, sobretudo se esta é feita sem lastro legal de maior tipicidade.
> (...)
> Em suma, num Estado Democrático de Direito, em vez da autoritária opção pela proibição do progresso tecnológico, o que, em diversos casos, acaba, ainda, beneficiando muito mais grupos interessados em garantir uma reserva de mercado que pouco beneficia a coletividade, é mais equilibrado pensar em uma regulamentação proporcional do uso da tecnologia, para que não haja violação ao núcleo essencial de desenvolvimento das atividades econômicas.
> A solução da proibição não é compatível com a flexibilidade que os novos tempos demandam para que a polícia administrativa garanta o bem-estar geral. É absurda e retrógrada a proibição do uso de tecnologia, pois este uso já pode ser visto como o mais lídimo exercício de um direito humano básico e, portanto, algo que não deve razoavelmente ser tido como conduta criminosa.[159]

---

[158] BRASIL. Tribunal de Contas da União. *Acórdão nº 2601/2011*. Plenário. Rel. Min. Valmir Campelo, julg. 28 set. 2011. Disponível em: https://contas.tcu.gov.br/sagas/SvlVisualizarRelVotoAcRtf?codFiltro=SAGAS-SESSAO-ENCERRADA&seOcultaPagina=S&item0=126306. Acesso em: 03 dez. 2021.

[159] NOHARA, Irene Patrícia. *Direito Administrativo*. 11. ed. Barueri: Atlas, 2022. p. 330-331.

Com o aprimoramento feito na legislação federal, e a criação, pelo Decreto federal nº 10.024/2019, dos modos de disputa aberto e fechado, o Tribunal de Contas da União passou a não enxergar que o uso de robôs para lances em pregões eletrônicos pudesse ir de encontro ao primado da isonomia.[160]

É natural que as empresas que atuam exclusivamente no fornecimento e prestação de serviços para o poder público possam investir em novas tecnologias para racionalizar suas atividades e potencializar seus ganhos. Aliás, com o novo objetivo que o processo licitatório exerce no mercado competidor, a inovação deve não só ser aceita pela Administração Pública como, obrigatoriamente, incentivada.

O Estado deverá assumir, por meio do processo de contratação pública, o protagonismo nos incentivos à inovação, a fim de que ela não aconteça, como sempre temos visto, de fora para dentro, mas que possa surgir no seio de seu ambiente intraorganizacional.

À medida que o Poder Público fomenta a inovação por meio das contratações públicas eletrônicas e digitais, o mercado é levado a implementar práticas igualmente inovadoras para não ser escanteado ou eliminado das licitações pelos próprios competidores.

Um desafio levantado por Joel de Menezes Niebuhr é que, se por um lado, o uso da tecnologia pode gerar a ampliação da disputa nos certames, por outro, poderá gerar um efeito inverso, isto é, restrição à competição, caso potenciais fornecedores do objeto licitado não disponham de infraestrutura necessária à participação da licitação.[161]

---

[160] BRASIL. TCU. *Acórdão nº 2.263/2020* – Plenário. Relator Ministro Benjamin Zymler, julgado em 26.08.2020. Disponível em: https://contas.tcu.gov.br/sagas/SvlVisualizarRelVotoAcRtf?codFiltro=SAGAS-SESSAO-ENCERRADA&seOcultaPagina=S&item0=717823. Acesso em: 03 dez. 2021. No mesmo sentido, o Tribunal de Contas do Estado de Minas Gerais, em denúncia rejeitada, entendeu não existir qualquer impedimento legal à utilização de robótica, especialmente para lances em pregões eletrônicos, o que, inclusive, segundo o Tribunal, pode favorecer a celeridade e a eficiência, que são princípios caros à Administração Pública. (TCE/MG – Denúncia nº 1066880. Rel. Cos. Subs. Adonias Monteiro, j. 18.06.2019).

[161] NIEBUHR, Joel de Menezes. *Pregão presencial e eletrônico*. 8. ed. rev., ampl. e atual. Belo Horizonte: Fórum, 2020. p. 26-27.

É uma preocupação relevante, mas que pode ser tratada como uma política pública, não devendo se traduzir em um empecilho para que os entes da federação possam transformar digitalmente o modo de realizarem suas licitações.[162]

No entanto, assim como pontuado no tópico em que se tratou do governo digital, há que ser observado que entes subnacionais de pequeno porte, seja por problemas de infraestrutura tecnológica ou pela falta de capacidade para investimentos nesta área, terão grandes dificuldades para passarem os seus procedimentos licitatórios para o formato eletrônico e, mais ainda, digital.

Uma parcela dessa dificuldade, embora possa não se coadunar com a revolução digital atual, parece ter sido reconhecida pelo próprio legislador, ao estatuir, no art. 176 da Lei nº 14.133/2021, a seguinte regra de transição aos Municípios com até 20 mil habitantes:[163]

> Art. 176. Os Municípios com até 20.000 (vinte mil) habitantes terão o prazo de 6 (seis) anos, contado da data de publicação desta Lei, para cumprimento:
> I – dos requisitos estabelecidos no art. 7º e no caput do art. 8º desta Lei;
> II – da obrigatoriedade de realização da licitação sob a forma eletrônica a que se refere o §2º do art. 17 desta Lei;
> III – das regras relativas à divulgação em sítio eletrônico oficial.
> Parágrafo único. Enquanto não adotarem o PNCP, os Municípios a que se refere o caput deste artigo deverão:
> I – publicar, em diário oficial, as informações que esta Lei exige que sejam divulgadas em sítio eletrônico oficial, admitida a publicação de extrato;
> II – disponibilizar a versão física dos documentos em suas repartições, vedada a cobrança de qualquer valor, salvo o referente ao fornecimento de edital ou de cópia de documento, que não será superior ao custo de sua reprodução gráfica.

---

[162] Nada impediria, por exemplo, que o Estado adotasse medidas de incentivos e/ou fomento, notadamente às microempresas e empresas de pequeno porte, a fim de que os potenciais interessados possam se adaptarem às inovações tecnológicas no campo de contratações públicas, que são tendências na atual sociedade digital.

[163] Há quem defenda ser inconstitucional a carência concedida a Municípios da federação, tendo existido, na visão de Igor Pereira Pinheiro, um "abuso legislativo", ao ter sido previsto prazo desproporcional para que tais entes se adequem ao escopo da lei. Ver: PINHEIRO, Igor Pereira. A carência eficacial para pequenos municípios aplicarem pontos específicos da Nova Lei de Licitações e a sua manifesta inconstitucionalidade. *Blog Mizuno*, 13 abr. 2021. Disponível em: https://blog.editoramizuno.com.br/carencia-eficacial-para-pequenos-municipios/. Acesso em: 06 dez. 2021.

Outro desafio que merece ser explorado se reveste na visão do controle externo em face de exigências a serem feitas pela Administração Pública nos editais de licitações, que visem fomentar e incentivar a inovação em torno do objeto a ser adquirido junto ao mercado.

É certo que, diante das imagináveis opções disponíveis, deve o administrador público adotar a "providência ótima", a fim de satisfazer, com qualidade, eficiência e economicidade, o interesse público almejado, exercendo, nesse processo decisório, a respectiva motivação.

Porém, não raras vezes, os órgãos de controle adentram o mérito técnico da escolha feita pelo administrador, rejeitando-a e impondo-lhe consequências desastrosas por sua atuação. Essa atuação disfuncional do controle leva o gestor público a ter medo de, na prática, incentivar a inovação no processo de contratação em que se vise, por exemplo, um objeto ou solução sem pretendentes no âmbito do setor público, uma vez que, na visão do controle externo, a prática pode ser tida por violadora da competitividade.[164]

Para Rodrigo Valgas dos Santos, a atuação disfuncional do controle externo conduz à leniência, inação, comodismo decisório e à adoção de estratégias, por parte do gestor público, para fugir da eventual e futura responsabilização por um ato administrativo que venha a ser interpretado fora do contexto em que foi praticado. Ainda, segundo o autor:

> O exercício medroso da função administrativa tem sérias consequências na tomada de decisão administrativa. Entre elas, o agente público não se preocupa em decidir conforme o interesse público, de modo eficiente ou na busca da boa gestão pública. Antes de qualquer outro valor constitucional a ser perseguido, o agente público procura a blindagem decisória e a autoproteção, a perguntar-se:
> i) o que irá acontecer comigo se tomar tal decisão?
> ii) estarei sujeito a uma ação de improbidade?
> iii) posso sofrer uma ação penal?
> iv) meu patrimônio pessoal corre algum risco?
> v) ficarei inelegível?

---

[164] VALGAS, Rodrigo dos Santos. *Direito administrativo do medo*: risco de fuga da responsabilização dos agentes públicos. 1. ed. São Paulo: Thomson Reuters Brasil, 2020. p. 44.

vi) estou sujeito a algum processo disciplinar se decidir de tal maneira?
vii) posso perder meu cargo em consequência de minha decisão?
viii) que dirá a mídia e a opinião pública acerca de minha decisão?[165]

Trata-se de um desafio a ser superado no atual momento em que estamos submersos nas diversas tecnologias e inovações, cada vez mais disruptivas, o que também atinge as atividades administrativas desempenhadas pelo Estado.

A inovação é um elemento de suma importância, inclusive para a superação da crise econômica a que o mundo está submetido em decorrência da pandemia de Covid-19. No auge da pandemia, por exemplo, houve reinvenção da forma de contratar e, também, do modo de consumir produtos do mercado, assim como surgiram, em tal momento, novos mercados e produtos.

A gestão pública deve ser repensada de forma a atender aos anseios da sociedade, que está hiperconectada e digital, de forma que a atuação do Estado em prol da inovação, seja interna ou externa, deve ser compreendida pelos órgãos de controle externo como forma de mudança de paradigmas, com a finalidade de não causar a atrofia do novo objetivo estatuído pela lei de licitações e contratos administrativos.

---

[165] VALGAS, Rodrigo dos Santos. *Direito administrativo do medo*: risco de fuga da responsabilização dos agentes públicos. 1. ed. São Paulo: Thomson Reuters Brasil, 2020. p. 44.

CAPÍTULO 3

INTELIGÊNCIA ARTIFICIAL E AS CONTRATAÇÕES PÚBLICAS

Nos capítulos anteriores, traçamos as questões atinentes à inovação e o seu impacto nas atividades desenvolvidas pelo Estado, destacando sua influência nos serviços públicos que estão passando por transformações para se tornarem digitais (ou e-serviços públicos).

Também vimos a influência da inovação, notadamente sob o seu viés tecnológico, nas contratações públicas, que é o meio que o Estado utiliza para satisfazer as suas e as necessidades da sociedade.

Com o presente capítulo, pretendemos avançar na temática da inovação, mas, desta feita, analisando a Inteligência Artificial (IA) e as ferramentas capazes de influenciar o modo como o Estado realiza suas contratações públicas, e se é possível adotar um processo automatizado e inteligente para tal finalidade.

Outro aspecto relevante que será discutido são as propostas e discussões legislativas tendentes a regulamentar a Inteligência Artificial, e também as responsabilidades decorrentes de eventuais danos causados a terceiros por tal tecnologia.

Analisar-se-á, também, o uso da IA pelos órgãos de controle, e se tal ferramenta é capaz de auxiliar no aprimoramento e eficiência das contratações públicas, e no combate a fraudes e prevenção de corrupções.

As revoluções pelas quais a humanidade já passou provocaram – e ainda provocam – intensas transformações nos modos de convivência, de trabalho e nos relacionamentos, assim como no desenvolvimento econômico e social.

A expressão "revolução" carrega em si um sentido de mudança abrupta e radical. As novas tecnologias e as formas diferentes de percepção do mundo conduzem a uma alteração intensa nos arcabouços sociais e nos sistemas econômicos.[166]

Embora a terceira revolução industrial, ocorrida na década de 1960, seja denominada, por muitos, como "revolução digital ou do computador", Klaus Schuwab defende que a sociedade já está inserida na quarta revolução industrial, que teve início na virada do século e se baseia na revolução digital, caracterizada, dentre outros, pela inteligência artificial e pelo aprendizado automático (ou de máquina).

Para o citado autor Alemão:

> As tecnologias digitais, fundamentadas no computador, *software* e redes, não são novas, mas estão causando rupturas à terceira revolução industrial; estão se tornando mais sofisticadas e integradas e, consequentemente, transformando a sociedade e a economia global. (...)
> A quarta revolução industrial, no entanto, não diz respeito apenas a sistemas e máquinas inteligentes e conectadas. Seu escopo é muito mais amplo. Ondas de novas descobertas ocorrem simultaneamente em áreas que vão desde o sequenciamento genético até a nanotecnologia, das energias renováveis à computação quântica. O que torna a quarta revolução industrial fundamentalmente diferente das anteriores é a fusão dessas tecnologias e interação entre os domínios físicos, digitais e biológicos.[167]

Na quarta revolução industrial, as tecnologias e inovações são difundidas de forma mais célere e abrangente do que nas que a antecederam, sendo esta marcada pela velocidade, amplitude e profundidade e impacto sistêmico.[168]

---

[166] SCHWAB, Klaus. *A quarta revolução industrial*. Tradução de Daniel Moreira Miranda. São Paulo: Edipro, 2016. p. 15.

[167] SCHWAB, Klaus. *A quarta revolução industrial*. Tradução de Daniel Moreira Miranda. São Paulo: Edipro, 2016. p.16.

[168] Exemplo disso é que, conforme afirma Klaus Schwab, a segunda revolução industrial (marcada pela eletricidade) ainda precisa ser vivenciada por 17% da população mundial. Assim como, no caso da terceira revolução (internet), metade da população mundial ainda vive em país desenvolvido sem acesso à internet. Ao passo em que as revoluções anteriores levavam séculos para serem compreendidas e difundidas, a revolução digital é rapidamente disseminada. SCHWAB, Klaus. *A quarta revolução industrial*. Tradução de Daniel Moreira Miranda. São Paulo: Edipro, 2016. p.17.

O modelo de indústria surgida com a quarta revolução é o arranjo entre as conquistas tecnológicas dos últimos anos com a visão de um futuro com sistemas de produção inteligentes e automatizados, no qual o mundo real é inteiramente ligado ao virtual.

A quarta revolução está na trilha da internet das coisas (*Internet of Things*, ou *IoT*)[169] ou internet de todas as coisas (*Internet of Everything*, ou *IoE*), de modo que a vida em sociedade e as relações sociais estão sendo impactadas por todas as mudanças abruptas dela advindas.[170]

A internet das coisas é a principal ponte de ligação entre as aplicações físicas e digitais, pois ela, em síntese, é a relação entre as coisas (produtos, serviços etc.) e as pessoas, o que somente se torna viável pelas diversas plataformas e tecnologias conectadas (a exemplo da Amazon, Facebook, dentre outras).

É evidente que há, a partir da hiperconectividade da sociedade, uma produção, quase que independente de dados de todos os tipos, tais como de conversas, mensagens, compras online, pesquisas na internet etc., que são armazenados e podem ser utilizados para a produção de informações acerca de preferências, interesses, dentre outras coisas.[171]

---

[169] Conforme explicita Massimo Di Felice, o nascimento da internet das coisas ocorreu "graças a possibilidade, adquirida por todo tipo de superfície, de transmitir dados na internet a partir da aplicação de sensores e etiquetas, capazes de enviar informações via radiofrequência (RFID). Estradas, árvores, rios, pontes e geleiras começaram, então, a transmitir dados, a se comunicar e a interagir entre si e conosco, criando um novo tipo de rede, não mais limitada às pessoas". DI FELICE, Massimo. *A cidadania digital*: a crise na ideia ocidental de democracia e a participação nas redes sociais. São Paulo: Paulus, 2020. p. 25.

[170] Segundo Klaus Schwab, "Na quarta revolução industrial, a conectividade digital possibilitada por tecnologias de *software* está mudando profundamente a sociedade. A escala do impacto e a velocidade das mudanças fazem que a transformação seja diferente de qualquer outra revolução industrial da história da humanidade". SCHWAB, Klaus. *A quarta revolução industrial*. Tradução de Daniel Moreira Miranda. São Paulo: Edipro, 2016. p. 115.

[171] Massimo Di Pelice compreende que a rede de banco de dados, com a utilização de softwares e algoritmos, produz, de forma totalmente automática, uma série ilimitada de sequência de informações, o que se permite a tomada de decisões de forma mais célere. DI FELICE, Massimo. *A cidadania digital*: a crise na ideia ocidental de democracia e a participação nas redes sociais. São Paulo: Paulus, 2020. p. 91. Por outro lado, segundo Cathy O'Neil, as aplicações/modelos matemáticos, denominados de "Armas de Destruição Matemáticas" (ou ADMs) e que fomentam a economia de dados, são feitos por seres humanos falíveis, que podem basear as suas escolhas em preferências pessoais ou ideologias, gerando preconceitos, equívocos e vieses humanos. Ou seja, não há, necessariamente, transparência, imparcialidade e isonomia na criação de um modelo matemático que, por meio da Inteligência Artificial, será implementado. Aliás, segundo destaca a autora, há empresas que sequer divulgam a existência ou os resultados de seu modelo matemático,

Quanto a esse ponto, é importante destacar a necessidade de atuação do Estado para a proteção dos dados pessoais, inclusive em meios digitais, que, recentemente, foi alçada a categoria de direito fundamental e cláusula pétrea na Constituição Federal (*cf.* art. 5º, LXXIX).[172]

Neste contexto, é inegável que o Estado é impactado pela revolução digital,[173] não só no que diz respeito aos serviços públicos em si, que, como vimos em tópico anterior, já estão inseridos no conjunto do governo digital, mas também no que tange ao planejamento das políticas públicas, ao processamento de suas contratações e, também, às discussões em torno da regulação ética e eficaz da tecnologia.

Como adverte Klaus Schwab, o Estado deve rapidamente se adaptar a esta transformação, uma vez que a capacidade de se reinventar será o fator determinante para a sua própria sobrevivência frente à quarta revolução industrial.

Para o autor, os Estados "(...) resistirão se abraçarem um mundo de mudanças exponencialmente disruptivas e se submeterem suas estruturas aos níveis de transparência e eficiência que podem ajudá-los a manter a sua vantagem competitiva".[174]

---

que é compreendido como sendo "propriedade intelectual", que deve ser defendida a todo e qualquer custo. O'NEIL, Cathy. *Algoritmos de destruição em massa*: como o big data aumenta a desigualdade e ameaça a democracia. Tradução de Rafael Abraham. 1. ed. Santo André: Editora Rua do Sabão, 2020. p. 8;47. Nesse sentido, para Juarez Freitas, caberá à Administração Pública "provar que os algoritmos eleitos não acarretam efeitos juridicamente lesivos, hostis aos fundamentos congruentes de fato e de direito". FREITAS, Juarez. Direito administrativo e inteligência artificial. *Interesse Público*, Belo Horizonte, ano 21, n. 114, p. 15-29, mar./abr. 2019. p. 20.

[172] Havia discussões, na literatura, acerca do fundamento constitucional para a proteção de dados pessoais, uma vez que o texto constitucional apenas previa, como direito fundamental, a privacidade (art. 5º, X). A celeuma, todavia, foi eliminada com a Emenda Constitucional nº 115, promulgada em 10 de fevereiro de 2022, que incluiu, no rol dos direitos fundamentais, a proteção de dados pessoais, inclusive em meios digitais. Antes, porém, a proteção de dados pessoais era tratada na Lei nº 13.709, de 14 de agosto de 2018, que, inclusive, prevê a figura da Autoridade Nacional de Proteção de Dados, órgão da Administração Pública federal, vinculado à Presidência da República (art. 55-A), com autonomia técnica e decisória (art. 55-B) e responsável por zelar, implementar e fiscalizar o cumprimento da lei em todo território nacional. (art. 5º, XIX).

[173] A ruptura advinda da quarta revolução industrial, conforme expõe Klaus Schwab, exige que os governos, em todos os níveis, se adaptem e reinventem as suas atividades a partir de novos formatos de colaboração com os cidadãos e com o setor privado da economia, além de afetar a relação entre Estados em si. SCHWAB, Klaus. *A quarta revolução industrial*. Tradução de Daniel Moreira Miranda. São Paulo: Edipro, 2016. p. 71.

[174] SCHWAB, Klaus. *A quarta revolução industrial*. Tradução de Daniel Moreira Miranda. São Paulo: Edipro, 2016. p. 73.

Com efeito, havia fronteiras que blindavam a autoridade pública, tornando os governos mais ineficientes e ineficazes. Estas barreiras foram sendo rompidas com a era digital,[175] que fez com que a sociedade ficasse mais bem informada e cada vez mais exigente com relação aos serviços públicos prestados pelo Estado.[176]

A partir dessa nova forma de interação com a sociedade, segundo Klaus Schwab, os governos "passarão a ser vistos como centros de serviços públicos, avaliados por suas capacidades de entregar seus serviços expandidos de forma mais eficiente e individualizada".[177]

Percebe-se, portanto, que a preocupação hodierna não se resume à ressignificação do papel desempenhado pelo Estado, mas abrange o fato de ser necessário repensar as suas atividades na era digital, de modo a transpor as barreiras que a tecnologia e a inovação trouxeram com a revolução digital.

Tendo por base as reflexões que foram abordadas acima, é importante analisar a inteligência artificial e, a partir de seu conceito e desdobramentos, as tentativas de marco regulatório e o seu emprego nas contratações públicas e pelos órgãos de controle externo das atividades da Administração Pública.

3.1 Conceito de Inteligência Artificial

O avanço da tecnologia, dentro do contexto da revolução digital, traz profundas alterações para as estruturas sociais e os sistemas econômicos e jurídicos, assim como, por outro lado, abre a discussão ética sobre os "limites da intervenção humana em áreas como a genérica, manipulação de seres humanos, animais e vegetais, materiais entre outros".[178]

---

[175] Embora a transparência fosse a regra dentro do Estado Democrático de Direito, podemos citar, como exemplo dessa ruptura concreta, a edição da Lei nº 12.527, de 18 de novembro de 2011, denominada "Lei de Acesso à Informação", que determinou a todos os entes da federação a prática da transparência ativa e por meio eletrônico (vide art. 8º, *caput* e §2º), de modo a diminuir a assimetria de informações entre o Estado e os seus governados.
[176] SCHWAB, Klaus. *A quarta revolução industrial*. Tradução de Daniel Moreira Miranda. São Paulo: Edipro, 2016. p. 73.
[177] SCHWAB, Klaus. *A quarta revolução industrial*. Tradução de Daniel Moreira Miranda. São Paulo: Edipro, 2016. p. 73.
[178] BARCAROLLO, Felipe. *Inteligência Artificial*: Aspectos Ético-Jurídicos. São Paulo: Grupo Almedina (Portugal), 2021. 9786556272801. Disponível em: https://app.minhabiblioteca.com.br/#/books/9786556272801/. Acesso em: 22 maio 2022.

Os estudos sobre a Inteligência Artificial (IA) e a sua evolução, como o poder computacional, disponibilidade de dados e internet, foram mais significativos a partir da segunda metade do Século XX, assim como não se restringem ao universo tecnológico.

Estudos desenvolvidos pela PrinceWaterhouseCoopers (PwC) estimam que a Inteligência Artificial pode contribuir para o aumento do PIB global em US$15,7 trilhões até 2030, o que significa um saldo de 15%.[179]

Embora esteja interligada ao campo das ciências exatas, pois nasceu do protagonismo da ciência da computação, a aplicabilidade da Inteligência Artificial é discutida em várias áreas do conhecimento humano, como negócios, engenharia, saúde, educação, jurídico, dentre outros.[180]

A primeira definição de Inteligência Artificial foi delineada por John McCarthy, professor do Dartmouth College, quando, no ano de 1956, apontou que:

> [...] a ciência e engenharia de criação de máquinas inteligentes, especialmente programas da computação inteligente, está relacionado à tarefa semelhante de usar computadores para entender a inteligência humana, mas a IA não se limita a métodos que são biologicamente observáveis. [181]

Embora defasada para o cenário tecnológico atual, observa-se que o matemático inglês Alan Turing elaborou uma interessante metodologia para a definição da IA, na qual são consideradas as semelhanças entre máquinas e humanos na demonstração da inteligência.

Criada em 1950, a metodologia foi projetada para que fosse determinado se um computador poderia ser, de fato, inteligente.

---

[179] A informação foi extraída do relatório "Sizing the price. What is the real value of AI for your business and how you can capitalize it", que foi elaborado pela PwC com a finalidade de avaliar os efeitos da inteligência artificial (IA) sobre a economia mundial. Disponível em: https://www.pwc.com/gx/en/issues/analytics/assets/pwc-ai-analysis-sizing-the-prize-report.pdf. Acesso em: 03 abr. 2022.

[180] PONTES, Marcos et al. Inteligência artificial no contexto da estratégia brasileira de transformação digital. In: VAINZOF, Rony; GUTIERREZ, Andriei Guerreiro (Orgs.). *Inteligência artificial*: Sociedade, economia e Estado. São Paulo: Thomson Reuters Brasil, 2021. p. 22-43.

[181] MCCARTHY, John *Apud* CÁCERES, Alejandro Morales. El impacto de la inteligencia artificial en el derecho. *Advocatus*, n. 039, p. 39-71, 25 mar. 2021.

Para tanto, foram incluídos no estudo três participantes: um avaliador humano, que faria as perguntas, e dois avaliados, sendo um o humano e o outro, a máquina, ambos devendo digitar as respectivas respostas. Nesse sentido, a máquina seria considerada inteligente se formulasse respostas que o avaliador não soubesse distinguir se vieram da máquina ou do humano.[182]

No cenário brasileiro, os estudos sobre o tema começaram a se intensificar a partir de 1984, com a realização da 1ª conferência da Sociedade Brasileira de IA (SBIA), sendo que, na fase inicial (até 1994), a produção científica era local e com foco na IA simbólica. Entre 1995 e 2012, houve uma interligação entre a IA simbólica e a IA conexionista, levando, desse modo, os estudos sobre a matéria a se alinharem à produção internacional.[183]

Até os dias atuais, a definição de inteligência artificial é muito controversa, o que explica o motivo de os especialistas ainda não terem chegado a um consenso em torno de seu conceito.[184]

O aspecto artificial da inteligência é claro em qualquer dos conceitos adotados, isto é, a Inteligência Artificial é tudo aquilo que não é natural e, desse modo, é produto originado da ação e pelas mãos humanas, podendo ser representada pelo uso de máquinas, computadores ou sistemas.

Reconhecendo os diversos conceitos existentes para a Inteligência Artificial, Irene Patrícia Nohara e Gustavo da Silva Santana propõem uma simplificação, a fim de que ela possa ser compreendida como:

> (...) a existência de programas de armazenamento de dados na memória de um computador que executa determinadas tarefas a partir desses dados (IA fraca) ou que diferentemente do que se poderia esperar, pode

---

[182] ORGANIZAÇÃO PARA A COOPERAÇÃO E O DESENVOLVIMENTO ECONÔMICO (OCDE). Olá, mundo: Inteligência Artificial e seu uso no setor público. *Documentos de Trabalho da OCDE sobre Governança Pública*. N. 36, 2020 (tradução livre). Disponível em: https://www.oecd.org/gov/innovative-government/hola-mundo-la-inteligencia-artificial-y-su-uso-en-el-sector-publico.pdf. Acesso em: 02 abr. 2022.

[183] BRASIL. Governo Federal. *A inteligência artificial no Brasil e no Reino Unido*: oportunidades para a cooperação em pesquisa, negócios e governos. Disponível em: https://www.gov.br/mre/pt-br/assuntos/ciencia-tecnologia-e-inovacao/relatorioainteligencia artificialnobrasilenoreinounidoportugues.pdf. Acesso em: 02 maio 2022.

[184] BRASIL. Governo Federal. *A inteligência artificial no Brasil e no Reino Unido*: oportunidades para a cooperação em pesquisa, negócios e governos. Disponível em: https://www.gov.br/mre/pt-br/assuntos/ciencia-tecnologia-e-inovacao/relatorioainteligencia artificialnobrasilenoreinounidoportugues.pdf. Acesso em: 02 maio 2022.

mudar sua atuação e criar novas respostas a partir desses dados (IA forte). Assim, ainda que não haja uma conceituação única para o que seja Inteligência Artificial, pode-se afirmar que todas elas circundam a ideia de uma máquina (programa ou sistema) que, em alguma certa medida, "pense" ou "imite" o pensamento humano, sendo os algoritmos os responsáveis por esse fenômeno. Diferentemente dos seres humanos, as máquinas praticamente não têm limites para o armazenamento de dados/informações, o que acaba, neste quesito, tornando-as com capacidades superiores ao ser humano.[185]

Nessa mesma linha, o Governo brasileiro, no documento intitulado Estratégia brasileira para a Transformação Digital, definiu a Inteligência Artificial como um:

(...) conjunto de ferramentas estatísticas e algoritmos que geram softwares inteligentes especializados em determinada atividade. Trata-se de tecnologia especialmente útil para classificação de dados, identificação de padrões e realização de predições. Amostras atuais dessa atividade são ferramentas de tradução, serviços de reconhecimento de voz e imagens e mecanismos de buscas que ranqueiam sites de acordo com a relevância para o usuário.[186]

Juarez Freitas e Thomas Bellini Freitas, após discutirem sobre as principais características da IA,[187] a exemplo da "intencionalidade", "inteligência" e "adaptabilidade", fazem um acordo de nomenclatura para a definirem como "um sistema algorítmico adaptável, relativamente autônomo, emulatório da decisão humana".[188]

A inteligência artificial, segundo os conceitos traçados anteriormente, é, portanto, a possibilidade de as máquinas, a partir

---

[185] NOHARA, Irene Patrícia; SANTANA, Gustavo da Silva. Desafios da regulação das novas tecnologias na gestão pública. In: NOHARA, Irene Patrícia; SALGADO, Rodrigo Oliveira (Orgs.). *Gestão Pública, Infraestrutura e Desenvolvimento*: 20 anos do Programa de Pós-Graduação em Direito Político e Econômico da Universidade Presbiteriana Mackenzie. São Paulo: Thomson Reuters Brasil, 2022. p. 213-237.

[186] BRASIL. Ministério da Ciência, Tecnologia, Inovações e Comunicações. *Estratégia brasileira para a transformação digital*. Brasília, 2018. Disponível em: https://www.gov.br/mcti/pt-br/centrais-de-conteudo/comunicados-mcti/estrategia-digital-brasileira/estrategiadigital.pdf. Acesso em: 14 nov. 2021.

[187] Para os autores, a Inteligência Artificial se diferencia da automação, que envolve máquinas operadas sem qualquer autonomia, e da operação simbólica, ambas tecnologias incapazes de aprendizado automático ou aprendizado de máquina (*machine learning*), que é o elemento nuclear da IA. FREITAS, Juarez; BELLINI FREITAS, Thomas. *Direito e inteligência artificial*: em defesa do humano. Belo Horizonte: Fórum, 2020. p. 27.

[188] FREITAS, Juarez; BELLINI FREITAS, Thomas. *Direito e inteligência artificial*: em defesa do humano. Belo Horizonte: Fórum, 2020. p. 29-30.

de um "conjunto de algoritmos programados de ordem a cumprir objetivos específicos", realizarem atividades muito semelhantes àquelas desenvolvidas pela inteligência humana, a exemplo de planejamento, compreensão, reconhecimento de objetos e sons, aprendizado, raciocínio, solução de problemas etc.

Em outras palavras, é desenvolvimento de sistemas de computadores capazes de executar tarefas para as quais, normalmente, se exige a racionalidade humana,[189] tais como a percepção visual, reconhecimento de voz, tomada de decisão e tradução entre idiomas, por exemplo.

3.2 *Machine learning* ou aprendizado de máquina

A Inteligência Artificial não se confunde com o *machine learning* ou aprendizado de máquina. Isso porque o *machine learning* é um subcampo da Inteligência Artificial, que visa à automatização do processo de tomada de decisão de uma máquina a partir de um conjunto de dados.

O aprendizado de máquina envolve, portanto, a criação de algoritmos capazes de aprender automaticamente sempre que estiverem expostos a novos dados, adaptando-se a partir de padrões moldados inicialmente.

Por meio do aprendizado de máquina, o algoritmo passa por uma espécie de treinamento, a fim de que possa aprender a fazer diferentes tarefas com autonomia, sempre que for exposto a novos dados.

Cathy O'Neil destaca que as máquinas estão cada vez mais examinando os dados por conta própria, buscando os padrões de "hábitos e esperanças, medos e desejos" e, com um tempo, traça relações entre padrões e resultados. Ao comparar o *machine learning* ao cérebro humano, a autora arremata que:

> (...) o machine learning não é particularmente eficiente. Uma criança põe o dedo no fogão, sente dor, e compreende pelo resto da vida a correlação entre o metal quente e a mão latejante. E ela descobre a palavra para

---

[189] Juarez Freitas e Thomas Bellini Freitas chamam atenção para o fato de que, embora dotado de "inteligência", o sistema artificial não aprende em sequência idêntica, mas apenas similar à inteligência humana. FREITAS, Juarez; BELLINI FREITAS, Thomas. *Direito e inteligência artificial*: em defesa do humano. Belo Horizonte: Fórum, 2020. p. 30.

isso: queimar. Um programa de machine learning, em contrapartida, normalmente irá precisar de milhões de dados para criar seus modelos estatísticos de causa e efeito.[190]

Os sistemas de aprendizado se utilizam de algoritmos e do *Big Data*,[191] criando conexões e tornando-os capazes de executar tarefas automaticamente sem a necessidade de serem reprogramados.

O *Big Data* é um fenômeno que potencializa ainda mais a eficiência da IA, representando não apenas uma grande base de dados, mas diferentes possibilidades de eles serem tratados, de modo a conectar bases distintas e estabelecer contextos e finalidades díspares.[192]

Segundo Juarez Freitas e Thomas Bellini Freiras, a capacidade automática de aprendizado da máquina, a partir dos dados a que tem acesso, é o traço mais singular desse avanço no campo da IA.[193]

É inegável que o avanço da Inteligência Artificial é impulsionado pela ampliação do uso da Internet das coisas,[194] assim como a recíproca também é verdadeira. Por outro lado, é a Inteligência Artificial que torna a Internet das coisas útil, fazendo com que os inúmeros dispositivos a ela conectados possam oferecer resultados benéficos aos seus usuários, assim como dados extremamente valiosos para quem os coleta.

Há diversas situações práticas do dia a dia, muitas delas sequer percebidas, em que o aprendizado de máquina se faz presente. Exemplo disso são os sistemas de detecção de fraudes

---

[190] O'NEIL, Cathy. *Algoritmos de destruição em massa*: como o big data aumenta a desigualdade e ameaça a democracia. Tradução de Rafael Abraham. 1. ed. Santo André: Editora Rua do Sabão, 2020. p. 121.

[191] É um volume de dados gerados em alta velocidade, que podem ser estruturados (aqueles coletados a partir de banco de dados) ou não estruturados (por exemplo, informações coletadas em redes sociais, portais de notícias, dentre outros), e que, por essas características, precisam de ferramentas específicas para serem analisados (a exemplo do algoritmo). O Big Data está atrelado aos 5 Vs (Volume, Variedade, Velocidade, Veracidade e Valor).

[192] WIMMER, Miriam. Inteligência artificial, algoritmos e o direito. Um panorama dos principais desafios. *In*: DE LIMA, Ana Paula M. Canto *et al.* (Coord.). *Direito Digital*: debates contemporâneos. 1. ed. São Paulo: Thomson Reuters Brasil, 2019. p. 18.

[193] FREITAS, Juarez; BELLINI FREITAS, Thomas. *Direito e inteligência artificial*: em defesa do humano. Belo Horizonte: Fórum, 2020. p. 31.

[194] A "Internet das Coisas" (*Internet of Things* – IoT), numa compreensão simples, é o conjunto de bens ou coisas interconectados digitalmente pela internet, por meio de sensores, softwares ou outras tecnologias, com capacidade de reuni-los e, entre eles, transmitir dados.

utilizados por instituições bancárias, mecanismos de busca em sites, como Google, aplicativos de processamento de linguagem natural (Siri, Alexa, Cortana) ou, ainda, plataformas de e-commerce e sociais (Amazon, Facebook e outras).[195]

Destaca-se que, em todos os exemplos anteriormente mencionados, há um grande volume de dados dos usuários que acaba ficando concentrado nas mãos de *Big Tech (Tech Giants, Big Four ou Big Five)*, que são empresas que dominam o mercado de tecnologia.[196]

Voltando-se ao aprendizado de máquina, a literatura comumente identifica três subespécies, quais sejam: aprendizado supervisionado, não supervisionado e por reforço. No aprendizado supervisionado (*supervised learning*), há a figura de um supervisor, que pode ser um humano ou outra IA. Neste tipo de aprendizado, os dados são analisados e classificados pelo supervisor;[197] o aprendizado não supervisionado (*unsupervised learning*) é a modalidade na qual os algoritmos buscam identificar, dentro de uma base de dados ainda não rotulada ou classificada, padrões ocultos, de modo a agrupá-la de acordo com semelhanças ou diferenças;[198] já a aprendizagem por reforço (*reinforcement learning*), tem por base o treinamento de modelos a serem relacionados a uma sequência de respostas, cujo método utilizado é o de tentativa e erro. Nesta modalidade, a IA

---

[195] No mundo inteiro, as pessoas, por meio da internet, produzem quatrilhões de palavras sobre a vida pessoal, trabalho, passeios, amizades e compras, construindo, desse modo, ainda que involuntariamente, uma vasta coletânea de linguagem natural para servir de treinamento ao algoritmo. O'NEIL, Cathy. *Algoritmos de destruição em massa*: como o big data aumenta a desigualdade e ameaça a democracia. Tradução de Rafael Abraham. 1. ed. Santo André: Editora Rua do Sabão, 2020. p. 122.

[196] O problema dessa concentração é a possibilidade de redução da inovação, pois, quanto mais concentrada uma área, menor as chances de ingresso no mercado de novas empresas, tornando menor a probabilidade de inovações revolucionárias surgirem. Há, também, o problema atrelado à regulação para o uso ético e transparente da IA, que será visto com mais detalhes neste trabalho.

[197] Por exemplo, a inclusão de características comuns de um veículo (pneus, volante, retrovisor etc.), a fim de que o sistema de aprendizado possa identificar, a partir de imagens capturadas (dados), veículos em trânsito.

[198] Um exemplo em que essa modalidade se demonstra útil seria para a identificação do perfil dos consumidores para otimização das vendas dentre de uma plataforma virtual de compras. Para Juarez Freitas e Thomas Bellini Freitas, essa modalidade de aprendizado pode ser a mais "refinada", pois, em seu âmbito, não há classificação prévia dos dados, cabendo à IA estabelecer, por conta própria, as categorias, cujo resultado pode ser imprevisível. FREITAS, Juarez; BELLINI FREITAS, Thomas. *Direito e inteligência artificial*: em defesa do humano. Belo Horizonte: Fórum, 2020. p. 32.

não recebe qualquer preceito prévio para orientá-la ou direcioná-la no atingimento de determinado objetivo.

Importa, ainda, assinalar que há um subcampo dentro do aprendizado de máquina, que é mais profundo e evoluído, denominado de aprendizado profundo (*deep learning*), o qual opera com o emprego de redes neurais e possui "capacidade de, aprendendo, continuar a escrever por conta própria os programas digitais inicialmente desenvolvidos por seres humanos", podendo evoluir sem a necessidade de intervenção humana.[199]

Nota-se que a Inteligência Artificial, juntamente com os seus subcampos, está modificando o processo de tomada de decisões, com possibilidade, inclusive, de adoção de opções concretas melhores e mais eficientes, tanto no aspecto quantitativo quanto no qualitativo.

Ao analisar as mudanças profundas causadas pela revolução digital, a partir de pesquisas feitas pelo Fórum Econômico Mundial,[200] Klaus Schwab destaca, no que concerne à relação da IA com a tomada de decisões, que:

> Além de dirigir carros, a IA pode aprender a partir de situações anteriores para apresentar sugestões e automatizar os processos futuros de decisões complexas, facilitando e tornando mais rápidas as conclusões concretas com base em dados e experientes passadas.[201]

Embora esse processo automatizado de tomada de decisões possa se revelar eficiente e célere, há aspectos negativos que, por outro lado, devem ser avaliados, por exemplo: quem será o agente a ser responsabilizado por uma decisão equivocada ou que viole a igualdade, impessoalidade ou moralidade administrativa?

Destaca-se, ainda, na linha da defesa feita por Juarez Freitas e Thomas Bellini Freiras, que a capacidade de pensamento é intrínseca

---

[199] HOFFMANN-RIEM, W. Inteligência artificial como oportunidade para a regulação jurídica. *Direito Público*, [S. l.], v. 16, n. 90, 2019. Disponível em: https://www.portaldeperiodicos. idp.edu.br/direitopublico/article/view/3756. Acesso em: 20 maio 2022.

[200] A pesquisa foi realizada com 800 executivos para avaliar e compreender o impacto das tecnologias revolucionárias para os indivíduos, organizações, governo e sociedade. A pesquisa analisou 21 mudanças tecnológicas, seus pontos de inflexão e aspectos positivos, negativos ou desconhecidos. SCHWAB, Klaus. *A quarta revolução industrial*. Tradução de Daniel Moreira Miranda. São Paulo: Edipro, 2016. p. 115.

[201] SCHWAB, Klaus. *A quarta revolução industrial*. Tradução de Daniel Moreira Miranda. São Paulo: Edipro, 2016. p. 140.

e restrita aos seres humanos, de forma que a máquina, ainda que dotada de inteligência, não seria capaz de realizar tudo aquilo que a consciência humana faz. Nesse sentido, os autores pontuam que "considera-se, por ora, virtualmente impossível emular a inteireza daquilo que se mantém abscôndito, em tantos aspectos".[202]

Essas preocupações conduzem aos diversos debates existentes acerca da necessidade ética e premente de o Direito regular a Inteligência Artificial e as novas tecnologias disruptivas. Isso porque os efeitos atrelados às IA, nas diversas áreas (políticas, sociais, econômicas e jurídicas), podem ser desejáveis ou não, sendo que, a depender do resultado desta avaliação, será necessário e relevante a regulação estatal para promover interesses individuais e coletivos, protegendo-os contra externalidades negativas.

3.3 Discussões para a regulação da Inteligência Artificial

O período inaugurado pelas novas tecnologias disruptivas, na onda da já comentada quarta revolução industrial, faz com que a ciência do Direito seja chamada a contribuir para a discussão em torno de modelos regulatórios, sempre tendo como fim último os pressupostos éticos e de responsabilidade com o ser humano e com o meio ambiente.

As discussões éticas acerca do uso da Inteligência Artificial se revelam imperiosas, a fim de evitar que, na prática, o algoritmo se revista de vieses que sejam capazes de restringir ou infringir direitos fundamentais do cidadão, o que se denomina de *"bias"*, *"marchine bias"* ou *"algorithm bias"*.

Até porque o algoritmo pode trazer consigo preconceitos inerentes ao seu desenvolvedor ou, ainda, presentes nos dados que foram utilizados em seu treinamento, fazendo com que não seja imparcial. Nas palavras de Paulo Sá Elias:

> O desempenho dos algoritmos depende muito dos dados utilizados para desenvolvê-los. Os preconceitos que estão presentes nos dados

---

[202] FREITAS, Juarez; BELLINI FREITAS, Thomas. *Direito e inteligência artificial*: em defesa do humano. Belo Horizonte: Fórum, 2020. p. 35.

serão refletidos pelos algoritmos. Tais desvios, intencionais ou não, podem ser inerentes aos dados, como também oriundos do próprio desenvolvedor do algoritmo. Isso pode ter efeitos tão ruins como os vícios que eles pretendiam eliminar. Alguns denominam este fenômeno como "Machine bias", "Algorithm bias" ou simplesmente, Bias. É o viés tendencioso. A remoção de tal viés tendencioso em algoritmos não é trivial e é um campo de pesquisa em andamento. Os desvios são difíceis de serem descobertos se o algoritmo for muito complexo (como são os utilizados pelo Google), pior ainda se forem secretos. Se o algoritmo é simples e auditável, especialmente publicamente auditável, então haverá em tese (vou explicar adiante a razão do "em tese") maiores chances de que as decisões baseadas em tais algoritmos possam ser mais justas. Igualmente em relação aos dados utilizados para "treinar" o algoritmo. Se eles forem auditáveis (e anônimos quando apropriados) poderão ser identificados desvios desta natureza.[203]

Percebe-se que o debate em torno do tema não se restringe, como visto, à ciência do Direito. As discussões em torno da regulação das novas tecnologias devem ser amplas e interdisciplinares. Na visão de Juarez Freitas e Thomas Bellini Freiras:

> O jurista e o cientista de dados trabalharão proximamente, sem prejuízo do engajamento da sociedade e de outros especialistas, como neurocientistas e cientistas políticos.
>
> Imperioso o diálogo esclarecido para regular sem excesso, nem omissão, de molde a obter uma intervenção estatal proporcional (legítima, adequada, necessária e proporcional em sentido estrito). Para cumprir esse desiderato, antes de mais, quadra delimitar o objeto da regulação. Para tanto, conveniente identificar, com nitidez, os contornos da inovação em tela, sem confundi-la com tecnologias identicamente desafiadoras, como a computação quântica e o *blockchain*.[204]

Além dos desafios já expostos anteriormente, no que concerne à regulação ética e na exata proporção da IA, há preocupações em torno da autonomia e autodeterminação humana frente à evolução de tal tecnologia. Segundo Eduardo Magrani e Paula Guedes:

---

[203] ELIAS, Paulo Sá. *Algoritmos, inteligência artificial e o direito*. 2017. Disponível em: https://www.conjur.com.br/dl/algoritmos-inteligencia-artificial.pdf. Acesso em: 20 maio 2022.

[204] FREITAS, Juarez; BELLINI FREITAS, Thomas. *Direito e inteligência artificial*: em defesa do humano. Belo Horizonte: Fórum, 2020. p. 111.

Neste cenário, a autonomia individual envolve a capacidade de livre autodeterminação e o direito de fazer escolhas com base em crenças, informações e valores pessoais. Para isso, é fundamental que o indivíduo tenha oportunidade real e significativa de fazer suas próprias escolhas, devidamente informado e livre de coerção, restrições ou influências externas, excessivas ou indevidas.[205]

A regulação dessa nova tecnologia deve, portanto, estar "predisposta à franca defesa do humano",[206] isto é, o uso da Inteligência Artificial, inclusive no campo das contratações públicas, pressupõe, dentre tantos outros requisitos, a "intervenção e supervisão humana", de modo a possibilitar o apoio à ação humana e aos direitos fundamentais e não reduzir ou desorientar a "autonomia humana".[207]

Além da necessidade de não ser retirada a autonomia humana, é necessário que tal tecnologia possa ser robusta e segura, notadamente para que seja garantida a privacidade de dados e transparência na atuação da Administração Pública.[208]

Com base nas digressões feitas até aqui, verifica-se que o desafio imposto ao Estado não está restrito à sua adaptação com foco apenas na implementação das novas tecnologias em suas rotinas administrativas, mas também se espraia ao campo de sua regulação.

---

[205] MAGRANI, Eduardo; GUEDES, Paula. Sistemas de recomendação impulsionados por inteligência artificial: desafios éticos e jurídicos. In: VAINZOF, Rony; e GUTIERREZ, Andriei Guerreiro. (coord.). *Inteligência Artificial*: Sociedade, Economia e Estado. São Paulo: Thomson Reuters Brasil, 2021. p. 103-135.

[206] FREITAS, Juarez; BELLINI FREITAS, Thomas. *Direito e inteligência artificial*: em defesa do humano. Belo Horizonte: Fórum, 2020. p. 62.

[207] FRANÇA, Phillip Gil. *Ato administrativo, consequencialismo e compliance*: Gestão de Riscos, Proteção de Dados e Soluções para o Controle Judicial na Era da IA. 4. ed. rev., atual. e ampl. São Paulo: Thomson Reuters Brasil, 2019. p. 353.

[208] Considerando que o processamento de licitações em ambientes eletrônicos congrega e processa uma grande quantidade de dados de licitantes (pessoas jurídicas) e seus representantes (pessoas físicas), a solução de IA deverá estar apta para garantir a devida proteção de dados, inclusive e eventualmente as sensíveis, de modo a atender às disposições da Lei nº 13.709/2018, denominada Lei Geral de Proteção de Dados Pessoais. Além da privacidade, as soluções de IA a serem utilizadas no campo das contratações governamentais deverão estar orientadas à observância de outros princípios éticos já consolidados no cenário internacional – ainda que não regulamentados em âmbito nacional –, tais como: transparência, justiça, não maleficência, responsabilidade, confiança, beneficência, dentre outros já identificados em diretrizes existentes e definidos para orientar o desenvolvimento da IA pelas organizações públicas e privadas. MAGRANI, Eduardo; GUEDES, Paula. Sistemas de recomendação impulsionados por inteligência artificial: desafios éticos e jurídicos. In: VAINZOF, Rony; e GUTIERREZ, Andriei Guerreiro. (coord.). *Inteligência Artificial*: Sociedade, Economia e Estado. São Paulo: Thomson Reuters Brasil, 2021. p. 103-135.

Nesse sentido, destacam Irene Patrícia Nohara e Gustavo da Silva Santana:

> (...) o Estado possui dupla missão: (1) regular as novas tecnologias, a partir de expedientes que qualifiquem com dados as alternativas decisórias na expedição dos atos normativos, tendo em vista os prováveis impactos da regulação na economia; e (2) adaptar-se também às novas tecnologias para o aprimoramento da gestão pública, com vistas a desempenhar as tarefas da forma mais próxima possível ao "estado da arte", conquanto viável jurídica e economicamente.[209]

O desafio e as discussões em torno da regulação das novas tecnologias não ocorrem apenas no cenário brasileiro, haja vista que se está diante de uma revolução digital global que impacta, de um modo ou de outro, todos os países.[210]

Outrossim, torna-se necessário destacar que essa nova onda de tecnologia disruptiva, que é a marca da quarta revolução industrial, não permite ao gestor público ter tempo para a criação das respostas necessárias ou quadro regulamentar adequado. Destarte, a quarta revolução industrial inaugurou um cenário desafiador e sem precedentes ao Estado e à sociedade. Conforme destaca Klaus Schwab:

> Por causa do ritmo acelerado das mudanças desencadeadas pela quarta revolução industrial, os reguladores estão sendo desafiados a um grau sem precedentes. Atualmente, as autoridades políticas, legislativas e reguladoras são muitas vezes ultrapassadas pelos acontecimentos, incapazes de lidar com a velocidade da mudança tecnológica e a importância de suas implicações. O ciclo de notícias de 24 horas pressiona os líderes a comentar os eventos ou agir imediatamente, reduzindo o tempo disponível para obter respostas calculadas, valoradas e calibradas. Há um perigo real de perda de controle sobre os temas importantes, especialmente em um tema

---

[209] NOHARA, Irene Patrícia; SANTANA, Gustavo da Silva. Desafios da regulação das novas tecnologias na gestão pública. In: NOHARA, Irene Patrícia; SALGADO, Rodrigo Oliveira (Orgs.). *Gestão Pública, Infraestrutura e Desenvolvimento*: 20 anos do Programa de Pós-Graduação em Direito Político e Econômico da Universidade Presbiteriana Mackenzie. São Paulo: Thomson Reuters Brasil, 2022. p. 213-237.

[210] Países como Canadá, Alemanha e Estados Unidos já estabeleceram níveis de avaliação de impactos e de utilização ética da Inteligência Artificial. Nesse sentido, ver HARTMANN PEIXOTO, Fabiano. *Inteligência artificial e direito*: convergência ética e estratégica. 1. ed. Curitiba: Alteridade Editora, 2020.

global, com quase 200 Estados independentes e milhares de línguas e culturas diferentes.[211]

Neste contexto, a Organização para Cooperação e Desenvolvimento Econômico estabeleceu 5 (cinco) princípios para a administração responsável e confiável da Inteligência Artificial.[212]

No primeiro princípio, foi estabelecido que a IA deve beneficiar não só as pessoas, mas também o nosso planeta, contemplando o crescimento inclusivo, a redução das desigualdades, o desenvolvimento sustentável e o bem estar geral.

O segundo princípio dispõe que os sistemas de IA devem: *a)* durante todo o seu ciclo de vida, ser arquitetados com respeito ao estado de direito, aos direitos humanos, aos valores democráticos e à diversidade, dentre outros; e *b)* prever mecanismos de salvaguardas, com capacidade de intervenção humana, adequados ao contexto do estado da arte.

No tocante aos mecanismos de transparência, o terceiro princípio estabelece a obrigação de os sistemas de IA assegurarem uma divulgação responsável, de modo a garantir que as pessoas compreendam os resultados provenientes do seu uso, podendo-os gerir corretamente.

No quarto princípio, é demonstrada a preocupação em relação aos riscos advindos do uso de sistemas de IA, de forma que devem funcionar de forma robusta, segura e protegida durante todo o seu ciclo de vida, permitindo a sua rastreabilidade. Além disso, os seus potenciais riscos devem ser continuamente avaliados e geridos.

Em relação ao quinto princípio, estatui-se que as organizações e os indivíduos que desenvolvem, implantam ou operam sistemas de IA devem assegurar o seu bom funcionamento, em conformidade com os princípios estabelecidos pela OCDE.

Além dos princípios acima sintetizados, o documento expedido pela OCDE prevê cinco recomendações, a fim de fixar

---

[211] SCHWAB, Klaus. *A quarta revolução industrial*. Tradução de Daniel Moreira Miranda. São Paulo: Edipro, 2016. p. 74.
[212] ORGANIZAÇÃO PARA COOPERAÇÃO E DESENVOLVIMENTO ECONÔMICO. OECD. Council *Recommendation on Artificial Intelligence*. Disponível em: https://legalinstruments. oecd.org/en/instruments/OECD-LEGAL-0449. Acesso em: 02 maio 2022.

padrões internacionais aptos a garantir segurança e robustez aos sistemas de IA, que estão voltadas: *i)* ao investimento em pesquisa e desenvolvimento da IA; *ii)* à promoção do ecossistema digital da IA; *iii)* à organização de ambiente favorável à IA; *iv)* ao fortalecimento da capacidade e preparação humana para a transformação do mercado de trabalho; e *v)* à cooperação internacional para IA confiável.

A IA impacta em diversos setores da economia mundial e a sua evolução dependerá, necessariamente, de como se dará a sua interação com o arcabouço legal existente no país. Nesse sentido, e de forma pioneira, em 21 de abril de 2021, a Comissão Europeia apresentou sua proposta de atualização regulatória no que tange ao desenvolvimento e utilização da IA no bloco econômico, conforme proposta de regulação nº 2021/06.[213]

A fim de propiciar uma abordagem regulatória equilibrada e proporcional, a proposta se limita a fixar requisitos mínimos ao enfrentamento de riscos e problemas ligados à IA, buscando não restringir indevidamente ou dificultar o desenvolvimento tecnológico ou, ainda, causar aumento desproporcional no custo de colocação de soluções dessa natureza no mercado.

É interessante notar, da proposta de atualização apresentada, que foram estabelecidas quatro proibições no que tange à utilização da IA. A primeira diz respeito ao uso da IA para causar influência ou distorção no comportamento humano, de modo a causar mal físico ou psicológico a partir de técnicas subliminares de manipulação. A segunda vedação é a venda ou utilização de sistemas que se aproveitem de vulnerabilidades de grupos específicos com base na idade, deficiência física ou mental, com o fulcro

---

[213] COMISSÃO EUROPÉIA. Regulamento do Parlamento Europeu e do Conselho que estabelece regras harmonizadas em matéria de inteligência artificial. Disponível em: https://eur-lex.europa.eu/legal-content/PT/TXT/HTML/?uri=CELEX:52021PC0206&from=EN. Acesso em: 20 maio 2022. A proposta final é fruto de estudos preparatórios, que se iniciaram, em meados de 2018, com a criação de um grupo de Alto Nível de Peritos em IA (HLEG – High Level Expert Group). Em 2020, com a publicação do *Livro Branco sobre Inteligência Artificial* (White Paper on Artificial Intelligence) foi aberta a consulta pública, que se estendeu por quase quatro meses, cujos resultados podem ser obtidos a partir do seguinte endereço eletrônico: https://ec.europa.eu/digital-single-market/en/news/white-paper-artificial-intelligence-public-consultation-towards-european-approach-excellence.

de induzir a conduta de uma ou mais pessoas de tais grupos, por meio de manipulação ou influência.

A terceira proibição está atrelada ao uso de IA por autoridades públicas, tendo por finalidade avaliar pessoas naturais para classificar sua confiabilidade com base em seu comportamento social.[214] Já a quarta proibição se volta ao uso de sistemas de identificação biométrica remota em espaços públicos para fins de segurança pública, com exceção para os casos de: *i)* busca de vítimas de crimes; *ii)* prevenção de risco específico, substancial e eminente; e *iii)* detecção, localização e identificação de suspeitos de ofensas criminais.

Os documentos internacionais produzidos em torno da preocupação com a regulação ética da IA e de novas tecnologias são importantes substratos para as discussões que acontecem no cenário brasileiro.

3.4 Inteligência Artificial e discussões para a criação de um marco regulatório brasileiro

No cenário brasileiro, desde o ano de 2018, no âmbito da Estratégia Brasileira de Transformação Digital (Decreto federal nº 9.319/2018), havia sinalização da importância de a IA ser tratada de maneira prioritária, em razão do impacto transversal sobre o Brasil.[215] Em 2020, por meio da Portaria nº 1.122/2020 do Ministério da Ciência, Tecnologia, Inovações e Comunicações (MCTIC), os projetos de pesquisa relacionados à IA foram definidos como prioridade em relação ao período de 2020 a 2023.

---

[214] Trata-se de uma espécie de *"social scoring"* (ou pontuação social), que é um mecanismo utilizado para monitorar o comportamento econômico e social das pessoas por meio de publicações feitas em redes sociais (atividades digitais). Com base nestas pontuações, os sistemas de IA tomam decisões automáticas sobre as pessoas (desde o oferecimento de roteiros turísticos até aquisições de vestes e sapatos). É um sistema similar ao utilizado pelo sistema financeiro nacional brasileiro, denominado "score de crédito". Cf. https://www.euronews.com/2020/06/24/social-scoring-could-that-facebook-post-stop-you-getting-a-loan-or-a-mortgage. Acesso em: 20 maio 2022.

[215] BRASIL. Ministério da Ciência, Tecnologia, Inovações e Comunicações. *Estratégia Brasileira de Inteligência Artificial* – EBIA. Brasília, 2021. Disponível em: https://www.gov.br/mcti/pt-br/acompanhe-o-mcti/transformacaodigital/arquivosinteligenciaartificial/ebia-documento_referencia_4-979_2021.pdf. Acesso em: 20 maio 2022.

Neste contexto, surgiu a Estratégia Brasileira de Inteligência Artificial (EBIA), que foi instituída por meio da Portaria nº 4.617, do MCTIC, estabelecendo, em sintonia com os princípios e diretrizes fixadas pela OCDE, 9 (nove) eixos temáticos, divididos em: *i)* transversais: legislação, regulação e uso ético; governança de IA; e aspectos internacionais; e *ii)* verticais: educação; força de trabalho e capacitação; PD&I e empreendedorismo; aplicação nos setores produtivos; aplicação no poder público; e segurança pública.

Na citada Estratégia, foram traçados como objetivos: a contribuição para a elaboração de princípios éticos para o desenvolvimento e uso de IA responsáveis; a promoção de investimentos sustentados em pesquisa e desenvolvimento em IA; a remoção de barreiras à inovação em IA; a capacitação e formação de profissionais para o ecossistema da IA; o estímulo à inovação e ao desenvolvimento da IA brasileira em ambiente internacional e a promoção de ambiente de cooperação entre os entes públicos e privados, a indústria e os centros de pesquisas para o desenvolvimento da Inteligência Artificial.

Observa-se que, seja em relação aos princípios ou recomendações estabelecidas pela OCDE, seja no escopo da Estratégia Brasileira instituída, há um claro privilégio à inclusão humana e sua interação com a IA. Em outras palavras, não é desejável que haja o avanço na IA sem que se garanta a correspondente capacitação humana para fins de, com ela, realizar interação e também controle.

Essa preocupação, alinhada à necessidade de transparência dos sistemas de IA, é externada no âmbito da Estratégia Brasileira, que estabelece a necessidade de:

> (...) adoção de medidas para garantir a compreensão dos processos associados a tomada de decisões automatizada, tornando possível identificar vieses envolvidos no processo decisório e desafiar as referidas decisões, quando cabível. Elementos chave da discussão internacional sobre o tema são: (i) a ideia de que sistemas de IA devem ser centrados no ser humano (human-centric AI); e (ii) a afirmação da necessidade de que tais sistemas sejam confiáveis (trustworthy AI).[216]

---

[216] BRASIL. Ministério da Ciência, Tecnologia, Inovações e Comunicações. *Estratégia Brasileira de Inteligência Artificial* – EBIA. Brasília, 2021. Disponível em: https://www.gov.br/mcti/pt-br/acompanhe-o-mcti/transformacaodigital/arquivosinteligenciaartificial/ebia-documento_referencia_4-979_2021.pdf. Acesso em: 20 maio 2022.

A exemplo do que ocorreu com a regulamentação brasileira da proteção de dados pessoais, notadamente com o advento da Lei nº 13.709/2018, as diretrizes estabelecidas pela União Europeia podem servir de inspiração ao legislador brasileiro para a fixação do marco normativo da IA.

É possível serem identificadas pelo menos três propostas legislativas, atualmente em trâmite no parlamento brasileiro, que objetivam regular o uso da Inteligência Artificial, duas delas concebidas no âmbito do Senado Federal e uma na Câmara dos Deputados. A seguir, são respectivamente sintetizadas.

O Projeto de Lei nº 5.051, de 2019, em apenas sete artigos, busca estabelecer princípios gerais para uso da IA no Brasil, assim como diretrizes aplicáveis aos entes da federação. No escopo do projeto, o proponente aparentemente pretendeu restringir o uso do aprendizado de máquina ao modelo supervisionado (*supervised learning*), conforme estampado no art. 4º.

No Projeto de Lei nº 872, de 2021, que possui seis artigos, busca-se traçar os fundamentos, objetivos e regras a serem observadas para o seu uso da IA no território brasileiro, assim como diretrizes específicas aplicadas aos entes da federação.

Percebe-se, do precitado projeto, que, embora não se tenha restringido o uso da IA às hipóteses de supervisão humana (há previsão desta, apenas quando necessário – art. 2º, IV), – foi determinado que a IA deve "prover decisões rastreáveis e sem viés discriminatório ou preconceituoso" (art. 4º, VI), de modo a garantir ampla transparência e controles internos, sociais e externos da decisão automatizada.

Em 2020, foi apresentado, na Câmara dos Deputados, o Projeto de Lei nº 21, que, de modo mais detalhado (com 16 artigos), estabelece conceitos, fundamentos, princípios e diretrizes para o desenvolvimento e a aplicação da inteligência artificial no Brasil.

O citado projeto estabelece normas gerais, direitos e deveres para o Poder Público, agentes econômicos e usuários, traçando, ainda, princípios para o uso responsável da Inteligência Artificial no Brasil, semelhantes aos recomendados pela OCDE, reconhecendo a relevância que essa tecnologia possui para a competitividade e o desenvolvimento econômico sustentável e inclusivo.

O Projeto de Lei nº 21, de 2020, após discussões, alterações e deliberações em plenário, foi aprovado no âmbito da Câmara dos Deputados, em sessão de 29.09.2021, cujo autógrafo foi enviado ao Senado Federal para apreciação.

É pertinente observar, em destaque ao projeto aprovado,[217] que um dos fundamentos do desenvolvimento e aplicação da IA no Brasil é o "estímulo à autorregulação, mediante a adoção de códigos de conduta e guias de boas práticas, com observância dos princípios estabelecidos no art. 5º e as práticas globais." (art. 4º, VII).

Além disso, há necessidade de os sistemas de IA estarem harmonizados com a Lei Geral de Proteção de Dados Pessoais (Lei nº 13.709/2018), o Marco Civil da Internet (Lei nº 12.965/2014), a Lei de Defesa da Concorrência (Lei nº 12.529/2011), a Lei de Acesso à Informação (Lei nº 12.527/2011) e o Código de Defesa do Consumidor (Lei nº 8.078/1990).

No que diz respeito à disciplina da IA pelo Poder Público, o projeto estabelece, dentre outros aspectos; *i)* intervenção subsidiária para o estabelecimento de regras específicas; *ii)* atuação por meio do órgão técnico ou entidade competente dentro do setor específico (por meio das Agências Reguladoras ou Banco Central, por exemplo);[218] *iii)* necessidade de participação social e multidisciplinar, que poderá se dar por meio de audiências públicas realizadas preferencialmente pela internet; e *iv)* necessidade de impacto regulatório, nos termos do Decreto federal nº 10.411/2020 e Lei de Liberdade Econômica (Lei nº 13.874/2020).[219]

---

[217] A redação final do projeto aprovado e enviado ao Senado Federal pode ser acessada em: https://www.camara.leg.br/proposicoesWeb/prop_mostrarintegra?codteor=2083272.

[218] A obrigatoriedade de atuação por meio de órgãos ou entidades técnicas setoriais é reforçada no art. 8º, do projeto, no qual são elencadas as diretrizes a serem aplicadas no contexto da regulação da IA setorial.

[219] No caso da IA, o relatório de impacto se releva importantíssimo, uma vez que há elevados riscos de manipulação, violação da privacidade e de dados, de discriminação e de redução da autonomia individual, que podem atingir o usuário e a própria sociedade. Nesse sentido, além de ser instituída uma auditoria de algoritmo (para identificar eventuais vieses), deverá se feita uma "inspeção regulatória", de modo a se certificar o nível de adequação entre a solução de IA e as diretrizes éticas e regulamentares existentes. *Cf.* MAGRANI, Eduardo; GUEDES, Paula. Sistemas de recomendação impulsionados por inteligência artificial: desafios éticos e jurídicos. *In:* VAINZOF, Rony; e GUTIERREZ, Andriei Guerreiro. (coord.). *Inteligência Artificial:* Sociedade, Economia e Estado. São Paulo: Thomson Reuters Brasil, 2021. p. 103-135.

Embora a proposta legislativa ainda esteja em trâmite, é relevante destacar a preocupação do legislador em apenas prever conceitos, princípios e diretrizes gerais a serem observadas, relegando à competência regulamentar atribuída ao Poder Executivo a possibilidade de, no caso concreto, identificar a necessidade motivada de estabelecer norma específica para a IA em determinado setor da economia ou dos serviços públicos prestados pelo Estado.

A exigência de reforço argumentativo em face da necessidade de regulação específica – que necessariamente deverá passar por um estudo de impacto regulatório – propicia que a IA, reconhecidamente uma tecnologia inovadora, disruptiva e em estágio inicial, não seja prematuramente podada, a ponto de não alcançar o nível de maturidade suficiente, e que se torne apta a demonstrar a sua eficiência aos agentes econômicos, à sociedade e ao próprio Poder Público.[220]

No Brasil, não são poucas as intervenções regulatórias estatais que, na intenção de tornar um ambiente competitivo e compatibilizar os interesses econômicos e sociais, causam impactos econômicos inviáveis à manutenção das atividades inovadoras. Cita-se, como exemplo, o caso dos patinetes no Município de São Paulo.

Após diversas discussões sobre a ausência de regulação para o uso de patinetes, o Município estabeleceu, por meio do Decreto nº 58.907/2019, o regulamento para os serviços de compartilhamento de patinetes elétricas acionadas por meio de plataformas digitais. Pouco tempo depois da norma editada pelo Município de São Paulo, notícias apontavam que a regulação do setor "não engata", de modo

---

[220] Não se está a defender que o Estado deva apenas atuar para eliminar ou corrigir as falhas de mercados, mas que a sua atuação se faça quando for extremamente necessária e a partir de uma análise dos impactos positivos e negativos que a regulação irá trazer ao setor e à sociedade. Até porque, como bem lembram Bradson Camelo *et al*, a intervenção estatal pode ocasionar as "falhas de governo, o que pode distorcer ainda mais a relação [entre a realidade e o mercado da concorrência perfeita]". CAMELO, Bradson *et al*. *Análise econômica das licitações e contratos*: de acordo com a Lei nº 14.133/2021 (nova lei de licitações). 1. Reimpressão. Belo Horizonte: Fórum, 2022. p. 29. Para Juarez Freitas e Thomas Bellini Freitas, a regulação da IA se faz imperiosa, de modo a posicionar o humano como protagonista central. Neste contexto, os autores propõem um diálogo interdisciplinar, a fim de que a IA não seja regulada em excesso ou omissão, devendo a intervenção estatal ocorrer de forma "legítima, adequada, necessária e proporcional". FREITAS, Juarez; BELLINI FREITAS, Thomas. *Direito e inteligência artificial*: em defesa do humano. Belo Horizonte: Fórum, 2020. p. 111.

que o alto custo por ela gerado dificulta a expansão e, portanto, a criação de um ambiente verdadeiramente competitivo.[221]

O exemplo concreto permite-nos concluir que o debate público em torno da regulação de novos mercados, notadamente das atuais tecnologias disruptivas, perpassa pela análise de seu desenho e o entendimento de como eles efetivamente funcionam.[222]

Há, portanto, a necessidade de ser instaurado um ambiente de debate público entre os atores estatais, agentes econômicos, sociedade e academia, para que a regulação da IA possa se dar de forma ética, responsável, eficiente e adequada, na medida suficiente para garantir os benefícios e mitigar os riscos a ela inerentes.

Ainda no contexto do Projeto de Lei nº 21, de 2020, que atualmente se encontra em trâmite no Senado Federal,[223] vale consignar que, por meio de ato da presidência, foi instituída a Comissão de Juristas responsável por subsidiar a elaboração de minuta de substitutivo para instruir a apreciação dos projetos que tratam da matéria.[224]

No âmbito da Comissão de Jurista, destaca-se, dentre outros trabalhos relevantes, a realização de audiências públicas para

---

[221] *Cf.* BALAGO, Rafael. Regulação de patinetes em SP não engata e alto custo dificulta expansão. *Folha de São Paulo*, 16 jan. 2020. Disponível em: www1.folha.uol.com.br/cotidiano/2020/01/regulacao-das-patinetes-em-sp-nao-engata-e-alto-custo-dificulta-expansao.shtml#:~:text=Regula%C3%A7%C3%A3o%20das%20patinetes%20em%20SP,01%2F2020%20%2D%20Cotidiano%20%2D%20Folha. Acesso em: 20 maio 2022. Na reportagem, é indicado que as empresas Yellow e Lime estavam indicando a sua saída do mercado de patinetes, enquanto a Uber, que aguardava autorização municipal, desistiu de operar no setor.

[222] Nesse sentido, destaca Alvin E. Roth que, para que haja o correto entendimento de como se deve operar e regular um mercado, é necessário compreender quais as regras devem ser estabelecidas para cada tipo de setor. Para o autor, "tanto os governantes como os cidadãos privados formadores de mercado têm um papel a desempenhar; e ambos podem errar ao regular muito lentamente e sem suficiente vigor, mas também de maneira precipitada. (Feliz é a nação que não proíbe o motor a vapor assim que ele é inventado, quando parece que pode por vezes explodir ou tirar o emprego dos trabalhadores honestos, mas antes que se torne claro de que forma esses motores vão levar a uma revolução industrial.)". ROTH, Alvin E. *Como funcionam os mercados*: a nova economia das combinações e o desenho de mercado. Tradução de Isa Mara Lando e Mauro Lando. 1. ed. São Paulo: Portfolio-Penguin, 2016. p. 258.

[223] Ao PL 21, de 2020, foram apensados os projetos que estavam em trâmite no Senado Federal e que tinham por objeto a regulamentação da IA no Brasil.

[224] A Comissão, denominada "CJSUBIA", é presidida pelo Ministro Ricardo Villas Bôas Cueva, do STJ, e foi instalada em 30.03.2022, possuindo o prazo de 09.08.2022 para conclusão dos trabalhos.

debates de eixos estabelecidos para o marco regulatório da IA no Brasil, quais sejam: eixo I: conceitos, compreensão e classificação de Inteligência Artificial; eixo II: impactos da Inteligência Artificial; eixo III: impactos da Inteligência Artificial/direitos e deveres; e eixo IV: *Accountability*, governança e fiscalização.

Espera-se que, após os debates e análises pela Comissão de Juristas, seja apresentada uma proposta consolidada com o modelo de regulação apropriado, dentro do contexto tratado anteriormente, para que a IA opere e se desenvolva no território brasileiro.

3.5 Emprego da Inteligência Artificial para eficiência das contratações públicas

Como visto anteriormente, a quarta revolução industrial e, em seu âmbito, a revolução digital vêm transformando a sociedade e o modo como os serviços públicos são prestados no atual momento da Administração Pública brasileira.

O uso de novas tecnologias digitais disruptivas para a concretização dos valores fundamentais da Constituição Federal passa a ser um dos requisitos inerentes à própria "sobrevivência" do Estado na atual era digital.

Neste desígnio, o Estado deve buscar o indispensável avanço para a digitalização dos serviços públicos que presta à sociedade, sem descuidar da universalização da oferta de acesso à internet, como meio extremamente necessário para ser evitada ou minimizada a exclusão digital.[225]

---

[225] Conforme dados obtidos por meio da pesquisa "TIC Domicílios", realizada, em 2020, pelo Centro Regional de Estudos para Desenvolvimento da Sociedade da Informação (Cetic), a proporção de famílias com acesso à Internet atingiu 83%, o que representa próximo a 61,8 milhões de famílias com algum tipo de conexão. Os dados apresentados revelam que houve aumento de 12 pontos percentuais em relação a 2019, cujo percentual foi de 71%. Ainda, segundo a pesquisa, o aumento foi observado em quase todos os segmentos, mas foi mais acentuado entre os grupos mais vulneráveis socioeconômicos, isto é, classes C (de 80%, em 2019, para 91%, em 2020) e D/E (de 50% a 64%). *Cf.* CENTRO REGIONAL DE ESTUDOS PARA DESENVOLVIMENTO DA SOCIEDADE DA INFORMAÇÃO. *Executive Summary* – Survey on the Use of Information and Communication Technologies in Brazilian Households – ICT Households 2020. Disponível em: https://www.cetic.br/pt/publicacao/executive-summary-survey-on-the-use-of-information-and-communication-technologies-in-brazilian-households-ict-households-2020/. Acesso em: 20 maio 2022.

É válido considerar que a Administração Pública brasileira sempre se valeu do uso de tecnologias como ferramentas de apoio ao desenvolvimento e controle das atividades administrativas cotidianas e burocráticas (sistemas contábeis, de arrecadação tributária, de controle de processos judiciais etc.).

No campo das compras governamentais, com a instituição do pregão e a possibilidade de sua operacionalização a partir do uso da tecnologia da informação, houve um ganho de eficiência e economicidade que foi sendo ampliado ao longo dos últimos anos.

A experiência positiva, advinda do uso da tecnologia, levou o legislador, no escopo da Lei nº 14.133/2021, a privilegiar a forma eletrônica para o processamento das compras governamentais, tendo possibilitado a prática de atos preferencialmente digitais (produzidos, comunicados, armazenados e validados por meio eletrônico), assim como a realização das licitações sob a forma exclusivamente eletrônica.[226]

A realização da licitação sob a forma eletrônica representa ganhos que ultrapassam a ampliação do universo de competidores, o que, por si só, já seria positivo, potencializando a economicidade, gerando rapidez ao processo de contratação e garantindo a transparência.

Com efeito, no cenário das atuais leis que regem as licitações nacionais, se comparado o rito do procedimental do pregão com a ritualística das modalidades convencionais mais empregadas (concorrência e tomada de preços), é possível ser identificado, de plano, três aspectos que podem garantir eficiência e celeridade em sua utilização: *i)* simplificação e concentração de atos de julgamento e recursos; *ii)* possibilidade de lances após a classificação das propostas; e *iii)* prazos menores a serem observados.[227]

---

[226] (...) §2º As licitações serão realizadas preferencialmente sob a forma eletrônica, admitida a utilização da forma presencial, desde que motivada, devendo a sessão pública ser registrada em ata e gravada em áudio e vídeo.

[227] Estudos divulgados no portal Compranet, no ano de 2006, feitos pelo Banco Mundial, quando o uso do pregão eletrônico ainda era incipiente, indicam que o tempo médio de realização de uma licitação na modalidade pregão (entre a publicação e a homologação) era de 17 dias, enquanto que, nas modalidades tradicionais, os prazos eram de 22 dias, no caso da carta-convite, 90 dias, no âmbito da tomada de preços e 120 dias para a concorrência pública. BRASIL. Governo Federal. Compranset. *Estudo do Banco Mundial atesta eficiência do sistema Comprasnet*. Disponível em: http://www.comprasnet.gov.br/noticias/noticias1.asp?id_noticia=189#:~:text=Modalidades%20tradicionais%20levam%20mais%20tempo,demora%20cerca%20de%20120%20dias. Acesso em: 20 maio 2022.

No caso do pregão eletrônico – ou de qualquer outra contratação feita em plataforma eletrônica –, os potenciais ganhos podem ser ainda maiores, uma vez que os atos e procedimentos, ainda que dependam, de certa forma, da interação humana, são sistematizados e automatizados, dispensando infraestrutura física e disponibilização de pessoal.[228]

Além dos ganhos de eficiência e otimização do processo de contratação da Administração Pública, a contratação em ambiente eletrônico se traduz em incentivos aos agentes econômicos que atuam no mercado de compras governamentais, uma vez que diminui os custos de transação existentes nas licitações.[229]

O ponto central que se coloca à análise é se poderia ser intensificado o uso da Inteligência Artificial no escopo das contratações públicas, com foco na minimização de erros quanto ao julgamento e alcance de maior eficiência no resultado obtido para a Administração Pública.

Como visto anteriormente, temas como Inteligência Artificial e *machine learning* estão ganhando espaço de debate no seio das instituições públicas, notadamente em órgãos do Poder Judiciário e de controle externo, que buscam o auxílio de "robôs" para subsidiar suas rotinas diárias, mormente diante do enorme volume de informações que lidam no desenvolvimento de suas atividades.

Neste contexto, segundo Luís André Dutra e Silva, o uso de tais ferramentas e de algoritmos amparados em modelos de *machine learning* com a finalidade de tornar automática a

---

[228] Todo o controle de prazos (tempo mínimo entre a publicação e a sessão pública, impugnação, pedidos de esclarecimentos, lances, manifestação da intenção de interposição de recursos, apresentação de memoriais e contrarrazões) é feito pela plataforma eletrônica, o que pode evitar erros humanos na contagem e causar prejuízo ao interesse de licitantes. Além disso, toda a comunicação entre o pregoeiro e os licitantes é feita diretamente por meio da plataforma (via "chat"), o que agiliza o processo de julgamento e tomada de decisões.

[229] Os custos de transação são aqueles inerentes às tratativas existentes nas relações contratuais (negociação, monitoramento etc.). No caso das licitações públicas, os custos de transação podem ser "ex-ante" (inerentes à preparação da licitante para elaboração e apresentação (física ou eletrônica) de proposta ao certame) ou "ex-post" (associados à realização da licitação em si (elaboração de edital, análise de habilitação, julgamento de propostas, acompanhamento da execução do contrato, dentre outros)). Sobre o tema, ver FERREIRA, Fabrício; SOUZA, Antônio Arthur. Custos de transação em licitações. *Cadernos de Finanças Públicas*, v. 20, n. 02, 09 set. 2020.

interpretação de dados não é apenas essencial, como se revela estratégico para a obtenção de informações de "fonte de dados não estruturados".[230]

No âmbito das compras governamentais, o Governo Federal, desde meados de 2019, utiliza-se da ferramenta de *chat bot*, denominada "LIA" (Logística com Inteligência Artificial), que está agregada ao portal eletrônico de compras. Quando de seu lançamento, a ferramenta de *chat bot* poderia ser capaz de auxiliar na resolução de assuntos inerentes ao SICAF digital, gestão das atas de registro de preços e dos respectivos termos de adesão.[231]

No mesmo ano de 2019, o Governo Federal noticiou o desenvolvimento de uma ferramenta de inteligência artificial, denominada "Pregoeiro virtual", que funcionaria como um assistente virtual para auxiliar o pregoeiro na tomada de decisões no curso da licitação. A ferramenta, segundo o Governo, "utilizaria técnicas de ciência de dados, organização compartilhada de códigos e cruzamento de bases do governo federal por meio de parcerias com outros órgãos".[232]

Os dois casos trazidos à baila demonstram não só a possibilidade de utilização da IA nas compras governamentais, mas também o potencial que tais ferramentas podem ter na prevenção de fraudes, diminuição de assimetria de informação e, efetivamente, permitindo a busca da proposta que possa gerar o resultado mais vantajoso à Administração Pública.

Percebe-se que a Lei nº 14.133/2021, ao incluir, dentre os objetivos a serem perquiridos no processo licitatório, a inovação, assim como, ao transpor o processamento da licitação para ambiente exclusivamente eletrônico, possibilitou a utilização e o avanço da IA.

Com efeito, instituição, pela lei geral de licitações, do Portal Nacional de Contratações Públicas (PNCP), plataforma eletrônica

---

[230] SILVA, Luís André Dutra e. Uso de técnicas de inteligência artificial para subsidiar ações de controle. *Revista do Tribunal de Contas da União*, Brasília, ano 48, n. 137, set./dez. 2016.
[231] BRASIL. Portal de Compras do Governo Federal. *Logística com Inteligência Artificial – LIA*. Disponível em: https://www.gov.br/compras/pt-br/acesso-a-informacao/noticias/lancamento-lia-noticia. Acesso em: 20 maio 2022.
[232] BRASIL. Portal de Compras do Governo Federal. *Pregoeiro virtual ajudará no combate a fraudes em licitações*. Disponível em: https://www.gov.br/servidor/pt-br/assuntos/noticias/2019/06/pregoeiro-virtual-ajudara-no-combate-a-fraudes-em-licitacoes. Acesso em: 20 maio 2022.

centralizada para divulgação obrigatória de atos e o processamento facultativo das contratações (incisos I e II do art. 174).[233]

Segundo previsto no art. 174, §§2º, o PNCP congrega diversas informações relevantes sobre as compras governamentais (editais, atas, contratos e aditivos), além de notas fiscais, assim como possui, dentre tantas funcionalidades, a unificação do sistema de registro cadastral e o sistema de gestão compartilhada de informações referentes à execução do contrato.

Interessa-nos consignar que o advento do PNCP pode propiciar uma mudança de paradigma no que diz respeito à ampla transparência e auxiliar na diminuição da assimetria informacional entre o Poder Público e os potenciais licitantes. Isso porque os entes públicos terão a possibilidade de alcançar informações mais completas em relação aos futuros contratados privados, como reputação no mercado, histórico de outras contratações com entes públicos diversos, eventuais penalidades que já tenham sofrido, dentre outros.[234]

O agrupamento, em um ambiente eletrônico centralizado, de diversas ferramentas interligadas, inclusive para o processamento das licitações, torna o uso da IA ainda mais atrativo, sobretudo para que os dados coletados na plataforma possam gerar informações úteis para aumentar a eficiência nas contratações e no planejamento das políticas públicas.

O uso da IA, agregado às técnicas de aprendizagem de máquina analisadas anteriormente, pode auxiliar para que o

---

[233] O PNCP foi lançado no dia 09.08.2011, por meio de Webinar realizado por meio do canal do Ministério da Econômica no Youtube. BRASIL. Ministério da Economia. Lançamento do Portal Nacional de Contratações Públicas. *Youtube*, 09 ago. 2021. Disponível em: https://www.youtube.com/watch?v=W25KItdhhw8&t=1564s. Acesso em: 20 maio 2022. Periodicamente, o PNCP está sendo atualizado com novas ferramentas e inclusão de dados de todos os entes que já o aderiram.

[234] Aliás, a reputação é uma das opções possíveis dentro dos mecanismos para que, segundo Marcos Nobrega e Diego Franco de Araújo Jurubeba, possa ser minorado o problema da seleção adversa de fornecedores pela Administração Pública. Ainda, segundo os autores, seleção adversa é um dos, senão o maior, problemas enfrentados nas contratações públicas, gerando, como consequência, o impedimento para que sejam adquiridos os produtos de melhor qualidade ou contratados os melhores serviços. NOBREGA, Marcos; JURUBEBA, Diego Franco de Araújo. Assimetrias de informação na nova lei de licitações e o problema da seleção adversa. *Revista Brasileira de Direito Público – RBDP*, Belo Horizonte, ano 18, n. 69, p. 9-32, abr./jun. 2020.

ambiente das contratações públicas se torne efetivamente inteligente, gerando benefícios ao mercado fornecedor, que terá garantida a isonomia e a ampla competividade, e à Administração Pública, que elegerá, de fato, a proposta mais adequada e economicamente viável para atender a sua necessidade.

O instrumento convocatório da licitação, elaborado a partir de regras padronizadas e de acordo com as disposições legais,[235] poderá ser a base algorítmica para a programação da IA que, a partir dos dados apresentados pelos concorrentes e gerenciados pela própria plataforma, identificará a proposta apta a gerar o melhor resultado, o qual ficará sujeito à homologação da Administração Pública.

Desse modo, as atividades desempenhadas pelo Agente de Contratação, Pregoeiro ou Comissão de Contratação que, basicamente, restringem-se a aplicar as regras do edital da licitação,[236] poderão ser automatizadas por meio da solução de IA, cujos resultados obtidos na sessão pública ficarão sujeitos ao crivo técnico e jurídico da autoridade competente.

Nesse caso, seria possível vislumbrar que o julgamento feito pela IA seguiria um padrão com resultados idênticos para situações "em que os dados de entrada e a programação também o sejam", o que possibilitaria, em tese, "decisões mais justas, sobretudo quando se tem em mente que seres humanos possuem diversos vieses, conscientes ou não, que podem resultar julgamentos distintos em situações virtualmente idênticas".[237]

É válido apontar que, por melhor que seja a solução de IA, o seu desenvolvimento partirá de uma ação humana, que a define, orienta e, em determinadas situações, controla o seu processo

---

[235] A Lei nº 14.133/2021 criou fortes incentivos à padronização de documentos e artefatos do processo licitatório, a exemplo da criação de catálogo eletrônico de padronização de compras, serviços e obras (art. 6º, LI c/c art. 19, II e §2º), elaboração de minutas e editais padronizados (art. 19, IV c/c art. 25, §1º) e instituição de padronização de bens, conforme processo definido no art. 43.

[236] Assim como no regime da Lei nº 8.666/1993, a Lei nº 14.133 positivou, no art. 5º, o princípio da vinculação ao edital, de modo que tanto a Administração Pública quanto os licitantes estarão vinculados às regras do instrumento convocatório da licitação.

[237] LOPES, Giovana F. Peluso; LIMA, Caio César Carvalho. Ética by design: vieses inconscientes e a busca pela neutralidade algoritma. In: VAINZOF, Rony; e GUTIERREZ, Andriei Guerreiro. (Coord.). *Inteligência Artificial*: Sociedade, Economia e Estado. São Paulo: Thomson Reuters Brasil, 2021. p. 155-173.

decisório, de modo que o enviesamento algoritmo é um dos riscos a serem mapeados e, a partir de uma análise sistemática, mitigados antes do emprego da solução.

O risco acima aventado não configura um fator impeditivo para que as inovações de cunho tecnológico, presentes em vários setores, sejam incorporadas no campo das contratações públicas, devendo, pois, os gestores públicos estarem preparados para essa realidade e, mais do que isso, atentos às suas consequências e impactos na realização das políticas públicas.

Importa-nos destacar, para fechamento deste tópico, que foi realizada auditoria pelo Tribunal de Contas da União, a fim de verificar o atual estágio e as perspectivas de utilização da IA na Administração Pública federal, conforme TC nº 006.662/2021-8.[238]

De acordo com os resultados da auditoria, verificou-se que: *i)* 38% dos órgãos estão em nível zero de maturidade de IA (não utilizam ou sequer planejam utilizar); *ii)* 33,5% deles apenas especulam e realizam conversas internas para utilização (nível 1); e *iii)* 28,5% dos órgãos se encontram entre os níveis 2, 3 ou 4 de maturidade, sendo que 17,1% está em fase de experimentação (provas de conceito ou em fase piloto), 8% em fase de estabilização (projetos já em produção) e 3,4% estão em nível 4 e com projetos de expansão do uso da IA.

3.6 Contratação de solução de Inteligência Artificial pela Administração Pública

No tópico anterior, a abordagem voltou-se para as questões relacionadas ao uso da IA no âmbito das contratações governamentais, isto é, enquanto meio pelo qual a contratação pública se torna inteiramente inteligente, possibilitando ganhos de eficiência, economicidade e celeridade à Administração Pública.

No entanto, partindo-se da premissa de que nem todos os entes da federação possuem corpo técnico com expertise para

---

[238] BRASIL. Tribunal de Contas da União. *Levantamento do Tribunal avaliou o estágio atual e perspectivas de utilização de Inteligência Artificial na Administração Pública Federal*. 2022. Disponível em: https://portal.tcu.gov.br/imprensa/noticias/destaque-da-sessao-plenaria-de-25-de-maio.htm. Acesso em: 26 maio 2022.

o desenvolvimento interno de uma solução de IA,[239] a fim de integrá-la, posteriormente, ao processo eletrônico de contratação, a Administração Pública buscará o atendimento de sua necessidade por meio de uma licitação.

Adverte-se que o fato de os serviços da área de tecnologia de informação serem fortemente passíveis de execução indireta não significa dizer que todo o ciclo de sua gestão também o seja. Há um núcleo mínimo que não é passível de execução indireta, que está intrinsicamente ligado ao estratégico-institucional.

Nesse sentido, as tarefas que envolvem a tomada de decisão ou posicionamento institucional atinente ao planejamento, coordenação, supervisão e controle, ou que sejam estratégicas e cuja terceirização possa colocar em risco o controle de processos e de conhecimentos e tecnologias, devem ser executadas diretamente pela Administração Pública.[240]

O processo de contratação de qualquer solução de tecnologia da informação, notadamente no campo das tecnologias inovadoras, pressupõe o exercício de um planejamento peculiar, iniciado a partir do real conhecimento da dimensão do problema que, com a pretendida contratação, deverá ser resolvido.

Embora atrelada à seara da tecnologia da informação, o processo de contratação da solução de IA não deve ser encarado como qualquer processo que, rotineiramente, a Administração Pública formaliza para buscar o atendimento de suas necessidades.

Nesse sentido, a Lei nº 14.133/2021 trouxe, como um dos pilares fundamentais de boa governança, o dever – que já era previsto em sede constitucional[241] – de planejamento estratégico,[242] elevando-o, inclusive, à categoria de princípio geral (art. 5º).

---

[239] Vale consignar que os serviços na área de tecnologia da informação são, em grande parte, terceirizados, já que o mercado possui maiores condições de atender as demandas evolutivas que essa área apresenta. Nesse sentido, com base no Decreto federal nº 9.507/2018, foi editada, pelo então Ministério do Planejamento, Orçamento e Gestão, a Portaria nº 443/2018, prevendo, em seu art. 1º, inciso XXIII, a possibilidade de os serviços de tecnologia da informação serem objetos de execução indireta.

[240] Cf. art. 3º, I e II, do Decreto federal nº 9.507/2018.

[241] Cf. Art. 174. Como agente normativo e regulador da atividade econômica, o Estado exercerá, na forma da lei, as funções de fiscalização, incentivo e planejamento, sendo este determinante para o setor público e indicativo para o setor privado.

[242] Planejamento é, na visão de Antônio Cesar Antônio Maximiano e Irene Patrícia Nohara, o primeiro e o mais importante dos processos da Administração Pública, que tem,

A concretização do princípio do planejamento é balizada, ao menos, por três instrumentos estatuídos na norma geral de licitação, quais sejam, o Plano de Contratações Anual (PCA – art. 12, VII e §1º e art. 18), o Estudo Técnico Preliminar (ETP – art. 6º, XX, art. 18, I e §1º) e a Matriz de Riscos (art. 6, XXVII, art. 22, §2º, art. 92, IX, e art. 103).

Como se viu anteriormente, há desafios éticos, jurídicos e legais para o desenvolvimento e a aplicação da IA, não só no cenário brasileiro, mas no mundo todo. Desse modo, no contexto desta inovação disruptiva, o planejamento da contratação da solução, embora desafiador para a Administração Pública, deverá ser efetivado como medida apta a mitigar os riscos não só advindos do procedimento licitatório, mas de todas as etapas que envolvam o seu desenvolvimento, operacionalização e execução.

Em todas as etapas inerentes ao planejamento, o foco da Administração Pública deve estar voltado para a compreensão e a descrição do problema enfrentado, de modo a buscar, junto ao mercado especializado, a solução "ótima" e capaz de gerar o melhor resultado.

Nesse sentido, o uso das modalidades licitatórias tradicionais (concorrência e pregão) pode não se revelar pertinente, uma vez que se parte do pressuposto de que a Administração Pública, além de conhecer a necessidade em si, sabe, de antemão e a partir dos estudos técnicos realizados, qual a melhor solução a ser buscada no mercado.

Em outras palavras, ao concluir os estudos técnicos preliminares e elaborar o respectivo projeto básico ou termo de referência, a Administração Pública terá condições de realizar a escolha do contratado, a partir das regras e exigências que, objetivamente e de forma prévia, foram disciplinas no edital.

No caso da necessidade de ser contratada uma solução inovadora, a exemplo da IA, nem sempre a Administração Pública terá condições de conhecer antecipadamente a melhor e mais

---

como atributos, a inevitabilidade e a incerteza. Nesta temática, propõem os autores que os planejamentos, que serão guias para as ações do futuro, possuam, no mínimo, objetivos, meios de realização, meios de controle e de fiscalização. MAXIMIANO, Antônio Cesar Antônio; NOHARA, Irene Patrícia. *Gestão Pública*. São Paulo: Grupo GEN, 2017. 9788597013825. Disponível em: https://app.minhabiblioteca.com.br/#/books/9788597013825/. Acesso em: 30 maio 2022.

adequada solução disponível no mercado para atender à sua necessidade.

Para esta finalidade específica, a Lei nº 14.133/2021 previu a possibilidade de adoção da modalidade diálogo competitivo[243] que, como se viu anteriormente, é uma das novidades no cenário das contratações públicas. Não obstante, segundo se infere do art. 32, o legislador delimitou a possibilidade de deflagração da licitação na modalidade do diálogo competitivo em duas hipóteses restritas e peculiares.

A primeira se verifica na hipótese de a Administração Pública precisar da contratação de obra, serviço ou bem que envolva inovação tecnológica ou técnica, cuja necessidade não possa ser satisfeita a partir da adaptação de soluções já disponíveis no mercado, bem como as especificações do objeto não possam ser definidas com precisão suficiente.

Entende-se que as condições estabelecidas nas alíneas do inciso I do art. 32 são cumulativas, devendo, pois, serem efetivamente demonstradas na fase de planejamento prévio.

A segunda se aplica quando se estiver diante da necessidade de ser definido e identificado os meios e alternativas aptas à satisfação de sua necessidade, com destaque aos seguintes aspectos: a) solução

---

[243] O diálogo competitivo está assim definido na Lei nº 14.133/2021 (art. 6, XLII): "modalidade de licitação para contratação de obras, serviços e compras em que a Administração Pública realiza diálogos com licitantes previamente selecionados mediante critérios objetivos, com o intuito de desenvolver uma ou mais alternativas capazes de atender às suas necessidades, devendo os licitantes apresentar proposta final após o encerramento dos diálogos;". Essa modalidade foi inspirada na Diretiva 2014/24, da União Europeia, a qual, em substituição à Diretiva 2004/18, passou a reger a disciplina jurídica dos contratos públicos, sendo adotada, pelo direito comunitário europeu, desde o ano de 2004, com a Diretiva 2004/18, tendo por função oferecer soluções às contratações mais complexas ao ente público por meio do estabelecimento de diálogo concorrencial com o setor produtivo privado. Destaca-se que o procedimento adotado para o diálogo concorrencial europeu é o seguinte: i) qualquer "operador econômico" poderá apresentar pedido de participação, desde que reúna as condições exigidas no "anúncio de concurso"; ii) o prazo para recepção dos pedidos é de 30 dias do envio do "anúncio do concurso"; iii) somente poderão participar os agentes convidados, após a avaliação das informações por ele prestadas, podendo a autoridade limitar o número de convidados, que não será inferior a três, a fim de garantir uma "concorrência real"; e iv) a adjudicação ocorre exclusivamente com base no critério da proposta economicamente mais vantajosa tendo em conta a "melhor relação qualidade/preço". LIMA, Edcarlos Alves. Lei nº 14.133/2021: o Diálogo competitivo e os desafios práticos de sua operacionalização. *Revista Síntese de Direito Administrativo*, São Paulo, v. 16, n. 186, p. 16-23, jul. 2021.

técnica mais adequada; b) requisitos técnicos aptos a concretizar a solução já definida; ou c) estrutura jurídica ou financeira do contrato.

O procedimento (rito) aplicável ao diálogo competitivo não foi delineado pela Lei nº 14.133/2021, devendo, nesse sentido, o instrumento convocatório da licitação discipliná-lo, observando as disposições previstas no art. 32, §1º.

Em linhas gerais, diante da existência de uma necessidade em que se constate a impossibilidade de, de forma prévia e objetiva, identificar a melhor solução tecnológica ou o meio e alternativas capazes de atendê-la, devem ser estabelecidos diálogos públicos e transparentes com o setor produtivo privado, de modo a selecionar o projeto que seja o mais adequado, eficiente e vantajoso aos anseios da Administração Pública.[244]

Não se descarta, também, a possibilidade de a contratação de IA ser feita no âmbito do Marco Legal das Startups (Lei Complementar nº 182/2021), que traçou normas gerais para as licitações e contratos que possuam as finalidades de: *i)* resolver demandas públicas que exijam solução inovadora com emprego de tecnologia; *ii)* promover a inovação no setor produtivo por meio do uso do poder de compra do Estado.[245]

Nesse sentido, poderá a Administração Pública se utilizar da "modalidade especial" de licitação, delimitando seu escopo à indicação do problema a ser resolvido e dos resultados esperados, incluídos os desafios tecnológicos a serem superados, dispensando, ainda, a descrição de eventual solução técnica previamente mapeada

---

[244] Há, pelo menos, três desafios inerentes ao uso do diálogo competitivo que merecem ser destacados. O primeiro se relaciona à ausência de quadro técnico especializado em alguns órgãos públicos, notadamente em entes municipais menores, que possam ter o conhecimento necessário para conduzir essa modalidade. O segundo reside no fato de o gestor público, diante das diversas soluções sofisticadas que lhe forem apresentas no decorrer das fases do diálogo, não possuir a *expertise* e a necessária isenção técnica para construir um edital que possa, na última fase da licitação, se revelar competitivo e com critérios objetivos para que seja escolhido o melhor resultado para a Administração Pública. O terceiro desafio, que, na verdade, é inicial do procedimento, é estabelecer, sem o real conhecimento mercadológico, os requisitos necessários à pré-seleção dos interessados. LIMA, Edcarlos Alves. Lei nº 14.133/2021: o Diálogo competitivo e os desafios práticos de sua operacionalização. *Revista Síntese de Direito Administrativo*, São Paulo, v. 16, n. 186, p. 16-23, jul. 2021.

[245] LIMA, Edcarlos Alves. Licitação e contratação no contexto do marco legal das Startups. *Revista Síntese de Direito Administrativo*, São Paulo, v. 17, n. 197, p. 237-240, maio 2022.

e suas especificações técnicas, cabendo aos proponentes propor diferentes meios para a resolução do problema.

Trata-se, portanto, de uma possibilidade de que poderá a Administração Pública se valer para deflagrar a licitação para contratação de solução de IA, uma vez que o procedimento estabelecido para a modalidade especial estatuída no marco legal é simplificado.

Entende-se, no entanto, que a simplificação do procedimento licitatório especial não pode ser compreendida como sinônimo de dispensa e/ou precarização dos estudos técnicos preliminares e definição de matriz de riscos, artefatos estes inerentes ao dever de planejamento a ser observado pela Administração Pública.

As possibilidades aventadas anteriormente não excluem o modelo de contratação via "Encomenda Tecnológica", que é um dos instrumentos de estímulo à inovação previstos na Lei da Inovação (Lei nº 10.973/2004, ressignificada pela alteração promovida pela Lei nº 13.243/2016, regulamentada pelo Decreto federal nº 9.283/2018).

Realiza-se, para a encomenda tecnológica, um processo seletivo público, por meio de chamamento, convocando os interessados em apresentar projetos para o desenvolvimento e geração de um produto inovador – podendo, no caso, ser uma solução de IA –, com transferência de tecnologia à Administração Pública.

Ao final, o contrato é celebrado diretamente com o detetor do projeto aprovado, aplicando-se a hipótese de dispensa de licitação prevista no art. 24, inciso XXXI da Lei nº 8.666/1993.

3.7 Controle externo e Inteligência Artificial

O uso da Inteligência Artificial tem se difundido cada vez mais no cenário mundial, mais densamente no setor privado (comércio eletrônico, plataformas bancárias etc.), porém, com significativos avanços dentro do setor público, que possui certo lapso para incorporar, em sua realidade, as inovações tecnológicas, notadamente diante da velocidade com a qual tem ocorrido nesta nova era digital.

No Brasil, a ampliação de *startups* que desenvolvem inovações disruptivas é um forte impulso ao uso da IA, ocasionado pela busca de soluções tecnológicas de reconhecimento facial, *chat bots* e outros softwares.

Conforme pesquisa de percepções em torno da utilização de IA, que foi realizada pela Embrapii, 76% do universo de empresas pesquisadas (164) entendem que essa tecnologia impactará a competividade das empresas brasileiras. Ainda, releva-nos a pesquisa que, das 124 empresas que responderam esta específica questão, pouco mais de 75% delas se utilizam de alguma solução de IA em suas atividades.[246]

Em termos de utilidade da solução de IA, a pesquisa demonstra a sua aplicabilidade, dentre outras, às seguintes atividades: *i)* o apoio à tomada de decisões (19,9%); *ii)* reconhecimento de padrões a partir de dados (17,9%); *iii)* criação de produtos ou sistemas inteligentes para uso externo ou interno (16,3%); e *iv)* atendimento a clientes, como, por exemplo, por meio de *chat bots* e *call centers* (11,9%).

Embora realizada exclusivamente com o setor privado, a pesquisa aponta relevantes benefícios para o uso da IA em setores importantes da Administração Pública, a exemplo dos impactos positivos na produção – equivalente ao exercício da atividade administrativa (17%), atendimento ao cliente (14,4%), logística de contratações (13,1%) e marketing institucional (11,8%).

Não só no campo dos serviços públicos ou das compras governamentais, mas também no âmbito dos órgãos do Poder Judiciário e de controle externo a utilização da IA já é uma realidade crescente.

No âmbito do Poder Judiciário, por meio da Resolução nº 332, de 21 de agosto de 2020, foi regulamentada, pelo Conselho Nacional de Justiça, o uso da Inteligência Artificial como "forma de promover o bem-estar dos jurisdicionados e a prestação equitativa da jurisdição, bem como descobrir métodos e práticas que possibilitem a consecução desses objetivos".

Antes mesmo da regulação formal, o STF lançou, em meados de 2018, a ferramenta de IA denominada "Victor", em

---

[246] BRASIL. Empresa Brasileira de Pesquisa e Inovação Industrial – Embrapii. *Levantamento*: Percepções do Empresariado sobre a pesquisa e desenvolvimento de inovação em Inteligência Artificial. Disponível em: https://embrapii.org.br/wp-content/images/2021/05/Pesquisa-EMBRAPII_Cena%CC%81rio-IA-no-Brasil.pdf. Acesso em: 25 maio 2022.

homenagem ao falecido ministro Victor Nunes Leal, que foi o primeiro magistrado da Corte a tentar sistematizar os procedentes do Tribunal.[247]

Soluções de IA têm sido utilizadas pelos tribunais de contas Brasil a fora, a fim de permitir o acompanhamento e fiscalização de atos da Administração Pública, notadamente no campo das licitações públicas. Aliás, é o contexto de dados gerados pelo processamento de licitações e contratações públicas que possibilita a ação concreta e eficaz da solução de IA, a fim de prevenir irregularidades ou eventual prática de corrupção.[248]

Nesse sentido, destacam Valdir Moysés Simão e Caio Belazzi:

> O processo de compras públicas é uma das atividades de maior exposição aos eventos de corrupção. Além do volume de recursos financeiros e interesses envolvidos, o processo normalmente é complexo e envolve uma quantidade significativa de informações e etapas, o que dificulta o trabalho de detecção e prevenção da corrupção. Desse modo, há riscos associados com todas as etapas do processo de compras públicas, desde o levantamento das necessidades, contratação, execução e monitoramento do contrato e pagamento.[249]

Com efeito, a ausência de centralização, por meio de uma plataforma única, padronizada e eletrônica, no processamento das

---

[247] Segundo reportagem da época, estimava-se que os "servidores do Núcleo de Repercussão Geral levavam 30 minutos para desempenhar esta atividade. Agora, o robô faz o trabalho em apenas 5 segundos. Em muitos casos, o setor sequer fazia essa divisão e enviava o processo ao relator sem a separação". TEIXEIRA, Matheus. STF investe em inteligência artificial para dar celeridade a processos. *Portal Jota*, 11 dez. 2018. Disponível em: https://www.jota.info/coberturas-especiais/inova-e-acao/stf-aposta-inteligencia-artificial-celeridade-processos-11122018. Acesso em: 02 maio 2022.

[248] Considerando que os efeitos da corrupção distorcem a função do Estado na alocação dos recursos públicos, é importante que se possa ter mecanismos para que soluções de IA corruptas não passem despercebidas das instituições e da sociedade. Isso porque conforme Valdir Moysés Simão e Caio Belazzi, o "fenômeno da corrupção não está inerte ao processo de digitalização. A transformação digital das sociedades acrescenta nova camada de complexidades à já intrincada rede de sistemas corruptos, uma vez que os mesmos avanços decorrentes do processo de digitalização são utilizados para sofisticar os meios pelos quais esses sistemas operam". SIMÃO, Valdir Moysés; BELAZZI, Caio. Dados e inteligência artificial no enfrentamento à corrupção e sonegação. *In*: VAINZOF, Rony; GUTIERREZ, Andriei Guerreiro (Coord.). *Inteligência Artificial*: Sociedade, Economia e Estado. São Paulo: Thomson Reuters Brasil, 2021. p. 617-642.

[249] SIMÃO, Valdir Moysés; BELAZZI, Caio. Dados e inteligência artificial no enfrentamento à corrupção e sonegação. *In*: VAINZOF, Rony; GUTIERREZ, Andriei Guerreiro (Coord.). *Inteligência Artificial*: Sociedade, Economia e Estado. São Paulo: Thomson Reuters Brasil, 2021. p. 617-642.

contratações feitas pela Administração Pública, é prejudicial ao mercado competitivo, que muitas vezes tem que lidar com regras e procedimentos diferentes para participar de licitações, a depender do ente da federação que as realizem, fazendo com que haja aumento do custo de transação com o setor público.

Há, também, inegáveis prejuízos ao próprio Poder Público, já que potencializa a assimetria de informações junto ao mercado e, de certo modo, encarece o custo do bem a ser adquirido ou do serviço a ser contratado.

Outro prejuízo significativo está atrelado ao controle das atividades da Administração Pública, seja feito pela sociedade (controle social) ou pelos tribunais de contas, judiciário e ministérios públicos (controle externo).

A integração de dados produzidos no âmbito dos entes da federação, a partir de uma plataforma eletrônica única, poderá contribuir, portanto, para redução dos custos de transação, da assimetria da informação e aumento da transparência e das ações de controle, externo e interno.

Conforme foi exposto anteriormente, a instituição do Portal Nacional de Contratações Públicas (PNCP) poderá contribuir para que se alcance a simetria licitatória desejada e, com isso, sejam privilegiadas as ações de controle e a ampla transparência das compras governamentais.

No contexto, o uso de solução da IA integrada em todo o ciclo da contratação pública brasileira (desde o planejamento, deflagração e homologação da licitação, acompanhamento e fiscalização interna e externa da execução do objeto), permitirá ações de controle efetivas e concretas, a fim de alcançar a eficiência plena do gasto público tido ano a ano com a concretização das políticas públicas.

Destaca-se que a implementação de ferramentas de inteligência visando às ações de auditoria e de controle direcionadas aos tribunais de contas consta do Princípio nº 5 das Normas Brasileiras de Auditoria do Setor Público (NBASP).[250]

---

[250] "39. Os Tribunais de Contas devem implementar medidas voltadas à gestão de informações estratégicas, usando, por exemplo, ferramentas de inteligência e de tratamento de grandes massas de dados com uso intensivo de tecnologia da informação". INSTITUTO RUI BARBOSA. *Normas brasileiras de auditoria do setor público NBASP*: nível 1 – princípios

Dentre as melhorias de ações de fiscalização e controle das atividades da Administração Pública, com o uso de tecnologias de inteligência, destacam-se a utilização, pelo Tribunal de Contas da União, dentre outros, de três robôs dotados de IA: *i)* "Mônica" (Monitoramento Integrado para Controle de Aquisições), que é um painel com informações de compras públicas, contratações diretas ou com inexigibilidade de licitação; *ii)* "Sofia" (Sistema de Orientação sobre Fatos e Indícios para o Auditor), que é focado em fatos e indícios de irregularidades para os auditores do TCU; *iii)* e "Alice" (Análise de Licitações e Editais), que realiza a leitura e análise de editais e de licitações.[251]

Com a Portaria nº 102, de 29 de junho de 2020, o TCU criou o LabContas, que é uma iniciativa que remonta a um projeto realizado entre 2013 e 2014, e hoje é definido como "uma plataforma composta de bases de dados (...) para tratamento e análise de dados destinada ao exercício das atividades de controle externo".

Em 14.02.2022, o TCU lançou edital de chamamento público inédito, no âmbito do qual receberá projetos de P&D focados em apresentar uma solução de inteligência artificial para apoio à instrução de denúncias e representações que tramitam naquela Corte. Há expectativa de que a solução possa gerar uma economia direta ao TCU de R$2,5 milhões/ano, sendo que, para o controle externo, os benefícios estão estimados na ordem de R$112,5 milhões/ano.[252]

---

basilares e pré-requisitos para o funcionamento dos tribunais de contas brasileiros. Belo Horizonte, 2015. p. 32-33.

[251] INSTITUTO RUI BARBOSA. *Uso de robôs pelos Tribunais de Contas.* Disponível em: https://irbcontas.org.br/uso-de-robos-pelos-tribunais-de-contas/. Acesso em: 25 maio 2022. Cabe destacar que a ferramenta Alice nasceu no âmbito da Controladoria Geral da União e, atualmente, a sua melhoria e disseminação é feita em parceria com o TCU. Segundo texto de apresentação da ferramenta, todos os dias ela envia dois e-mails com as licitações do dia e alertas da ferramenta. Por meio da ferramenta, entre dez./2018 a nov./2019, foram analisados 38 pregões no valor global equivalente a R$4,1 bilhões de reais, dos quais apenas cinco não foram constatadas irregularidades efetivas. BRASIL. Controladoria Geral da União. *Ferramenta Alice:* Auditoria Preventiva em Licitações. Disponível em: https://repositorio.cgu.gov.br/bitstream/1/43580/11/Apresentacao_Alice_Forum_Combate_a_Corrupcao_V2_2019.pdf. Acesso em: 26 maio 2022. No decorrer da pandemia de Covid-19, a ferramenta possibilitou a autuação de 22 processos com alertas de possíveis indícios de irregularidades, cujos valores superam R$220 milhões. BRASIL. Tribunal de Contas da União. *Inteligência Artificial auxilia fiscalização do TCU sobre compras relacionadas à Covid-19.* 17 ago. 2021. Disponível em: https://portal.tcu.gov.br/imprensa/noticias/inteligencia-artificial-auxilia-fiscalizacao-do-tcu-sobre-compras-relacionadas-a-covid-19.htm. Acesso em: 26 maio 2022.

[252] BRASIL. Tribunal de Contas da União. *TCU lança edital inédito para contratação por Encomenda Tecnológica.* 14 fev. 2022. Disponível em: https://portal.tcu.gov.br/imprensa/

No país inteiro, os tribunais de contas já se utilizam de tecnologias semelhantes àquelas que estão em uso no TCU. Tendo em vista a necessidade de se traçar um recorte metodológico, analisaremos as experiências do Tribunal de Contas do Estado de São Paulo (TCE/SP) no campo da IA.

Em meados de 2016, o TCE/SP lançou o projeto Athena Web, a fim de facilitar aos agentes da fiscalização a análise das informações relacionadas às licitações, contratos e execução contratual encaminhadas por intermédio do Sistema de Auditoria Eletrônica (AUDESP – Fase IV). Por meio do sistema de inteligência, era possível a classificação de ajustes em função da probabilidade de irregularidade, assim como o cruzamento de dados.[253]

Com a finalidade de aproximar o controle social da era digital, o TCE/SP, no mesmo período, lançou o aplicativo "Fiscalize com o TCESP", a fim de permitir que os cidadãos enviassem, por meio do APP, reclamações, fotos, vídeos, que seriam recebidas diretamente pelo sistema de IA do Tribunal.[254]

Considerando a eficiência da solução de AI desenvolvida em parceria pela CGU e TCU, denominada "Alice", em 26.06.2020, por meio do Comunicado da Secretaria-Diretoria Geral nº 29, o TCE divulgou que as ações de controle externo do Estado e das 644 municipalidades jurisdicionadas contaria com o apoio da referida ferramenta, a fim de auxiliar a busca de eventuais irregularidades em editais.

Segundo informações divulgadas pelo TCE/SP, a "Alice" identificará potenciais irregularidades a partir da análise de editais e atas de registro de preços publicados pelos jurisdicionados paulistas, coletados pelo sistema de autoria eletrônica, diário

---

noticias/tcu-lanca-edital-inedito-para-contratacao-por-encomenda-tecnologica.htm. Acesso em: 26 maio 2022.

[253] SÃO PAULO (Estado). Tribunal de Contas do Estado de São Paulo. *TCE capacita servidores para operar sistema de fiscalização inteligente*. Disponível em: https://www.tce.sp.gov.br/6524-tce-capacita-servidores-para-operar-sistema-fiscalizacao-inteligente. Acesso em: 26 maio 2022.

[254] SÃO PAULO (Estado). Tribunal de Contas do Estado de São Paulo. *Aplicativo do Tribunal de Contas de São Paulo transforma cidadão em fiscal*. Disponível em: https://www.tce.sp.gov.br/6524-aplicativo-tribunal-contas-sao-paulo-transforma-cidadao-fiscal#:~:text=20%2F07%2F16%20%E2%80%93%20S%C3%83O,do%20uso%20do%20dinheiro%20p%C3%BAblico. Acesso em: 26 maio 2022. Em 2019, um novo aplicativo, específico para fiscalização de escolas, foi lançado pelo TCE/SP, denominado "Olho na Escola".

oficial do estado ou sistema de compras eletrônicas do Governo do Estado.[255]

Em outubro de 2020, foi iniciado o período piloto do sistema "FARO" (Ferramenta de Análise de Risco de Obras), a fim de monitorar e detectar eventuais sobrepreços em contratos celebrados com jurisdicionados do TCE/SP.

A ferramenta, que, a partir de maio de 2022, concluiu seu período de testes e passou a vigorar plenamente, utiliza-se de base de dados para o cruzamento de informações, extraindo informações dos preços de referências, orçamentos e valores unitários de obras públicas.[256]

O TCE/SP também lançou, em 16.03.2022, um robô de atendimento (*chatbot*), a fim de interagir com os jurisdicionados e a população em geral. Segundo o Tribunal, o robô funcionará como um assistente virtual e o "intuito é que as pessoas possam esclarecer suas dúvidas, como se estivessem perguntando para um atendente humano, tudo de modo interativo e em tempo real".[257]

Infere-se, das diversas iniciativas acima indicadas, dentre tantas outras porventura existentes no âmbito do processo de auditoria das contas públicas, que há um grande avanço no uso da IA pelos órgãos de controle externo da Administração Pública.

Os Tribunais de Contas exercem um papel elementar para incentivar o uso de uma plataforma eletrônica centralizada pelos entes da federação e, com isso, integrar a ela as ferramentas de IA já em uso pelas auditorias, de modo a ser alcançada maior efetividade, controle dos gastos públicos e ampla transparência social.

Não significa, com isso, que o exercício do controle externo, ainda que por meio da integração de IA, não deve ocasionar

---

[255] SÃO PAULO (Estado). Tribunal de Contas do Estado de São Paulo. *Tribunal de Contas usará robô para encontrar irregularidades em editais de licitação*. Disponível em: https://www.tce.sp.gov.br/6524-tribunal-contas-usara-robo-para-encontrar-irregularidades-editais-licitacao. Acesso em: 26 maio 2022.

[256] SÃO PAULO (Estado). Tribunal de Contas do Estado de São Paulo. *Envio de dados de obras por ferramenta que monitora sobrepreço será obrigatório*. Disponível em: https://www.tce.sp.gov.br/6524-envio-dados-obras-por-ferramenta-monitora-sobrepreco-sera-obrigatorio. Acesso em: 26 maio 2022.

[257] SÃO PAULO (Estado). Tribunal de Contas do Estado de São Paulo. *TCESP implanta sistema de inteligência para atendimento na Ouvidoria*. Disponível em: https://www.tce.sp.gov.br/6524-tcesp-implanta-sistema-inteligencia-para-atendimento-ouvidoria. Acesso em: 26 maio 2022.

interferências indevidas nas decisões da Administração Pública, que, sob o pretexto de coibir irregularidades, possam impedir a evolução e operacionalização de novas ferramentas tecnológicas para a prestação dos serviços públicos.

Isso porque as interferências disfuncionais do controle,[258] segundo Rodrigo Valgas dos Santos, podem conduzir:

> (...) a uma Administração Pública pautada pelo medo de decidir, a reagir de modo errático e tíbio nas questões jurídicas e administrativas a ela submetidas, sempre delegando responsabilidades a subordinados ou mesmo incentivando o cidadão a procurar a via jurisdicional para obter o pleito que seria viável em sede administrativa, justamente pelo medo de ordenar despesa pública sem o beneplácito dos órgãos de controle.[259]

Desse modo, a atuação do controle externo, no que concerne ao desenho computacional das ferramentas tecnológicas de IA para auxílio à fiscalização das atividades da Administração Pública, deve se dar de forma imparcial e sem qualquer "premissa ideológica" capaz de produzir disfuncionalidades e medo decisório ao gestor público.[260]

---

[258] O conceito operacional para a disfunção administrativa decorrente do exercício do controle adotado por Rodrigo Valgas dos Santos é o seguinte: "toda atuação insuficiente, ineficiente ou ilegal da Administração decorrente da atuação direta ou indireta dos órgãos de controle externo, que podem produzir condutas ou resultados prejudiciais ao desempenho da função administrativa". VALGAS, Rodrigo dos Santos. *Direito administrativo do medo*: risco de fuga da responsabilização dos agentes públicos. 1. ed. São Paulo: Thomson Reuters Brasil, 2020. p. 126.

[259] VALGAS, Rodrigo dos Santos. *Direito administrativo do medo*: risco de fuga da responsabilização dos agentes públicos. 1. ed. São Paulo: Thomson Reuters Brasil, 2020. p. 126.

[260] VALGAS, Rodrigo dos Santos. *Direito administrativo do medo*: risco de fuga da responsabilização dos agentes públicos. 1. ed. São Paulo: Thomson Reuters Brasil, 2020. p. 128.

CAPÍTULO 4

PERSPECTIVAS DISRUPTIVAS NAS CONTRATAÇÕES PÚBLICAS BRASILEIRAS

A quarta revolução industrial trouxe impactos importantes para a sociedade, gerando reflexos e levantando questões sobre o papel do Estado na atualidade, de modo que este não pode estar aquém das discussões e das inovações dela advindas.

Os impactos dessa nova revolução industrial puderam ser percebidos em diversos ramos de atuação do Estado, notadamente na digitalização de serviços públicos (ou criação dos e-Serviços Públicos) e na utilização de ferramentas tecnológicas disruptivas, a exemplo da IA, no intuito de ampliar a implementação de políticas públicas e buscar a eficiência nas atividades desenvolvidas pela Administração Pública.

Para Klaus Schwab, quando se imagina o impacto da quarta revolução industrial nas atividades do Estado, o primeiro reflexo que se tem é o uso de tecnologias digitais para governar melhor. Segundo revela o autor:

> O uso mais intenso e inovador das tecnologias em rede ajuda as administrações públicas a modernizar suas estruturas e funções para melhorar o seu desempenho global, com o fortalecimento dos processos de governança eletrônica para promover maior transparência, responsabilização e compromissos entre o governo e os seus cidadãos.[261]

---

[261] SCHWAB, Klaus. *A quarta revolução industrial*. Tradução de Daniel Moreira Miranda. São Paulo: Edipro, 2016. p. 72.

Há uma necessária convergência a ser estabelecida entre o Estado, a sociedade e os agentes econômicos, a fim de que sejam criadas as condições necessárias à manutenção da igualdade, competividade, segurança e confiabilidade, além de ampla transparência no uso das novas tecnologias.

Com efeito, todas as tentativas de melhoria da atuação do Estado em prol da sociedade buscam, como um paradigma inarredável, a necessária concretização do primado da eficiência e, como corolário deste, a economicidade.[262] Ou seja, sintetizando de forma simplória a assertiva acima: busca-se fazer muito mais gastando o mínimo possível.

O princípio da eficiência, todavia, não pode ser interpretado apenas com enfoque no resultado almejado pela Administração Pública, já que os meios ou procedimentos podem trazer consigo relevantes garantias aos administrados. Nesse sentido, é oportuno destacar o alerta feito por Irene Patrícia Nohara:

> Assim, o procedimento de licitação pode representar um meio custoso e mais demorado para a Administração, mas ele objetiva garantir que as contratações públicas sejam amparadas na possibilidade de participação de todos que preencham os requisitos dos instrumentos convocatórios; no âmbito privado, é possível demitir um funcionário sem justa causa, enquanto no setor público os servidores efetivos possuem estabilidade e só podem ser demitidos nas situações previstas, garantindo-se, via de regra, a ampla defesa e o contraditório em procedimento administrativo disciplinar; a seleção para cargos e empregos no Estado não é feita por indicação ou por mero processo seletivo de análise de currículo, mas por concurso público aberto a todos os que tenham condições objetivas de participar.[263]

Ao comentar o princípio da eficiência, Maria Sylvia Zanella Di Pietro destaca duas vertentes a ele inerentes, quais sejam: *i)* o modo de atuação do servidor, do qual se espera a forma mais eficiente

---

[262] Para Paulo Modesto, a economicidade é a primeira dimensão do princípio da eficiência, que se traduz na ideia de "qualidade da ação administrativa que maximiza recursos na obtenção de resultados previstos". MODESTO, Paulo. Notas para um debate sobre o princípio da eficiência. *Revista do Serviço Público*, [S. l.], v. 51, n. 2, p. 105-119, 2014. Disponível em: https://revista.enap.gov.br/index.php/RSP/article/view/328. Acesso em: 30 maio 2022.

[263] NOHARA, Irene Patrícia. *Direito Administrativo*. 11. ed. Barueri: Atlas, 2022. p. 73.

de atuação; e *ii)* o modo de organizar, estruturar, disciplinar a Administração Pública, como meio para que se possa alcançar os melhores resultados na prestação dos serviços públicos.[264]

Paulo Modesto, após traçar três dimensões que podem ser extraídas do princípio da eficiência, sintetiza que a atuação eficiente do Estado deve ser idônea (eficaz), econômica (otimizada) e satisfatória (dotada de qualidade).[265]

Destaca-se, ainda, que o princípio da eficiência deve ser interpretado e harmonizado com os demais princípios constitucionais,[266] assim como compatibilizado com as atuais tecnologias disruptivas que influenciam a concretização de políticas públicas pelo Estado.

Sob o argumento de atuação eficiente, não pode o Estado infringir, por exemplo, a legalidade, moralidade ou outros vetores constitucionais. Nesse sentido, Emerson Gabardo destaca que:

> Deve-se considerar, primeiramente, a peculiaridade ontológica do princípio, que tem como ponto nuclear o ideal de que o administrador público esteja obrigado a exercer suas funções conforme parâmetros que o levam ao "ato ótimo". Certamente este ótimo deve ser entendido de forma a representar um ideal de máxima qualificação estrutural e funcional; um ideal que deve contemplar todos os aspectos concernentes à consecução do ato administrativo e, notadamente, do procedimento. Não se poderia sequer imaginar um ato administrativo que receba o rótulo de "ótimo", se for ilegal. Seria um contrassenso do ponto de vista não só jurídico, como, principalmente, lógico. Por este motivo, discorda-se de autores que admitem o "ótimo ilegal" como possibilidade fática/lógica (ainda que juridicamente viciada).[267]

---

[264] PIETRO, Maria Sylvia Zanella Di. *Direito administrativo* [livro eletrônico]. 33. ed. Rio de Janeiro: Forense, 2020. p. 250.

[265] MODESTO, Paulo. Notas para um debate sobre o princípio da eficiência. *Revista do Serviço Público*, [S. l.], v. 51, n. 2, p. 105-119, 2014. Disponível em: https://revista.enap.gov.br/index.php/RSP/article/view/328. Acesso em: 30 maio 2022.

[266] Não há hierarquia principiológica, de forma que o princípio da eficiência se soma e deve ser ponderado com os demais primados que sujeitam as atividades desenvolvidas pela Administração Pública. Portanto, entende-se que a atuação eficiente do Estado somente será considerada lícita se não malferir outros princípios constitucionais a que esteja sujeito.

[267] GABARDO, Emerson. A eficiência no desenvolvimento do Estado brasileiro. *In*: MARRARA, Thiago (Org.). *Princípios de direito administrativo*: legalidade, segurança jurídica, impessoalidade, publicidade, motivação, eficiência, moralidade, razoabilidade, interesse público. São Paulo: Atlas, 2012. p. 341-342.

O contexto da evolução digital, influenciada pela quarta revolução industrial, traz ao gestor público a possibilidade de, por meio das tecnologias, otimizar os resultados para alcançar a boa administração e gestão dos recursos públicos.

Por outro lado, não se pode perder de vista a necessidade de serem observados os meios procedimentais estabelecidos para a atuação do Estado, os quais se revestem de garantias aos direitos fundamentais do cidadão.

Em outras palavras, o inevitável progresso da inovação, que influencia o uso das novas tecnologias nas diversas atividades desempenhadas pelo Estado, inclusive no campo das contratações públicas, não pode acarretar qualquer redução de garantias e direitos dos cidadãos já consolidados no ordenamento vigente.[268]

Já apresentada em capítulo anterior, percebe-se que a Lei nº 14.129/2021 dispôs sobre princípios, regras e instrumentos para o Governo Digital e para o aumento da eficiência pública.

O alcance das perspectivas engendradas na citada lei deverá ser buscado, pelos entes da federação, por meio da desburocratização, inovação, transformação digital e participação do cidadão, conforme previsto no art. 1º.

A digitalização dos serviços públicos, por meio de plataformas de governo digital, aliada à ampliação do acesso à internet, aproximará a Administração Pública das necessidades do cidadão, cada vez mais hiperconectado,[269] e aumentará a transparência pública.[270]

---

[268] José Fernando Ferreira Brega enuncia que, na modernidade, não se releva pertinente se opor a eficiência e legalidade, mas sim em "adaptar à nova realidade as necessárias e irrenunciáveis garantias tradicionalmente consagradas no direito administrativo, de sorte que a utilização das novas tecnologias da informação e comunicação também se torne um importante instrumento de garantia, podendo viabilizar o cumprimento das obrigações e o exercício de direitos por parte dos cidadãos". BREGA, José Fernando Ferreira. *Governo eletrônico e direito administrativo*. 2012. Tese (Doutorado em Direito do Estado) – Faculdade de Direito, Universidade de São Paulo, São Paulo, 2012. Disponível em: https://www.teses.usp.br/teses/disponiveis/2/2134/tde-06062013-154559/publico/TESE_FINAL_Jose_Fernando_Ferreira_Brega.pdf. Acesso em: 30 maio 2022.

[269] O portal "gov.br", que é a plataforma de governo eletrônico federal, ao completar dois anos de funcionamento (em 29.07.2021), fornecia 3 mil serviços digitas aos mais de 110 milhões de cidadãos nela cadastrados, cujos acessos são feitos, em sua maioria, por meio de celular (62,93%), seguido de computador (desktop – 36,48%) e tablet (0,59%). FELCZAK, Claudia. Portal gov.br já reúne mais de 110 milhões de usuários cadastrados. *Agência Brasil*, 29 jul. 2021. Disponível em: https://agenciabrasil.ebc.com.br/geral/noticia/2021-07/portal-govbr-ja-reune-mais-de-110-milhoes-de-usuarios-cadastrados. Acesso em: 30 maio 2022.

[270] Já se comentou anteriormente que a internet das coisas é o que potencializa o uso da IA e vice-versa, de modo que o seu implemento, no campo das atividades estatais, pode ser

A inovação é também um dos objetivos a serem alcançados na aplicação da Lei nº 14.133/2021, de forma que há um relevante papel a ser desempenhado pelo Estado-Comprador, que deverá utilizar o seu relevante poder de compras para induzir o comportamento do mercado e fomentar a inovação.

Nesse sentido, serão analisadas, no presente capítulo, as necessidades de mudanças nas atividades da Administração Pública, a fim de que a contratação pública possa exercer o seu papel de induzir comportamentos mercadológicos em busca da melhor eficiência e qualidade no gasto público, o que pode ser possível por meio da inovação, notadamente tecnológica.

A partir das discussões anteriores, será analisada a viabilidade de se pensar na implementação de um *e-marketplace* público para que o Estado, aproveitando-se de uma ferramenta totalmente eletrônica, com utilização de inteligência artificial, possa satisfazer as suas necessidades com maior rapidez e sem altos custos de transação ao erário.

Diante das tecnologias já em uso, serão analisadas as novas modelagens de contratações, como as dos contratos inteligentes (*Smart Contracts*), cuja celebração é feita por meio de tecnologia *blockchain*, buscando compreender os avanços, os riscos e a possibilidade de serem implementadas no âmbito das contratações públicas brasileiras.

4.1 Necessidade de mudanças de paradigmas para o alcance da eficiência e da qualidade do gasto público

Conforme tratamos anteriormente, os debates legislativos acerca das licitações públicas brasileiras sempre se pautam pela busca de padrões éticos e pelo aumento do controle para evitar os desvios corruptivos no âmbito da execução de contratos públicos.[271]

---

visto como uma realidade inevitável, seja para a universalização dos serviços públicos digitais, seja para o aprimoramento dos processos decisórios baseados em algoritmos e IA.

[271] Naquele momento, a aposta legislativa, muito induzida pela possibilidade de a corrupção ser combatida por meio do processo de contratação pública, foi pela "superlegalização",

Diante do imenso volume que representam no mundo inteiro, as compras governamentais configuram um dos temas mais relevantes, já que o Estado se coloca como um dos principais agentes econômicos em muitos casos. Por outro lado, muitos procedimentos estabelecidos para as contratações feitas pelo Estado "são insuficientes para garantir a escolha mais vantajosa para a administração, considerando os aspectos de eficiência e economicidade".[272]

Alguns atribuem a ineficiência da licitação pública ao excesso de burocracia procedimental e de amarras criadas pelo legislador na edição da Lei nº 8.666/1993, que, de certa forma, gerou aumento de custos de transação para o setor público e não impediu a violação dos deveres éticos nas contratações celebradas com a Administração Pública.[273]

O excesso procedimental que, a princípio, induz a ineficiência do procedimento de contratações estatais, foi criticado, em 1996, por Luiz Carlos Bresser Pereira, que entendia que o principal erro da precitada lei era ter:

> (...) concentrado toda a sua atenção na tarefa de evitar a corrupção, por meio de medidas burocráticas estritas, sem preocupar-se em baratear as compras do Estado, nem permitir que o administrador público tome decisões. Partiu-se do pressuposto de que todo servidor público é corrupto e assim foi-lhe retirada qualquer capacidade de negociação, deixando tudo por conta da lei. Reduziu-se assim o espaço do administrador eventualmente corrupto, mas a um custo altíssimo: tornou quase impossível que administrador honesto - que é a maioria - faça a melhor compra para o Estado.[274]

---

antecipando, para o escopo da norma, grande parte das decisões que poderiam ser adotadas pelo gestor público no caso concreto. Segundo Juliana Palma, "acreditou-se que a diminuição na esfera de discricionariedade da Administração para decidir como melhor contratar – já que teria que seguir a rígida lei à risca – seria boa maneira de impedir a corrupção nas contratações". PALMA, Juliana Bonacorsi. Contratações públicas sustentáveis. In: SUNDFELD, Carlos Ari; JURKSAITIS, Guilherme Jardim. *Contratos públicos e direito administrativo*. São Paulo: Malheiros, 2015. p. 103.

[272] NOBREGA, Marcos. *Direito e economia da infraestrutura*. 1. Reimpressão. Belo Horizonte: Fórum, 2020. p. 21.

[273] *Cf.* FARIAS, Rodrigo. Do paradigma da ineficiência da Lei nº 8.666 de 1993 à contratação baseada na eficiência: o que mudou e para onde vamos? *Revista Eletrônica da PGE-RJ*, [S. l.], v. 4, n. 1, 2021. Disponível em: https://revistaeletronica.pge.rj.gov.br/index.php/pge/article/view/199. Acesso em: 30 maio 2022.

[274] BRESSER-PEREIRA, Luiz Carlos. Uma nova lei de licitações. *In*: BRASIL. Ministério da Administração Federal e Reforma do Estado. *A Reforma administrativa na imprensa*: seleção

Ainda, segundo Bresser Pereira, a lei tornou o processo de contratação lento e caro, impondo custos a todos: à Administração Pública, que deveria minuciosamente descrever, *a priori*, com precisão e perfeição, tudo o que necessita adquirir ou contratar; e aos agentes econômicos, com a criação de regras e documentos "desnecessários", gerando altos custos de participação no procedimento.[275]

Neste ponto, destaca-se que a busca pela eficiência no âmbito das contratações públicas não pode ser compreendida como a necessidade de se aumentar o controle da Administração Pública. É bem por isso que Floriano de Azevedo Marques Neto busca desmistificar o senso comum em torno da relação controle *versus* eficiência:

> A busca de eficiência da Administração Pública, no entanto, e ao contrário do que consta do senso comum, não implica necessariamente aumentar o controle. Ao menos por três motivos nem sempre é verdadeira a correlação de quanto mais controle, mais eficiente será a Administração: (i) a multiplicidade de controles pode levar à ineficiência do próprio controle; (ii) os procedimentos de controle têm custos; e (iii) o controle pelo controle pode levar ao déficit de responsividade acima enunciado.
>
> Quando uma mesma ação administrativa se submete a uma miríade de múltiplas instâncias de controle, para além da inócua multiplicação de procedimentos, corre-se o risco de controlar várias vezes um aspecto e de se deixar de ter em conta outro, criando a falsa impressão de rigor quando na verdade há ociosidade e omissão em controlar o efetivamente relevante.
>
> A atividade de controle é em si uma atividade administrativa. Ela também deve se submeter ao cânone da economicidade e eficiência. Estruturas duplicadas ou superdimensionadas ou o desperdício de recursos com procedimentos de controle inócuos é em si um desvio a ser também ele coibido e controlado.[276]

Em matéria de licitações e contratos, é válido destacar a necessidade de ser feita compatibilização e harmonização de interesses em busca da eficiência e economicidade.

---

de artigos produzidos no MARE/Ministério da Administração Federal e Reforma do Estado. Brasília: MARE, 1997. p. 58.

[275] Esses custos, já referidos neste trabalho como transacionais, aumentaram, na visão de Bresser Pereira, o custo de contratação em torno de 10 a 20%.

[276] MARQUES NETO, Floriano de Azevedo. Os grandes desafios do controle da Administração Pública. In: *Fórum de Contratação e Gestão Pública – FCGP*, Belo Horizonte, ano 9, n. 100, p. 07-30, abr. 2010.

Isso porque de um lado, temos as competências dos entes da federação na tratativa de procedimentos específicos para atender às peculiaridades e, de outro, há a necessidade de se criar um *modus operandi* licitatório único e, desse modo, possibilitar a padronização para a correta atuação do mercado competitivo.

A criação de um ambiente padronizado e com regras competitivas únicas poderia favorecer a diminuição dos custos de transação, criando um modelo de "concorrência perfeita" no setor público, algo similar ao que acontece nas negociações puramente privadas.[277]

Neste contexto, a nova lei de licitações e contratos administrativos (Lei nº 14.133/2021), embora maximalista[278] e igualmente sujeita a críticas da literatura, por repetir excessos procedimentais da Lei nº 8.666/1993 e criar novas amarras, possibilita a criação de um ambiente para que se possa avançar na busca de paradigmas éticos e no aumento da eficiência na alocação dos recursos públicos.

Isso porque inobstante suas regras procedimentais, que se aplicam apenas à Administração Pública federal ou a todos os entes indistintamente, foi estabelecido um verdadeiro sistema de contratação pública nacional, com viés unificante de atos, procedimentos e metodologias apto a diminuir as burocracias e externalidades.

A Lei nº 14.133/2021, além de traçar questões inerentes à governança das contratações públicas, criou o Portal Nacional de Contratações Públicas (PNCP) como proposta de unificação de atos

---

[277] O particular, quando decide adquirir um bem, simplesmente efetiva uma breve pesquisa e, de acordo com seus desejos, paga o preço ofertado pelo mercado – que, em regra, segue um padrão de custo, independente de quem o adquire. Neste caso, não há custos de transação nesta negociação, pois, a princípio, não envolve externalidades, sejam positivas ou negativas.

[278] Cabe anotar que as discussões legislativas em torno da criação de normas brasileiras de licitações e contratações públicas, com recortes a partir da Lei nº 8.666/1993, sempre resultam, com menos ou mais burocracias, leis maximalistas, tendentes a traçarem regulamentação sobre todos os aspectos do ciclo de contratação (desde o planejamento até a criminalização de condutas). Inclusive, é curioso notar que o anteprojeto de lei que visava à substituição da Lei nº 8.666/1993, que foi submetido, pelo Ministério da Administração Federal e Reforma do Estado (MARE), à consulta pública, veiculado no DOU nº 33, de 19 de fevereiro de 1997, apresentou uma proposta também maximalista. A diferença é que a proposta continha 148 artigos, dentre os quais 49 eram de cunho geral, aplicável a todos os entes da federação, e os demais de cunho procedimental e aplicáveis apenas à Administração Pública federal. Porém, as regras burocráticas que permeiam o planejamento, licitação, execução do contrato e criminalização de condutas eram similares às da Lei nº 8.666/1993.

e procedimentos, a fim de ampliar a transparência no contexto das licitações públicas (art. 174).

A centralização da divulgação de atos por meio do PNCP é obrigatória e aplica-se a todos os entes e entidades abrangidas pelo art. 1º da lei geral. O legislador, todavia, possibilitou aos entes e entidades, de forma complementar ao PNCP, instituírem sítios eletrônicos oficiais para divulgação e realização de suas licitações.[279]

O sítio eletrônico oficial dos entes, já em uso ou em desenvolvimento para a finalidade acima, deverá estar adequado ao pleno atendimento das previsões concretizadoras da ampla publicidade e transparência, que foram instituídas notadamente nos seguintes dispositivos: art. 12, §1º; art. 25, §3º; art. 27; art. 31, §§2º e 3º; art. 32, §1º, I; art. 43, §1º; art. 54, §2º; parágrafo único do art. 72; inciso I do art. 79; §2º do art. 91, dentre outros.

De igual modo, na forma prevista no art. 175 da referida lei, é facultativa a utilização do PNCP para o processamento das licitações deflagradas por Estados, Distrito Federal e Municípios, que, desse modo, podem operar por meio de plataformas próprias.[280]

Não obstante, e tendo em vista a realidade da infraestrutura tecnológica dos entes subnacionais, sobretudo dos municípios de médio e de pequeno porte, bem como considerando a necessidade de ser estabelecida uma atuação unificada por meio de plataforma centralizada, recomendável seria que fosse aproveitada, pelos entes, a própria plataforma federal.

Aliás, muitos municípios se viram obrigados a promoverem essa adesão a partir do Decreto federal nº 10.024/2019, que previu a obrigatoriedade de ser realizado pregão eletrônico quando o objeto for licitado com recursos federais relacionados às transferências voluntárias.

Em regra, os entes da federação poderiam se utilizar de plataformas próprias ou de outros sistemas disponíveis no mercado.

---

[279] A definição de "sítio eletrônico oficial" está no inciso LII do art. 6º, qual seja: "sítio da internet, certificado digitalmente por autoridade certificadora, no qual o ente federativo divulga de forma centralizada as informações e os serviços de governo digital dos seus órgãos e entidades".

[280] *Cf.* Art. 175. Sem prejuízo do disposto no art. 174 desta Lei, os entes federativos poderão instituir sítio eletrônico oficial para divulgação complementar e realização das respectivas contratações.

Porém, em ambos os casos, deveria ser possível a integração com a plataforma federal (*vide* art. 5º, §2).

Segundo dados obtidos do Painel de Compras do Governo Federal (PCGF), antes da vigência do decreto (20.09.2019), 1.182 municípios já licitavam por meio da plataforma de compras federal ("compras.gov.br").[281]

Após o início da vigência do decreto, mais 2.072 entes aderiram à plataforma, de modo que, até os dias atuais, ela já é utilizada por 3.254 entes municipais, o que representa pouco mais de 58% do total de municípios brasileiros.[282]

O PCGF releva-se uma promissora ferramenta capaz de atender às disposições da Lei nº 14.133/2021, encontrando-se à total disposição de todos os entes da federação, de forma gratuita.

Por meio do portal, todo o ciclo da compra governamental efetiva-se por meio exclusivamente eletrônico, desde o planejamento (plano anual, ETP digital, TR ou Projeto Básico, edital, minuta de contrato, gestão de riscos etc.), passando pela seleção de fornecedor (sala de disputa, julgamento e habilitação, SICAF etc.) e finalizando com a gestão e fiscalização do contrato.

Percebe-se, desse modo, que há grandes chances de o PCGP se consolidar como uma plataforma central e única para o processamento das compras governamentais brasileiras, gerando benefícios ao Estado e a toda sociedade que, por meio de um meio único, poderá fiscalizar as atividades de todos os entes da federação.

Para tanto, fazem-se relevantes as iniciativas dos órgãos de controle externo no sentido de fomentar, por parte de seus jurisdicionados, providências para a adesão ou, no mínimo, a integração ao PNCP, já que brevemente se findará o período de transição entre as atuais leis que regem as licitações brasileiras e a Lei nº 14.133/2021.

---

[281] BRASIL. Portal de Compras do Governo Federal. *Painel de Municípios*. Disponível em: https://www.gov.br/compras/pt-br/cidadao/painel-municipios. Acesso em: 02 jun. 2022.

[282] Os Estados do Roraima e Acre possuem 100% dos municípios licitando pela PCGF, enquanto os Estados do Piauí e Ceará possuem o menor número (37,5% e 39,67%, respectivamente). Vale esclarecer que, segundo informações do portal, são considerados, nos cálculos, 5.568 municípios, excluindo-se Brasília e Fernando de Noronha que, embora equivalentes, não foram incluídos no cálculo. BRASIL. Portal de Compras do Governo Federal. *Painel de Municípios*. Disponível em: https://www.gov.br/compras/pt-br/cidadao/painel-municipios. Acesso em: 02 jun. 2022.

Nesse contexto, é válida e merece ser destacada a iniciativa do Conselho Nacional de Presidentes dos Tribunais de Contas (CNPTC) em recomendar "aos Tribunais de Contas nacionais que promovam a edição de atos normativos informando sobre a necessária adesão ao Portal Nacional de Compras Públicas".[283]

O debate jurídico atual não deve ser restrito ao enfrentamento da celeuma sobre as normas gerais e, assim sendo, em torno das competências dos entes da federação em matéria de licitações e contratos. A urgência que se impõe ao debate é sobre a necessária evolução tecnológica no campo das compras governamentais, que deverá acompanhar as inovações disruptivas e ter foco na atuação eficiente do Estado, a qual deve ser idônea (eficaz), econômica (otimizada) e satisfatória (dotada de qualidade).

No atual estado da arte, não faz mais sentido que, diante de tantas tecnologias disruptivas, contexto em que se discute paradigmas éticos da IA e de outras inovações, os entes da federação permaneçam realizando suas licitações em formatos presenciais – o que ainda é possível no contexto da Lei nº 14.133/2021, embora excepcional (§2º do art. 17) – ou, ainda, por meio de plataformas desconectadas com o PNCP.

A diminuição das assimetrias informacionais – que geram altos custos de transação ao Poder Público – e a eleição da proposta que seja apta a gerar o resultado "ótimo" somente ocorrerão com a unificação das regras e dos meios de contratar adotados pela Administração Pública.

Nesse sentido, impõe-se, como fator decisivo à boa Administração Pública, que todos os entes da federação e entidades que realizem contratações públicas sejam integrados a uma única plataforma, com dados e informações acessíveis a toda a sociedade e aos órgãos de controle externo.

---

[283] BRASIL. Conselho Nacional de Presidentes dos Tribunais de Contas. *Recomendação nº 01/2022, de 17 de março de 2022*. Disponível em: https://www.cnptcbr.org/?attachment_id=5845. Acesso em: 02 jun. 2022. Destaca-se que, na mesma recomendação, o CNPTC informou aos Tribunais de Contas os resultados da Ação nº 07/2021, da Estratégia Nacional de Combate à Corrupção e à Lavagem de Dinheiro (ENCCLA), que estabelece os tipos de atos e um conjunto de metadados concebidos para inserção e publicação no PNCP, que foi disponibilizado por meio do seguinte link: http://enccla.camara.leg.br/acoes/arquivos/resultados-enccla-2021/tipos-de-atos-e-relacao-de-metadados.

Com base na defesa feita acima, entende-se que as regras estipuladas no art. 176, incisos II e III, da Lei nº 14.133/2021, aplicáveis aos municípios com até 20 mil habitantes, por serem violadoras do princípio da publicidade e gerarem um retrocesso à ampla transparência dos atos da Administração, são inconstitucionais.

Isso porque o *discrímen* instituído pelo legislador vai na contramão dos valores que orientaram a criação do próprio PNCP, além de ignorar os anseios de uma sociedade que busca cada vez mais o acesso à informação pelos meios digitais.

Além disso, a dispensa legal de participação no PNCP ou de realização de licitação em formato eletrônico, ainda que temporária, sob a aparente justificativa de possibilitar um regime de transição, não só frustra a essência do próprio portal, que deixa de contar com informações de significativa parcela dos entes, como também prejudica os entes menores, que dispõem de escassos mecanismos de investigação do histórico de contratação dos agentes econômicos.

A operacionalização dos institutos previstos na Lei nº 14.133/2021, mais precisamente do PNCP e do portal centralizado de compras públicas, deve ultrapassar paradigmas obsoletos e ultrapassados, de modo a possibilitar a melhor eficácia no emprego dos recursos públicos, que são escassos.

4.2 Formatos disruptivos de contratação pública: análise de viabilidade do *marketplace* público

Conforme a perspectiva schumpeteriana estudada anteriormente, a inovação é o fator propulsor de mudanças e do desenvolvimento econômico do país, que, necessariamente, atinge a esfera interna da Administração Pública, assim como deve por ela ser observada em sua atuação na esfera externa (para o fomento do mercado, por exemplo).

O desenvolvimento econômico a partir do uso de tecnologias disruptivas, ou simplesmente "desenvolvimento tecnológico", é o elemento marcante da quarta revolução industrial que a sociedade está atravessando.

Neste contexto de transformações digitais, influenciadas pela Internet das coisas, a automatização de processos é um dos principais focos para que se possa garantir agilidade na entrega de bens ou prestação de serviços, aplicável tanto ao setor público quanto, por necessidade ainda maior, ao setor privado.

Com o avanço da internet, notadamente a partir da década de 1990, o exercício de atividades empresariais convencionais foi sendo ressignificado pelas ferramentas eletrônicas, no âmbito das quais o vendedor se aproxima, sem barreiras físicas e de forma mais ágil, ao comprador de seus produtos (bens ou serviços).[284]

A intensificação no uso da internet pela sociedade, seja para comunicação ou para concretização de negócios, fez com que o mercado focasse na criação de um ambiente eletrônico estruturado para que ocorresse a aproximação entre vendedor e comprador, nascendo, desse modo, o comércio eletrônico (e-commerce).

Salienta-se que, quando do surgimento do comércio eletrônico, havia dúvidas se estar-se-ia diante do surgimento de um novo tipo de estabelecimento comercial, o "virtual", acessível apenas por meio da transmissão de dados.

Fabio Ulhôa Coelho destaca, no entanto, que, com a difusão do comércio eletrônico, esse paralelo, entre estabelecimento físico e virtual, já não faz mais sentido, já que a internet não é vista, hodiernamente, como "estabelecimento", mas como ambiente de negócios específico para compras, vendas e prestação de serviços.[285]

Em outras palavras, a venda física de produtos e serviços passou a ser feita em ambiente totalmente eletrônico, por meio do uso da tecnologia, de modo que a oferta e a celebração do contrato passaram a ser formalizados por meio de transmissão e recepção eletrônica de dados.[286]

---

[284] O mercado nasce de combinações, a fim de criar um "casamento bem-sucedido", que ocorre por meio do "*matching*", jargão usado por economistas que expressa a maneira como são obtidas distintas coisas na vida, coisas que são escolhidas, mas que também precisam nos escolher. Para Alvin E. Roth, é natural que exista um ambiente estruturado para esses "casamentos arranjados", de forma que "Há inúmeros casamentos ocorrendo nos mercados, e os mercados, como as histórias de amor, começam com desejos. Um ambiente de mercado ajuda a dar forma a esses desejos e a satisfazê-los, unindo compradores a vendedores, estudantes a professores, empregadores a candidatos e, por vezes, pessoas em busca de amor". ROTH, Alvin E. *Como funcionam os mercados*: a nova economia das combinações e o desenho de mercado. Tradução de Isa Mara Lando e Mauro Lando. 1. ed. São Paulo: Portfolio-Penguin, 2016. p. 15.

[285] COELHO, Fábio Ulhôa. *Manual de direito comercial* [livro eletrônico]: direito de empresa. 1. ed. em e-book baseada na 28. ed. impressa. São Paulo: Revista dos Tribunais, 2016. p. 47.

[286] COELHO, Fábio Ulhôa. *Manual de direito comercial* [livro eletrônico]: direito de empresa. 1. ed. em e-book baseada na 28. ed. impressa. São Paulo: Revista dos Tribunais, 2016. p. 47.

A atual sociedade da informação (ou digital), hiperconectada por meio da Internet das coisas, segundo Patrícia Peck Pinheiro, já assumiu o comércio eletrônico como um novo formato de negócios.[287] Para a autora:

> A tendência é que esse o comércio digital, que envolve toda uma convergência de mídias e que já está passando por mais um avanço com a "internet das coisas", amplie-se cada vez mais, conforme a tecnologia se torne mais acessível, a rede mais estável e as normas-padrão mais aplicáveis.[288]

O e-commerce pode assumir a forma de *marketplace*, que é definido como uma "plataforma colaborativa, também denominada shopping virtual, onde um conjunto de empresas ofertam produtos e serviços no mesmo endereço, na internet".[289]

Com efeito, as características do *marketplace* são muito próximas às dos shoppings centers físicos, no âmbito do qual se reúnem, em um só ambiente, diversos lojistas (vendedores), que fornecem os mais variados produtos, e múltiplos compradores, com garantia de segurança do administrador (seja no ambiente físico, seja no digital).

Dentre os principais modelos usados de comércio eletrônico encontra-se o B2B (*Business-to-Business*), cujo foco está nas transações com outras empresas (revendas, consumos ou transformações) e que concentra o maior volume de negociações pela internet, e o B2C (*Business-to-Consumers*), em que as negociações são feitas entre empresas e consumidores finais.

---

[287] Patrícia Peck Pinheiro destaca os diversos tipos de comércio eletrônico existentes, cada qual com sua aplicabilidade e abrangência. Segundo a autora, já existem "o e-commerce (via online tradicional), o *m-commerce* (via mobile), *s-commerce* (via mídia social), o *t-commerce* (via tv digital ou interativa) e, mais recentemente, o *thing commerce* (via internet das coisas)". Destaca, ainda, a autora, o surgimento, desde 2009, mas com maior popularidade a partir de 2012, de um comércio eletrônico para "compras coletivas", por meio das quais "a oferta do produto ou serviço é lançada no site e, quando atingir um número mínimo de consumidores, começa a valer. Essas ofertas mudam diariamente, de acordo com a localização do consumidor, buscando fidelizar clientes". PINHEIRO, Patrícia Peck. Direito digital. 7. ed. São Paulo: Saraiva Educação, 2021. E-book. p. 92-93.

[288] PINHEIRO, Patrícia Peck. Direito digital. 7. ed. São Paulo: Saraiva Educação, 2021. E-book. p. 92.

[289] SERVIÇO BRASILEIRO DE APOIO ÀS MICRO E PEQUENAS EMPRESAS. *Canais de comercialização:Marketplace*."s.d.".Disponívelem:https://www.sebrae.com.br/Sebrae/Portal%20Sebrae/UFs/CE/Anexos/Cartilha%20Canais%20de%20Comercializa%C3%A7%C3%A3o%20-%20Marketplace.pdf. Acesso em: 03 jun. 2022.

Destaca-se que o mercado de B2B é também denominado "metamercados", que são considerados "pontos de encontro virtuais entre empresas compradoras e fornecedoras, que acarretam grande redução de custos operacionais para seus participantes". Segundo Patrícia Peck Pinheiro, tais mercados funcionam como "Pregões privados".[290]

O crescimento do comércio eletrônico[291] levou o Estado a regulamentar, ainda que de forma parcial, as negociações feitas neste ambiente, instituindo regras e normas de conformidade, a exemplo das previstas no Decreto federal nº 7.962/2013[292] e a Lei nº 12.965/2014 (Marco Civil da Internet), assim como canal para reunir reclamações de consumidores na própria internet.[293]

Não se adentrará aos mais variados aspectos inerentes ao comércio eletrônico, pois objetiva-se verificar se as boas práticas disruptivas no mercado privado, geradas pela onda da inovação tecnológica, poderiam ser apropriadas pelo Estado para a criação de um ambiente similar às contratações públicas.

Conforme se apresentou neste trabalho, o modelo de compras governamentais adotado pelo Estado é desafiado a cada discussão, legislativa ou não, que se inicia em torno da matéria.

---

[290] PINHEIRO, Patrícia Peck. Direito digital. 7. ed. São Paulo: Saraiva Educação, 2021. E-book. p. 95.

[291] O crescimento do e-commerce é demonstrado nos Dados da 7ª edição dos estudos sobre o perfil do e-commerce brasileiro, feitos pela BigDataCorp. No Brasil, foram mapeados em torno de 1.340.000 sites de e-commerce, dos quais 92% apenas existes no plano virtual. BIGDATA CORP & PAYPAL. *O Perfil do e-commerce brasileiro*. 2020. Disponível em: https://public.flourish.studio/story/947803/. Acesso em: 03 jun. 2022. Conforme aponta a pesquisa E-Shopper Barômetro 2021, 63% da população brasileira conectada à internet realiza compras pela internet, sendo que, cada brasileiro faz, em média, 16 compras por ano. Cf. Brasileiro faz, em média, 16 compras por ano pela internet. Brasileiro faz, em média, 16 compras por ano pela internet. *Convergência Digital*, 13 abr. 2022. Disponível em: https://www.convergenciadigital.com.br/Internet/Brasileiro-faz%2C-em-media%2C-16-compras-por-ano-pela-internet-60014.html?UserActiveTemplate=mobile. Acesso em: 03 jun. 2022.

[292] O decreto visa à regulamentação da Lei nº 8.078/1990 (Código de Defesa do Consumidor – CDC) para dispor sobre o comércio eletrônico, sendo, equivocadamente, denominada de "Lei do E-commerce".

[293] Antiga plataforma "Consumidor.gov.br" que foi, recentemente, integrada à plataforma do governo digital do Governo Federal ("Gov.br"). Trata-se de um serviço público gratuito, cujo intuito é permitir a interlocução entre o consumidor e empresas para solução alternativa do conflito gerado em ambiente eletrônico. Cf. BRASIL. *Plataforma consumidor.gov.br*. Disponível em: https://www.consumidor.gov.br/pages/principal/?1654821068161. Acesso em: 02 jun. 2022.

E, além disso, conforme destaca Guilherme Jardim Jurksaitis, os estudiosos do direito administrativo reservam "parcela preciosa de seu tempo para estudar sobre processo de compras, sobre as etapas necessárias para que o Estado possa comprar".[294]

Neste contexto, a dúvida que se propõe a investigar é sobre se o Estado poderia se valer de uma ferramenta exclusivamente eletrônica para implementar uma espécie de *"marketplace* público", no âmbito do qual as suas necessidades passariam a ser supridas diretamente pelos agentes econômicos credenciados na referida plataforma.

O modelo a ser discutido não se relaciona diretamente às discussões em torno da necessidade de ser instituída uma plataforma centralizada, tanto para divulgação das compras governamentais quanto para o seu processamento, com foco na redução do custo transacional, aumento da eficiência e garantia de publicidade e de ampla transparência.

Isso porque os aspectos acima aventados foram estudados anteriormente, de forma que a sua incorporação, na prática, já permitirá um avanço e uma significativa mudança de paradigmas no cenário das contratações públicas brasileiras, inclusive com o emprego de IA.

Propõe-se, neste capítulo, que os olhos sejam lançados em torno da simplificação do modo com o qual o Estado satisfaz a sua necessidade básica cotidiana, pois, não raras as vezes, o custo da tramitação de um processo licitatório poderá ser maior do que o da necessidade a ser satisfeita.

Estudos feitos pela Controladoria-Geral da União, para induzir a revisão dos valores das modalidades licitatórias previstas na Lei nº 8.666/1993, indicaram substancial discrepância entre o custo para realização de um pregão eletrônico e uma dispensa de licitação por limite de valor, que decorre, notadamente, da mão de obra envolvida em torno do processo de contratação.[295]

---

[294] CULTURAL OAB. Ciclo de Webinars: nova lei de licitações e seus desafios nos Municípios – Fase preparatória: estudo preliminar, termo de referência e minuta de edital. Departamento de Cultura e Eventos. *Youtube*, 23 jun. 2021. 1 vídeo. Disponível em: https://www.youtube.com/watch?v=Ta3Gsv-JC48&list=PLHyv5XO71lsvtPfo4WuafFo58kfQLYMrc. Acesso em: 03 jun. 2022.

[295] BRASIL. Controladoria-Geral da União. *Nota Técnica nº 108/2017/CGPLAG/DG/SFC*. Disponível em: https://www.gov.br/cgu/pt-br/assuntos/noticias/2017/07/cgu-divulga-

Ainda, citando um levantamento feito pela Fundação Instituto de Administração da USP, os estudos demonstram que o custo total para a tramitação de uma contratação direta é de R$2.025,00, enquanto de um pregão eletrônico é de R$20.698,00.

Revela-se, também, que, no ano de 2016, 47,67% dos pregões deflagrados pela Administração Pública federal direta, autárquica e fundacional, possuíam valores abaixo de R$50.000,00, de forma que, em tal cenário, 85% dos pregões eletrônicos realizados poderiam ser enquadrados como "deficitários", ou seja, o custo do procedimento seria superior ao da economia gerada pela instauração da competição em torno do objeto licitado.

Os estudos apresentados pela CGU corroboram a necessidade de o modelo tradicional de compras governamentais ser substituído, no caso de contratações mais rotineiras e comezinhas da Administração Pública, por plataforma de *marketplace*, usada em grande escala pelo setor privado e que pode representar ganhos para além de economicidade, celeridade, simplicidade e eliminação de burocracias que só tornam custoso o processo de licitação.[296]

É válido registrar que a ideia de uso do *marketplace* pelo setor público não é uma realidade distante, já que alguns países, a exemplo dos Estados Unidos e Espanha, fazem uso desse meio de contratação.

Conforme Bradson Camelo *et al*, o *marketplace* voltado para a seara da licitação pode ser assim definido:

> (...) sistema que permite que organizações de compras e seus fornecedores mantenham, de modo eficiente, um resumo das mercadorias e empresas contratadas e facilita os entes públicos a organizar rapidamente as mercadorias e empreendimentos de que necessitam. É um portal

---

estudo-sobre-eficiencia-dos-pregoes-realizados-pelo-governo-federal/nota-tecnica-no-1-081-2017-cgplag-dg-sfc-1.pdf. Acesso em: 03 jun. 2022.

[296] Conforme asseveram Marcos Nobrega e Ronny Charles Lopes de Torres, "Enquanto na vida real as pessoas e as empresas realizam suas contratações em poucos cliques, por meio do computador ou mesmo smartphone, com pesquisa imediata de preços e 'ranking' de fornecedores, de acordo com seu histórico positivo e negativo (*signaling*), nas licitações a escolha do fornecedor, mesmo para a aquisição de bens simples, exige um claudicante e custoso processo de planejamento e definição de pretensão contratual, publicação de edital e a realização de sessão para apresentação de propostas". NOBREGA, Marcos; TORRES, Rony Charles Lopes de. Lei nº 14.133/2021, credenciamento e e-*marketplace*: o *turning point* da inovação nas compras públicas. *In*: CARVALHO, Matheus *et al* (Coord.). *Temas controversos da Nova Lei de Licitações e Contratos*. São Paulo: Editora JusPodivm, 2021. p.101.

que, mesmo sem procedimento específico aberto, os ofertantes podem apresentar produtos.[297]

O uso de uma ferramenta centralizada pública, por meio da qual, a partir de regras previamente estabelecidas, os agentes econômicos do mercado pudessem realizar suas ofertas para o fornecimento de bens e serviços à Administração Pública, de acordo com preços de mercado, poderia trazer ganhos a todos os envolvidos no processo de compras governamentais.[298]

Por um lado, a Administração Pública alcançaria eficiência e celeridade no atendimento de suas demandas, além de ampliar a disputa e eliminar custos com a tramitação do custoso processo de contratação. De outro lado, o mercado teria um ambiente transparente e simplificado para disputa, com menor burocracia e redução dos custos de transação com o poder público.

O modelo de *marketplace* também poderia possibilitar a ampliação do controle social sobre as compras governamentais, assim como facilitaria o controle externo, exercido pelos tribunais de contas, que poderiam instituir mecanismos de acompanhamento dentro da própria plataforma eletrônica.

A adoção do modelo que se discute implica investimentos em tecnologia – o que, aliás, já é exigido no escopo da Lei nº 14.133/2021 – para o desenvolvimento de uma ferramenta segura e confiável, assim como em segurança da informação, proteção de dados pessoais, acessibilidade, dentre outras soluções que devem existir dentro de uma plataforma de *marketplace* público.

---

[297] CAMELO, Bradson *et al*. *Análise econômica das licitações e contratos*: de acordo com a Lei nº 14.133/2021 (nova lei de licitações). 1. Reimpressão. Belo Horizonte: Fórum, 2022. p. 172.

[298] Marcos Nobrega e Ronny Charles Lopes de Torres demostram pontos divergentes à ideia de centralização e poder de monopólio do Governo Federal para criação e gestão de uma plataforma de marketplace para a concentração das compras governamentais, notadamente considerando o volume que elas representam no PIB nacional. Destacam, ainda, os autores, indagações em torno da programação do algoritmo de busca, assim como o fato de, diante da base de dados potencialmente geradas pela plataforma, o Governo colher informações detalhadas sobre o mercado e, com base nelas, tentar manipulá-lo. NOBREGA, Marcos; TORRES, Rony Charles Lopes de. Lei nº 14.133/2021, credenciamento e e-*marketplace*: o *turning point* da inovação nas compras públicas. *In*: CARVALHO, Matheus *et al* (Coord.). *Temas controversos da Nova Lei de Licitações e Contratos*. São Paulo: Editora JusPodivm, 2021. p.101.

No cenário brasileiro, já há discussões para o desenvolvimento de uma ferramenta de *marketplace* público. Em julho de 2021, o Governo federal realizou audiência pública para discutir, com empresários e a sociedade em geral, a implantação de nova plataforma de comércio eletrônico para compras públicas.[299]

Segundo a proposta discutida, o novo modelo se basearia no credenciamento prévio e amplo de empresas interessadas em ofertar produtos por meio da plataforma de *marketplace* e, por outro lado, o gestor público teria a possibilidade de, a partir de um simples procedimento, escolher o produto adequado à sua efetiva necessidade.

A partir de um procedimento prévio de credenciamento de prestadores e/ou fornecedores, com as necessárias garantias de isonomia, critérios prévios e objetivos de escolha e regras transparentes, a plataforma de *marketplace* pública poderá garantir a efetiva seleção da contratação apta a gerar os resultados almejados pela Administração Pública.

Ao discutir a implementação desta realidade disruptiva no cenário das contratações públicas, Bradson Camelo *et al* destacam que:

> A implementação de plataformas eletrônicas para as relações estabelecidas entre a Administração Pública e os administrados (*e-government*) pode trazer vantagens para o processo de contratação pública, entre elas: maior eficiência, redução de custos e economia; economia de tempo; melhor comunicação entre governos com empresas e cidadãos; acesso *on-line* de serviços; transparência e menos burocracia.[300]

Assim como se apresenta para o setor privado, o uso do *marketplace* no setor público pode conduzir à racionalização do processo de compras governamentais, a fim de que a busca pela eficiência não seja apenas uma retórica, mas passe a ser efetiva e concreta, de modo a gerar benefícios a todos os atores do mercado público.

Não há como se imaginar que o processo licitatório tenha, necessariamente, que se desenvolver por meio de um *iter* procedimental

---

[299] BRASIL. Ministério da Economia. *Governo debate com sociedade implantação de marketplace para compras públicas*. 2020. Disponível em: https://www.gov.br/economia/pt-br/assuntos/noticias/2020/julho/governo-debate-com-sociedade-implantacao-de-*marketplace*-para-compras-publicas. Acesso em: 03 jun.2022.

[300] CAMELO, Bradson *et al*. *Análise econômica das licitações e contratos*: de acordo com a Lei nº 14.133/2021 (nova lei de licitações). 1. Reimpressão. Belo Horizonte: Fórum, 2022. p. 181.

extremamente burocrático e rigidamente formal e, além disso, altamente custoso para que se permita eleger a proposta que seja apta a representar a melhor vantagem à Administração Pública.

O prazo de tramitação e os custos inerentes às etapas internas do processo licitatório podem, por si só, ser maiores do que a vantagem por ele ao final produzida, causando prejuízos à implementação de importantes políticas públicas e, como consequência, aos anseios da própria sociedade.

A depender das circunstâncias, o processo de licitação poderá ser uma barreira à própria competição ampla, já que empresas decidem dele não participar em virtude dos custos de transação e das burocracias inerentes à celebração de contrato com o Poder Público.

Portanto, a licitação não é único meio capaz de possibilitar à Administração Pública que, atenta aos princípios e observando a necessária transparência e publicidade, busque a satisfação de sua necessidade junto ao mercado. Nesse sentido, destaca-se a compreensão de Carlos Ari Sundfeld e André Rosilho:

> Será, mesmo, que a *única* maneira de promover os princípios da Administração Pública – legalidade, impessoalidade, moralidade, publicidade e eficiência – seja por meio da licitação, isto é, de um processo formal de disputa, aberto a todos? Não seria esta apenas uma das maneiras de promovê-los – mandatória apenas em certos casos, por previsão expressa do texto constitucional e, noutros casos, por previsão expressa da legislação infraconstitucional?
>
> A verdade é que não há um único modelo ou forma juridicamente adequados. Não só por meio da licitação são cumpridos os mandamentos constitucionais e realizados valores públicos. Há outros mecanismos, procedimentos e soluções, para além dos licitatórios, que se ajustam ao texto constitucional.[301]

Destaca-se que os objetivos do processo licitatório estão bem delineados no art. 11 da Lei nº 14.133/2021 e podem ser sintetizados na necessidade de ser buscada, por meio de processo isonômico e

---

[301] SUNDFELD, Carlos Ari; ROSILHO, André. Onde está o princípio universal da licitação? *In*: SUNDFELD, Carlos Ari; JURKSAITIS, Guilherme Jardim. *Contratos públicos e direito administrativo*. São Paulo: Malheiros, 2015.

competitivo, a proposta apta a gerar o equilíbrio entre justo preço[302] e resultado "ótimo" da contratação.

A partir dos objetivos acima, é possível concluir que o processo licitatório não deve ser um fim em si mesmo, mas o meio pelo qual as necessidades da Administração Pública devem ser satisfeitas. Ou seja, não se busca a proposta apta a gerar o resultado de contratação mais vantajoso dentro do processo de licitação, mas sim junto ao mercado, que deve ser estimulado pelo Estado a ser competitivo, por meio de incentivos.

Neste contexto, a adoção da ferramenta de *marketplace* no setor público não causa qualquer violação aos objetivos ou princípios da licitação pública, mas os maximizam e, além disso, traz um incentivo ao mercado competidor, que participará de um processo com menos burocracia e riscos informacionais.

4.2.1 Instrumentos para implementação do *marketplace* público

A Lei nº 14.133/2021, embora seja maximalista, traz possibilidades para que o gestor público se utilize do poder de compras para induzir comportamentos e gerar incentivos ao mercado, com foco na inovação e no desenvolvimento nacional sustentável.

Neste contexto, a instituição de um *marketplace* público é plenamente possível e tecnologicamente viável e, na visão de Bradson Camelo *et al*, poderia ser compreendido como um "procedimento auxiliar" moderno, capaz de atender, com celeridade e menor burocracia, as necessidades da Administração Pública.[303]

Dentre as possibilidades discutidas para o avanço na construção de um *marketplace* público, apresentam-se a dispensa de licitação eletrônica e o credenciamento,[304] ambos previstos na comentada lei nacional.

---

[302] Assim entendido como aquele em que não se verifique sobrepreço ou preços inexequíveis para a execução do encargo definido pela Administração Pública.

[303] CAMELO, Bradson *et al*. *Análise econômica das licitações e contratos*: de acordo com a Lei nº 14.133/2021 (nova lei de licitações). 1. Reimpressão. Belo Horizonte: Fórum, 2022. p. 204.

[304] Segundo Irene Patrícia Nohara, o tratamento legal conferido pela nova lei de licitações e contratos ao instituto do credenciamento pode ser entendido como um dos aspectos

A dispensa de licitação por valor ou, simplesmente, "dispensa eletrônica" se traduz nas hipóteses de contratações diretas previstas nos incisos I e II do art. 75 da Lei nº 14.133/2021, referentes: *i)* às obras e serviços de engenharia e aos serviços de manutenção de veículos automotores, cujo limite é de R$108.040,82; e *ii)* a outros serviços e compras, até o limite de R$54.020,41.[305]

A exemplo do que já era estabelecido na Lei nº 8.666/1993, o legislador, no §1º do art. 75, previu que, para aferição dos valores limites estabelecidos nos incisos I e II, devem ser observados os somatórios do que for despendido no exercício pela mesma unidade gestora, assim como da despesa realizada com objetos da mesma natureza/mesmo ramo de atividade (vedação ao fracionamento irregular de despesas).

As dispensas de licitação eletrônicas, conquanto fomentadas pela nova lei (art. §3º do art. 75), já eram uma realidade, por exemplo, no âmbito do Estado de São Paulo, que se utilizava do modelo, pelo menos, desde o ano de 2001.[306]

No âmbito do Governo Federal, o Decreto federal nº 10.024, de 20 de setembro de 2019, ao passo em que trouxe um novo regulamento ao pregão eletrônico, instituiu o sistema de dispensa eletrônica, que foi definido, pelo art. 3º, como "ferramenta informatizada (...) para a realização dos processos de contratação direta de bens e serviços comuns, incluídos os serviços comuns de engenharia".[307]

---

mais inovadores dentro das hipóteses de contratação direta, podendo, a partir dele, a Administração Pública instituir o marketplace e "substituir procedimentos disfuncionais e com muitos custos de transação realizadas em poucos cliques, por computador ou *smartphone*". NOHARA, Irene Patrícia. Inexigibilidade na nova lei de licitações e contratos. *Revista do Advogado*, São Paulo, n. 153, p. 64-70, mar. 2022.

[305] Conforme atualização de valores feita pelo Decreto federal nº 10.922, de 30 de dezembro de 2021. Observa-se que os valores poderão ser duplicados para compras, obras e serviços contratados por consórcio público ou por autarquia ou fundação qualificada como agencias executivas, na forma do §2º do art. 75 da Lei nº 14.133/2021.

[306] A negociação eletrônica nas dispensas de valores foi instituída pelo Decreto Estadual nº 45.695, de 05 de março de 2021, que aprovou o regulamento desse método de contratação no âmbito da Administração Estadual.

[307] Bradson CAMELO *et al.* relembram que o sistema de dispensa eletrônica é a repaginada conferida à antiga "cotação eletrônica", que era prevista no Decreto federal nº 5.450/2015 e regulamentada por regras existentes na Portaria nº 306/2001. CAMELO, Bradson *et al. Análise econômica das licitações e contratos*: de acordo com a Lei nº 14.133/2021 (nova lei de licitações). 1. Reimpressão. Belo Horizonte: Fórum, 2022. p. 204.

No mesmo regulamento federal, o uso do sistema de dispensa eletrônica foi tornado obrigatório (§2º do art. 51), inclusive aos entes da federação que contratarem com o uso de recurso federal proveniente de transferência voluntária, conforme já exposto anteriormente neste trabalho.

Com a vigência na Lei nº 14.133/2021, a dispensa de licitação eletrônica passou a ser regulamentada pela Instrução Normativa SEGES/ME nº 67, de 08 de julho de 2021, não se restringindo as hipóteses dos incisos I e II do art. 75, mas sendo ampliada, quando couber, para todas as demais situações de dispensa de licitação, bem como para o registro de preços para a contratação de bens e serviços por mais de um órgão ou entidade (§6º do art. 82).

Embora restrita às hipóteses estipuladas no art. 4º da precitada portaria (contratações diretas, por dispensa de licitação), o sistema de dispensa de licitação eletrônica pode ser a porta de entrada para abertura de um *marketplace* público, de modo a gerar melhores possibilidades de escolha do contratado e compatibilidade dos preços pagos neste tipo de negócio direto.

O outro instituto possível na construção do *marketplace* público é o credenciamento, definido na própria lei (art. 6º, XLII) como processo de chamamento público em que são convocados interessados em prestar serviços ou fornecer bens para que, preenchidos os requisitos necessários, se credenciem no órgão ou na entidade para executar o objeto quando convocados.

Incorporando os debates da literatura e da jurisprudência dos Tribunais de Contas, o legislador previu que o credenciamento é uma hipótese de inexigibilidade de licitação, uma vez que, em tal cenário, a competição seria inviável, seja diante da pluralidade de prestadores/fornecedores ou das peculiaridades de mercado específico (*cf.* art. 74, IV).

Além disso, registra-se que o credenciamento não é um processo licitatório, mas um procedimento auxiliar disponível à Administração nas hipóteses estabelecidas pelo legislador.

As disposições gerais do credenciamento se encontram detalhadas no art. 79 da Lei nº 14.133/2021, cujo uso poderá ocorrer nas seguintes hipóteses (incisos I a III): *i)* viabilidade e vantajosidade de, a partir de condições padronizadas, serem feitas contratações simultâneas (ex.: seleção de leiloeiros oficiais para realizarem licitações na modalidade leilão); *ii)* quando a seleção do prestador depender da escolha de terceiros, beneficiários diretos da prestação do serviço (ex.: credenciamento de laboratórios para exames; de médicos para consultas de renovação de CNH etc.); e *iii)* nas hipóteses em que a flutuação constante do valor e as condições de contratação inviabilizem a seleção via licitação (ex.: aquisição de moeda estrangeira, passagens aéreas etc.).

As duas primeiras hipóteses de utilização do credenciamento já eram conhecidas e praticadas pelos entes da federação. A novidade fica por conta da previsão contida no inciso III do art. 79, que estabelece a possibilidade de seu uso "em mercados fluídos".[308]

Considerando que o legislador delegou ao regulamento a disciplina do credenciamento, observadas as regras previstas no parágrafo único do art. 79, quais sejam: de publicidade e transparência (inciso I); de critérios de distribuição de demandas (inciso II); e de padronização, no edital de chamamento, das condições de contratação e de preço, quando aplicáveis.

Desse modo, com foco na simplificação do processo seletivo no seio da plataforma de *marketplace* e na ampliação da competição, o regulamento a ser editado poderia trazer apenas as exigências mínimas necessárias à garantia do cumprimento das obrigações contratuais (art. 37, XXI, CF), de modo a diminuir as burocracias inerentes ao processo convencional de contratação.

Na fase interna do procedimento, seja do credenciamento ou da dispensa eletrônica, e considerando todos os incentivos de padronização criados pela Lei nº 14.133/2021, poder-se-ia eliminar etapas burocráticas para as quais o controle interno da legalidade seja totalmente dispensável, por não existirem riscos ou, caso tenham, estes estejam em patamares diminutos.

---

[308] Em tais mercados, os preços são dinâmicos, geralmente determinados por algoritmos baseados em regras de Inteligência Artificial, a exemplo do que ocorre quando se realiza pesquisas na internet para aquisição de passagens aéreas, em que os preços da primeira pesquisa invariavelmente não o serão na segunda ou terceira. Segundo identificam Bradson Camelo *et al*, um dos desafios na formatação de um sistema de compras públicas é formatar o algoritmo para captação da dinamicidade dos preços e identificação de um padrão aceito pela Administração Pública. CAMELO, Bradson *et al*. *Análise econômica das licitações e contratos*: de acordo com a Lei nº 14.133/2021 (nova lei de licitações). 1. Reimpressão. Belo Horizonte: Fórum, 2022. p. 181.

Realça-se que, dentro de uma ferramenta de *marketplace* público, segura e eficiente, a contratação direta e o credenciamento e, após a sua efetivação, o contrato subsequente, terão ampla publicidade, permitindo-se maior transparência e controle das contratações públicas pela sociedade e pelos órgãos de controle externo.

Na onda das inovações disruptivas e diante da sociedade da informação, a instituição de uma ferramenta de *marketplace* público revela-se necessária, pertinente e importante para a mudança de paradigmas no campo das contratações públicas, com o foco na racionalização do processo e na economicidade que pode ser gerada ao erário, cujos benefícios poderão ser revertidos à sociedade com a ampliação da prestação de serviços públicos pelo Estado.

4.3 Tecnologia *blockchain* e *Smart contracts*

Ao longo desta dissertação, foram analisados os métodos de contratação adotados pelo Estado e as reflexões em torno de sua melhoria, com o incremento da inovação tecnológica, notadamente a partir do uso ético da IA, no caso das licitações eletrônicas (e-procurement), assim como com o uso do *marketplace*, visando à simplificação do *modus operandi* para as contratações públicas comuns.

Em outras palavras, analisou-se as necessidades de incorporação da inovação nos métodos utilizados pela Administração Pública para a seleção daquele que, futuramente, executará o encargo ou entregará o objeto à satisfação de sua necessidade.[309]

Não obstante, a inovação tecnológica influencia, também, no suporte físico conferido à relação jurídico-contratual, ou seja, no modo em que o acordo de vontades estabelecido entre a Administração Pública e o particular será formalizado, a fim de que nasça o contrato administrativo.

---

[309] Os métodos de contratação adotados pelo Estado, na visão de Fernando Dias Menezes de Almeida, referem-se à ação de contratar, enquanto o contrato é, por excelência, o objeto dessa ação. Nesse sentido, segundo o autor, "Os aspectos estruturais do contrato administrativos (ex.: tipos contratuais, cláusulas necessárias, regime jurídico próprio) dizem respeito à notação de *contrato*. Já a *contratação* envolve normas de regência do ato de contratar (ex.: necessidade de previsão de recursos orçamentários, respeito ao resultado do procedimento licitatório, controles externos e internos pertinentes)". MENEZES DE ALMEIDA, Fernando Dias. *Contrato administrativo*. São Paulo: Quartier Latin, 2012. p. 201.

Para Celso Antônio Bandeira de Mello, contrato administrativo é:

> (...) tipo de avença travada entre a Administração e terceiros na qual, por força de lei, de cláusulas pactuadas ou do tipo de objeto, a permanência do vínculo e as condições preestabelecidas assujeitam-se a cambiáveis imposições de interesse público, ressalvados os interesses patrimoniais do contratante privado.[310]

Entendendo que o contrato administrativo não é um gênero autônomo, mas está posicionado como espécie dentro da categoria de contrato, cujo conceito é tratado pela teoria geral, Maria Sylvia Zanella Di Pietro afirma que:

> (...) a expressão contrato administrativo é reservada para designar tão somente *os ajustes que a Administração, nessa qualidade, celebra com pessoas físicas ou jurídicas, públicas ou privadas, para a consecução de fins públicos, segundo regime jurídico de direito público*.[311]

A Lei nº 8.666/1993, ainda vigente no ordenamento jurídico,[312] em seu art. 2º, parágrafo único, trouxe a definição legal de contrato, segundo a qual é "todo e qualquer ajuste entre órgãos ou entidades da Administração Pública e particulares, em que haja um acordo de vontades para a formação de vínculo e a estipulação de obrigações recíprocas, seja qual for a denominação utilizada".

Diferentemente, a Lei nº 14.133/2021, conforme pontua Irene Patrícia Nohara, não elencou, no extenso rol do art. 6º, a definição de contrato, o que não impede que seja utilizado o significado construído sob a égide da Lei nº 8.666/1993, cuja compreensão se releva importante.[313]

O legislador continuou a prever, dentro do regime contratual, as ditas cláusulas exorbitantes e a preponderância de um regime

---

[310] BANDEIRA DE MELLO, Celso Antônio. *Curso de direito administrativo*. 26. ed., rev. e atual até a Emenda Constitucional 57, de 18.12.2008. São Paulo: Malheiros Editores, 2009. p. 614-615.
[311] PIETRO, Maria Sylvia Zanella Di. *Direito administrativo* [livro eletrônico]. 33. ed. Rio de Janeiro: Forense, 2020. p. 562 (destaques no original).
[312] A sua efetiva revogação apenas ocorrerá quando completados dois anos da vigência da Lei nº 14.133, que foi sancionada em 1º de abril de 2021, conforme previu o seu art. 193, inciso II. Assim, a partir de 2º de abril de 2023, apenas a Lei nº 14.133/2021 regerá as Licitações e Contratações Administrativas no cenário brasileiro.
[313] NOHARA, Irene Patrícia. *Direito Administrativo*. 11. ed. Barueri: Atlas, 2022. p. 370.

de prerrogativas à Administração Pública, determinando, ainda, no art. 92, as cláusulas essenciais a serem estipuladas em contrato.

O regime dos contratos administrativos, com cláusulas e prerrogativas rigorosamente estabelecidas pela própria lei, sem margens de liberdade técnica ao gestor, faz com que haja um elevado custo transacional nas contratações públicas e, além disso, pode gerar prejuízos para que se alcance a contratação apta a gerar o resultado mais vantajoso à Administração Pública.[314]

Nesse sentido, embora concebida no seio da quarta revolução industrial e influenciada pela tecnologia e inovação, marcos importantes da nova era digital, a Lei nº 14.133/2021 não fixou modificações relevantes ao regime ou procedimento para a celebração do contrato administrativo, que restou disciplinado no Capítulo I do Título III (art. 89 e seguintes).

Se a função do contrato, dentro de uma transação de mercado entre duas ou mais pessoas, é, em síntese, gerar segurança jurídica para que as trocas sejam feitas de maneira facilitada, assim como de, regulando interesses divergentes, estabelecer meios para que o inadimplemento seja desestimulado, entende-se que o legislador poderia trazer uma simplificação para a formalização da avença pública.

Todavia, uma das poucas novidades legislativas neste campo foi a possibilidade de ser admitida a forma eletrônica à celebração de contratos e termos aditivos, desde que atendidas as exigências dispostas em regulamento, conforme §3º do art. 90.

A possibilidade de adoção da forma eletrônica somada à delegação de seu formato para ser tratado via regulamento poderá ser compreendida como a autorização do legislador ao uso de ferramentas eletrônicas para a formalização, celebração, acompanhamento e fiscalização do contrato administrativo, abrindo caminho para a tecnologia *blockchain*, amplamente adotada em negócios privados.

Conquanto haja diversas definições para a tecnologia *blockchain*, sob o aspecto técnico, ela pode ser conceituada como:

> (...) uma estrutura de dados que armazena transações organizadas em blocos, os quais são encadeados sequencialmente, servindo como

---

[314] TORRES, Ronny Charles Lopes de. *Leis de Licitações Públicas Comentadas*. 12. ed. rev., ampl. e atual. São Paulo: Ed. Juspodvim, 2021. p. 532-533.

um sistema de registros distribuído pelos "nós" da rede. Cada bloco é dividido em duas partes: cabeçalho e dados. O cabeçalho consiste em um número único que referencia um bloco, seu horário de criação e possui uma indicação para o hash (algo similar a uma "impressão digital", legível por uma sequência única de letras e números) do bloco anterior, além do hash próprio do bloco. Os dados geralmente incluem uma lista de transações válidas e os endereços das partes, de modo que é possível associar uma transação às partes envolvidas (origem e destino).[315]

Analisando a tecnologia *blockchain* e as suas implicações ao setor público, o Tribunal de Contas da União traçou o seguinte conceito:

> (...) Sob um aspecto mais técnico, uma blockchain é uma estrutura de dados que armazena transações organizadas em blocos, os quais são encadeados sequencialmente, servindo como um sistema de registros distribuído. Cada bloco é dividido em duas partes: cabeçalho e dados. O cabeçalho inclui metadados como um número único que referência o bloco, o horário de criação do bloco e um apontador para o hash4 do bloco anterior, além do hash próprio do bloco. Os dados geralmente incluem uma lista de transações válidas e os endereços das partes, de modo que é possível associar uma transação às partes envolvidas (origem e destino).[316]

Assim, a *blockchain* pode ser entendida como uma tecnologia de registro descentralizado, que permite armazenar e compartilhar dados por uma rede ponto a ponto, tudo de forma transparente e segura, e com a garantia de integridade do conteúdo e a imutabilidade das transações.[317]

---

[315] ESTRATÉGIA NACIONAL DE COMBATE À CORRUPÇÃO E À LAVAGEM DE DINHEIRO. Blockchain no setor público. *Guia de conceitos e usos potenciais*. 1. ed. 2020. Disponível em: http://enccla.camara.leg.br/acoes/arquivos/resultados-enccla-2020/blockchain-no-setor-publico-guia-de-conceitos-e-usos-potenciais. Acesso em: 03 jun. 2022.

[316] BRASIL. Tribunal de Contas da União. *Sumário Executivo*: Levantamento da tecnologia blockchain. Brasília, 2020. Disponível em: https://portal.tcu.gov.br/data/files/59/02/40/6E/C4854710A7AE4547E18818A8/Blockchain_su mario_executivo.pdf. Acesso em: 03 jun. 2022.

[317] Na tentativa de simplificação do conceito da tecnologia, João Felipe Chagas Tavares e Luiz Felipe Drummond Teixeira explicitam que a *blockchain* seria como um "caderno, cujo conteúdo é público e de livre acesso e no qual todas as transações que ocorrem no mundo são registradas. O mais interessante é que tal caderno é escrito em conjunto, por meio do consenso, de forma que todos os usuários financeiros podem constantemente checar as informações anotadas". Segundo os autores, a tecnologia de *blockchain* é o que sustenta as operações feitas com Bitcoin, uma moeda eletrônica que permite pagamentos em transações online, sem a intermediação de instituição financeira. TAVARES, João Felipe

Por meio da tecnologia *blockchain*, a máquina é dotada de credibilidade e, atuando sem intermediários, garante que as transações serão efetivamente realizadas, reduzindo, desse modo, a necessidade de confiança entre os agentes que dela se utilizam para suas transações.[318]

A tecnologia foi construída dentro de uma arquitetura que possui quatro características elementares: segurança das operações, a descentralização de armazenamento e computação, integridade de dados e imutabilidade de transações. Esta tecnologia pode ser utilizada tanto para coisas puramente digitais, a exemplo do armazenamento de arquivos em nuvem, ou aquelas que possam ser representadas digitalmente, como é o caso, por exemplo, das moedas virtuais (Bitcoins).[319]

Como visto anteriormente, a nova lei de licitações não enfrentou, de forma expressa, a possibilidade de implementação e uso da *blockchain* no campo dos contratos públicos, o que vem sendo discutido apenas no âmbito da literatura especializada.

Destaca-se, no entanto, que a Lei nº 12.682/2012, que foi alterada pela Lei nº 13.874/2019, já abarcava a possibilidade, no art. 2º-A, de ser feito o armazenamento de documentos públicos ou privados em meio eletrônico, além de reconhecer que o documento digital, para todos os fins de direito, tem o mesmo valor probatório que o documento original (§2º), o que possibilita as discussões acerca do uso da comentada tecnologia.

---

das Chagas; TEIXEIRA, Luiz Felipe Drummond. Blockchain: dos conceitos às possíveis aplicações. *In*: POLIDO, Fabrício Bertini Pasquot *et al.* (Org.). *Tecnologias e conectividade* [recurso eletrônico]: direito e políticas na governança das redes. Belo Horizonte: Instituto de Referência em Internet e Sociedade, 2018. p. 119-132.

[318] Conforme destacam Mariana Oliveira de Melo Cavalcanti e Marcos Nobrega, trata-se de tecnologia segura e confiável, no âmbito da qual os dados são "(...) insuscetíveis de alteração até pelo próprio governo, garantindo autenticidade e não-corrupção pela própria natureza da tecnologia". CAVALCANTI, Mariana Oliveira de Melo; NOBREGA, Marcos. Smart contracts ou "contratos inteligentes": o direito na era da blockchain. *Revista Científica Disruptiva*. v. II, n. 1, p. 91-118, jan/jun. 2020.

[319] Após a crise de confiança no sistema bancário, que foi ocasionada pelo colapso de 2008, com a bolha imobiliária e sua repercussão mundial, surgiu a tecnologia *blockchain*, que é atribuída ao pseudônimo Satoshi Nakamoto, cuja identidade não foi revelada, não se conhecendo se se trata de uma única pessoa ou um grupo de idealizadores. TAVARES, João Felipe das Chagas; TEIXEIRA, Luiz Felipe Drummond. Blockchain: dos conceitos às possíveis aplicações. *In*: POLIDO, Fabrício Bertini Pasquot *et al.* (Org.). *Tecnologias e conectividade* [recurso eletrônico]: direito e políticas na governança das redes. Belo Horizonte: Instituto de Referência em Internet e Sociedade, 2018. p. 119-132.

Para o Tribunal de Contas da União, a tecnologia *blockchain* é capaz de aperfeiçoar e melhorar a prestação de serviços desenvolvidos pelo setor público. Por outro lado, o Tribunal defende que a implantação da tecnologia em blocos seja realizada de forma consciente, visando evitar danos futuros, tanto para a Administração Pública quanto para a população.

Nesse sentido, o TCU propõe que a implementação dessa ferramenta seja feita com análise de impactos e dos seguintes fatores importantes: *i)* conhecimento da tecnologia; *ii)* mensuração do impacto para o negócio e cidadão; *iii)* integração com o ambiente computacional e de negócios; *iv)* implementação gradual; *v)* os benefícios são potencializados com mais colaboração; e *vi)* estrutura de governança adequada.[320]

Ainda que com as devidas cautelas, compreende-se ser possível a transposição da tecnologia *blockchain* para o âmbito das contratações administrativas, uma vez que os contratos administrativos, conquanto imperfeitos ou inacabados (*cf.* teoria dos contratos incompletos), seguem regras legais possíveis de padronização, assim como transformadas em dados para permitir o controle, de forma célere e segura, automatizado pelo sistema.

Assim, a aplicação da tecnologia *blockchain*, por meio das autenticações digitais, permite que o cumprimento das exigências contratuais ocorra de forma célere, econômica, simplificada, automatizada e segura, acarretando mais eficiência e isonomia ao exercício da atividade administrativa.

A tecnologia blockchain pode ser útil em várias aplicações e seguimentos do mercado, a exemplo de sua origem no campo das criptomoedas, assim como de seu uso por instituições financeiras e seguradoras.[321]

---

[320] Registre-se que, no cenário brasileiro, já houve a aplicação da tecnologia *blockchain* no campo das licitações públicas, a exemplo do Estado da Bahia, que lançou o aplicativo "Solução Online de Licitação" (SOL), que possibilita a autenticação dos documentos de forma digital, com garantia de celeridade e segurança ao processo. BAHIA. Colégio Notarial do Brasil. Aplicativo utiliza a tecnologia blockchain para guardar informações e garantir a integridade do processo licitatório. *Colégio Notarial do Brasil*, 23 dez. 2020. Disponível em: https://cnbba.org.br/2020/12/23/aplicativo-utiliza-a-tecnologia-blockchain-para-guardar-informacoes-e-garantir-a-integridade-do-processo-licitatorio/. Acesso em: 05 jun. 2022.

[321] Nesse sentido, ver ALMEIDA, Bianca dos Santos de Cavalli. *Smart contracts* – Contratos inteligentes. Curitiba: Juruá, 2021.

Além disso, como destacado por Felipe Melo França e Marcos Nobrega:

> A tecnologia é inovadora ao garantir confiança nas transações sem a necessidade de se confiar na integridade de indivíduos, intermediários ou governos. Além do mais, tem o potencial de reduzir custos de transação ao permitir que um único *ledger* distribuído possa substituir vários *ledgers* privados, evitando gastos com reconciliação.[322]

Uma das aplicações possíveis dentro da tecnologia de *blockchain* é a denominada *smart contracts* ou, simplesmente, contratos inteligentes, que funcionam como códigos-fontes em linguagem de programação (scripts), podendo ser definidos e autoexecutados dentro da referida plataforma tecnológica.

O TCU, fazendo referência a Nick Szabo,[323] definiu os contratos inteligentes "como cláusulas contratuais embutidas em hardware e software de violação proibitiva, sob o ponto de vista computacional e, consequentemente, econômico, portanto, não vantajosa a um possível violador".[324]

Enquanto a execução dos contratos eletrônicos tradicionais depende das partes, os contratos inteligentes são autoexecutáveis, uma vez que estarão programados para calcular e organizar pagamentos, com posterior fixação de termos e condições – com validação no mecanismo de consenso.

---

[322] FRANÇA, Felipe Melo; NOBREGA, Marcos. *Pacta suntservanda 3.0*: blockchain e a nova arquitetura de confiança. 2019. Disponível em: https://docplayer.com.br/222016528-Pacta-sunt-servanda-3-0-blockchain-e-a-nova.html. Acesso em: 05 jun. 2022.

[323] Em texto escrito no ano de 1994, Nick Szabo, o contrato inteligente foi conceituado como sendo "um protocolo de transação computadorizado que executa os termos de um contrato. Os objetivos gerais do design de contrato inteligente são satisfazer condições contratuais comuns (como termos de pagamento, garantias, confidencialidade e até mesmo aplicação), minimizar exceções maliciosas e acidentais e minimizar a necessidade de intermediários confiáveis. Os objetivos econômicos relacionados incluem a redução de perdas por fraude, custos de arbitragem e execução e outros custos de transação". O autor desenvolveu o design do contrato inteligente com os olhos voltados para a confiabilidade, verificabilidade e privacidade. Ou seja, a plataforma de blockchain deve preservar a privacidade dos dados de contratos por meio dela automatizados. SZABO, Nick. *Smart Contracts*. 1994. Disponível em: https://www.fon.hum.uva.nl/rob/Courses/InformationInSpeech/CDROM/Literature/LOTwinterschool2006/szabo.best.vwh.net/smart.contracts.html. Acesso em: 06 jun. 2022.

[324] BRASIL. Tribunal de Contas da União. *Sumário Executivo*: Levantamento da tecnologia blockchain. Brasília, 2020. Disponível em: https://portal.tcu.gov.br/data/files/59/02/40/6E/C4854710A7AE4547E18818A8/Blockchain_su mario_executivo.pdf. Acesso em: 03 jun. 2022.

No âmbito dos contratos inteligentes, o negócio jurídico é celebrado sem necessidade, *a priori*, de participação humana, sendo seguro e confiável. O contrato inteligente é uma nova tecnologia dissociada dos contratos eletrônicos tradicionais, justamente em razão de a sua execução ser feita de forma automatizada, dispensando, ainda, a intermediação para celebração do pacto.

O contrato inteligente possui quatro objetivos principais que o caracterizam, quais sejam: *i)* observabilidade: possibilidade de se verificar se as partes adimpliram com suas obrigações; *ii)* verificabilidade: consiste na possibilidade de uma das partes reclamar que o contrato foi descumprido ou violado; *iiii)* privacidade: compartilhamento mínimo de dados (somente para criação e execução do pacto); *iv)* obrigatoriedade: o contrato é executado automaticamente, em sua completude, sem interpretações diversas.[325]

Quanto às vantagens da utilização dos contratos inteligentes, podem ser destacadas a transparência, celeridade, precisão, segurança, rastreabilidade, economicidade e confiabilidade.[326]

Segundo Ronny Charles Lopes de Torres, o formalismo, muitas vezes exacerbado, que é um traço marcante dos contratos administrativos, é justificado no fato de possibilitar o controle de legalidade, o qual, em tese, poderia ser prejudicado caso fossem dispensadas as formalidades legais.[327]

Não obstante, entende-se que o uso da tecnologia *blockchain* para a formalização de contratos inteligentes não viola o formalismo tampouco inviabiliza o controle de legalidade. Pelo contrário, o uso

---

[325] ESTRATÉGIA NACIONAL DE COMBATE À CORRUPÇÃO E À LAVAGEM DE DINHEIRO. Blockchain no setor público. *Guia de conceitos e usos potenciais*. 1. ed. 2020. Disponível em: http://enccla.camara.leg.br/acoes/arquivos/resultados-enccla-2020/blockchain-no-setor-publico-guia-de-conceitos-e-usos-potenciais. Acesso em: 03 jun. 2022.

[326] É válido anotar que, dentro da sistemática dos contratos inteligentes, pode ser agregado o denominado "oráculo", que funciona como uma espécie de intermediário central de confiança sobre fatos externos da rede, a fim de localizar e verificar ocorrências do mundo real, enviando as informações para um *blockchain*. Não se trata de uma base de dados em si, mas uma camada que faz interface com as fontes de dados e a *blockchain*. ESTRATÉGIA NACIONAL DE COMBATE À CORRUPÇÃO E À LAVAGEM DE DINHEIRO. Blockchain no setor público. *Guia de conceitos e usos potenciais*. 1. ed. 2020. Disponível em: http://enccla.camara.leg.br/acoes/arquivos/resultados-enccla-2020/blockchain-no-setor-publico-guia-de-conceitos-e-usos-potenciais. Acesso em: 03 jun. 2022.

[327] TORRES, Ronny Charles Lopes de. *Leis de Licitações Públicas Comentadas*. 12. ed. rev., ampl. e atual. São Paulo: Ed. Juspodvim, 2021. p. 536.

da tecnologia amplia a possibilidade de controle, que poderá ser exercido não só pelas cortes de contas, mas por toda a sociedade.

Além disso, muito embora o contrato administrativo seja dotado de formalismos legais, o fato de o consenso das partes ser previamente estabelecido, por ocasião da elaboração das regras da minuta de edital, no caso da Administração Pública, e pela apresentação de proposta na licitação, para o particular, como se fosse um contrato de adesão, reforça a possibilidade de ser utilizada a tecnologia de *blockchain*.

Assim, o contrato administrativo inteligente poderia ser devidamente programado, dentro da plataforma, para acompanhamento do adimplemento das obrigações contratuais, assim como para cumprir determinadas medidas, a exemplo da liquidação (medição, recebimento e processamento de pagamento) ou a liberação de um aditivo, de acordo com o ritmo e acontecimentos relativos àquela contratação.

Percebe-se que, no âmbito dos contratos inteligentes, não há espaço para discricionariedades ou arbitrariedades, que muitas vezes se fazem presentes na cultura que permeia o acompanhamento e execução do contrato feito por um servidor público, assim como para inadimplementos, seja por parte do particular ou da Administração Pública.

Isso porque conforme viu-se anteriormente, os contratos inteligentes são autoexecutáveis, ou seja, possuem autonomia suficiente para automatizar, calcular e organizar pagamentos, com posterior fixação de termos e condições — com validação no mecanismo de consenso, que é previamente estabelecido (no caso, por meio do edital do certame ou instrumento equivalente).

A implementação da tecnologia de *blockchain*, sustentadora do nascimento do *smart contracts*, perpassa por uma necessária mudança de paradigmas e de cultura dentro da Administração Pública, a fim de que as tecnologias disruptivas possam ser utilizadas para gerar benefícios a toda coletividade e modernizar a gestão dos recursos públicos.

4.4 Proposta de conceito para contratações públicas inteligentes

O desenvolvimento feito neste trabalho buscou estudar a inovação e os seus reflexos nas atividades desempenhadas pelo

Estado, notadamente no campo das compras governamentais, que, diante da importância para a economia nacional, devem ser utilizadas para o fomento da inovação e do desenvolvimento sustentável.

Ademais, buscou-se uma ressignificação para as contratações públicas, sobretudo na atual revolução industrial, marcada por rápidas ondas de inovação, que fazem com que surjam tecnologias cada vez mais disruptivas, que influenciam a sociedade e as atividades da Administração Pública.

Neste contexto, torna-se necessário ser estabelecido o conceito que pretendemos conferir às contratações públicas inteligentes, que constituem o foco desta dissertação.

O conceito para as contratações públicas inteligentes não se encontra "pronto e acabado" na literatura especializada ou na legislação que rege as compras governamentais, de modo que cabe ao intérprete, por meio da aglutinação de certas realidades, construir o conceito que lhe interessa.

Celso Antônio Bandeira de Mello expressa que:

> (...) conceito é a operação lógica pela qual se fixam *pontos de referência convencionais*, que servem como indicadores de realidades parificadas pelos pontos de afinidade previamente selecionados por quem o formulou. Em suma: conceito é uma delimitação de objetos de pensamento, sintetizados sob um signo breve adotado para nomeá-los (uma palavra). Ora, nada constrange logicamente um estudioso a proceder tal delimitação de maneira coincidente com a realizada por um jurista.[328]

O conceito é, portanto, formado por sínteses de ideias, que servirão de base ao estudioso do direito para nortear a sua interpretação em torno de uma realidade jurídica. Daí porque, conforme Celso Antônio Bandeira de Mello, compreende-se que, havendo "certa liberdade na composição deles", o conceito vai variar a depender do doutrinador, o que não significa existir erro ou equívoco em eventuais conceitos conflituosos.[329]

---

[328] BANDEIRA DE MELLO, Celso Antônio. *Curso de direito administrativo*. 26. ed., rev. e atual até a Emenda Constitucional 57, de 18.12.2008. São Paulo: Malheiros Editores, 2009. p. 373-374.
[329] BANDEIRA DE MELLO, Celso Antônio. *Curso de direito administrativo*. 26. ed., rev. e atual até a Emenda Constitucional 57, de 18.12.2008. São Paulo: Malheiros Editores, 2009. p. 373.

Com o olhar voltado ao ciclo das compras públicas e as dimensões da sustentabilidade, inovação, marcos legais, governança e eficiência, Antônio Carlos Paim Terra definiu as compras públicas inteligentes como:

> Atividade administrativa estratégica, estruturada e planejada com excelência gerencial, a qual está integrada a gestão de suprimentos e ao planejamento estratégico da organização, e que visa atender de modo legal, qualificado, célere e eficiente às demandas de aquisição de bens e serviços para o adequado funcionamento da Administração Pública, ao mesmo tempo em que tem como objetivo fundamental agregar valor à ação governamental a partir da utilização do poder de compra do Estado voltado para a indução de políticas públicas, inovações e promoção do desenvolvimento nacional sustentável.[330]

A terminologia "inteligência" adotada pelo autor parece ter sido no sentido de estratégia de planejamento, que deve considerar e englobar todo o ciclo da contratação pública e possuir foco nos objetivos a serem perseguidos pela Administração Pública para a implementação das políticas públicas.

O conceito definido, por outro lado, pode induzir o intérprete a restringir o seu campo de aplicação, já que a terminologia "compra" possui definição clara tanto na Lei nº 8.666/1993 (art. 6º, III) quanto na Lei nº 14.133/2021 (art. 6º, X). A compra nada mais é do que a aquisição remunerada de bens, pela Administração Pública.

O conceito que se pretende é mais abrangente e inclui, além do ciclo da contratação pública, a inovação tecnológica como fator preponderante para a sua compreensão.

As necessidades da Administração Pública, em síntese, são satisfeitas por meio de contratações públicas. Isto é, diante de um problema, a Administração levanta e estuda soluções disponíveis e, como resultado desta etapa de planejamento, traduz, em linguagem compreensível pelo mercado, o objeto almejado, que pode desaguar em uma prestação de serviço, execução de obra ou simples fornecimento de bens e insumos em geral.

---

[330] PAIM TERRA, Antônio Carlos. *Compras públicas inteligentes*: uma proposta para a melhoria da gestão das compras governamentais. 2018. Disponível em: http://repositorio.enap.gov.br/handle/1/3166. Acesso em: 05 jun. 2022.

O dever de investigação da necessidade e de identificação da melhor solução, que se constituem as etapas elementares do planejamento prévio, aplicam-se a todo e qualquer processo de contratação, seja ela decorrente ou não de prévia licitação, com a preponderância do regime de direito público.

Assim, diante de qualquer necessidade (ou problema) cuja satisfação (solução) seja inviável diretamente, por meio de seus órgãos ou estrutura própria, a Administração Pública, pautada no dever de planejamento prévio, deverá estudá-la, motivá-la e buscar a sua concretização por meio de uma contratação pública, seja ela formalizada diretamente, por meio de dispensa ou inexigibilidade de licitação, seja pela via da licitação.

Em qualquer caso, e conforme se viu anteriormente, as contratações públicas devem ser efetivadas, desde o nascimento da necessidade, passando pelo seu processamento e execução do objeto, até a extinção do contrato celebrado, com o uso da tecnologia da informação em todas as suas etapas.

Isso porque busca-se a eficiência e economicidade no processo de contratação pública, que poderão ser alcançadas com a redução de assimetrias informacionais e de custos de transação, assim também com a ampliação da transparência dos atos e contratos públicos.

A inovação, dentro deste contexto, contribuirá para que, no âmbito de uma plataforma eletrônica centralizada, com a Inteligência Artificial a ela agregada, seja perquirida, efetiva e concretamente, a seleção da proposta que possa garantir, como resultado útil, a contratação mais vantajosa à Administração Pública.

Ainda nesta perspectiva tecnológica, o contrato decorrente do processo eletrônico seria automaticamente gerado, celebrado, fiscalizado, acompanhado e finalizado dentro de uma plataforma que se utilize da tecnologia *blockchain*, o que amplia, ainda mais, a transparência social e o controle das contratações públicas.

Em epítome, de acordo com as sínteses acima formuladas, propomos o seguinte conceito para o que denominamos de "contratações públicas inteligentes":

> Contratações públicas inteligentes são aquelas em que, pautada no dever de prévio planejamento, a Administração Pública, diante da implementação de uma política pública ou da obrigação de satisfazer

qualquer necessidade, utiliza-se, para o seu processamento, plataforma eletrônica centralizada, agregada com a Inteligência Artificial e com o uso de tecnologia *blockchain*, para selecionar, junto ao mercado especializado, a proposta que seja apta a gerar, como resultado útil, a contratação mais vantajosa, acarretando, ao final, a celebração de um contrato inteligente, gerado, celebrado, gerido, fiscalizado e encerrado dentro dessa mesma plataforma.[331]

Com o conceito acima proposto, almeja-se uma ressignificação das contratações públicas, a partir das influências advindas da inovação tecnológica, que é um dos objetivos a serem buscados, pelo gestor público, não só no processo licitatório (art. 11, IV), mas em toda e qualquer contratação a ser formalizada pela Administração Pública, gerando resultados mais eficientes a toda coletividade.

---

[331] Conceito criado a partir dos estudos desenvolvidos pelo autor na presente dissertação.

CONCLUSÕES

A inovação está cada vez mais presente e intensa na vida da sociedade e do Estado, influenciando nas atividades desenvolvidas pelo Estado, notadamente na área de fomento e prestação de serviços públicos, espraiando-se também nos meios de que ele se utiliza para satisfação de suas necessidades, isto é, no campo das contratações públicas.

Partindo-se do contexto da inovação, notadamente da teoria de Schumpeter, que possui reflexos não apenas junto ao setor privado, mas também ao setor público, destaca-se que o Estado não deve estar vocacionado apenas para a correção de falhas mercadológicas ou para agir de forma invisível. O Estado deve atuar ativamente, como agente inovador e indutor de mudanças, incentivando os agentes econômicos por meio dos vários mecanismos existentes.

A partir dessas reflexões, pôde-se concluir que o Estado, ao assumir o seu papel de protagonista, além de atuar no fomento e incentivo à inovação, deve introduzi-la internamente, com a finalidade de alcançar melhores resultados nas atividades administrativas por ele desempenhadas.

Nesse sentido, a inovação não surge apenas como sendo uma fórmula exclusiva de o mercado buscar a maximização de lucros e melhores resultados junto a seus consumidores. O Estado possui uma tarefa proeminente, seja na incorporação da inovação dentro de sua estrutura e nos seus processos internos, seja para induzir o comportamento inovador do mercado que atua no segmento de contratações governamentais.

Como visto, a teoria schumpeteriana pode ser adaptada à realidade da Administração Pública, cujo gestor pode ser incentivado a desempenhar o papel de empreendedor/administrador-inovador para buscar as melhores soluções com o menor empenho possível de recursos públicos, fazendo com que o excedente seja revertido à ampliação das políticas públicas e demais serviços colocados à disposição da sociedade.

Ainda nesta perspectiva de protagonismo, há desafios impostos ao Estado para a compreensão das rápidas ondas de inovação e de sua implementação para o alcance da eficiência nas atividades que desenvolve. Dentre os desafios, há questões atreladas à infraestrutura tecnológica e de capital humano dos entes subnacionais; questões que, conforme se demonstrou, podem ser mitigadas com a adesão e o uso de uma plataforma central e única para que as informações e procedimentos inerentes às contratações sejam nela tramitados.

Muito embora a inovação desafie a gestão pública brasileira e o seu processo de incorporação possa ser demorado, percebeu-se uma evolução, notadamente dentro do ente central (União), dos eixos para transformação digital dos serviços públicos prestados pelo Estado. Essa evolução conduz ao nascimento da denominada "Administração 4.0", que foi objeto de análise sob o aspecto das ações de governo na era digital, intensificada com a quarta revolução industrial.

A digitalização dos serviços públicos está em consonância com a busca pela eficiência das atividades do Estado, que é um dos traços marcantes da reforma de Estado produzida pela Emenda à Constituição nº 19/1998, e é importante para a ressignificação dos serviços públicos na era digital.

A inovação, além de influenciar no fomento e nos serviços públicos, dentre outras atividades desenvolvidas pelo Estado, interfere no modo como ele se relaciona com o mercado por meio das contratações públicas.

Assim, verificou-se que há contribuições para a temática da inovação surgidas desde a Lei nº 10.168/2000 (que instituiu a intervenção no domínio econômico para financiar um programa de estímulo à interação Universidade-Empresa, com fins de apoio à inovação), passando pela Lei nº 10.973/2004, com sua alteração posterior (Lei de Inovação), até a Lei nº 14.133/2021, que é a nova lei de licitações e contratos administrativos.

Nesse contexto, a pesquisa relevou que, ao longo dos anos, a alteração dos formatos de realização das contratações públicas, desde o presencial até o eletrônico – este último tendo surgido com a instituição no plano nacional da modalidade do pregão, com a permissão de sua implementação por meio de plataformas eletrônicas –, demostra a busca, por parte do Estado, por métodos mais eficazes para satisfazer as suas necessidades.

Dentro do exame evolutivo dos meios de processamento das contratações públicas, foram percebidas efetivas contribuições, advindas da nova lei de licitações e contratos administrativos, para que o formato eletrônico fosse a regra geral para o processamento das licitações feitas pelos entes da federação e para que as informações se concentrassem numa plataforma central, notadamente diante da atual onda de inovação tecnológica.

Os novos horizontes abertos pela Lei nº 14.133/2022 foram avaliados com enfoque nos objetivos traçados pela própria norma, notadamente o da inovação, que permitirá a mudança de paradigmas para atuação eficiente do Estado.

Nesse contexto, foi possível concluir que o objetivo da inovação é uma direção que deve nortear todas as etapas do processo licitatório, desde o planejamento até a conclusão da execução do objeto almejado pela Administração Pública. A sua inobservância, por outro lado, não deve gerar a anulação do ato praticado, pois a sua eficácia, como visto, pode variar de acordo com a solução adotada pelo gestor público.

Também no contexto da nova lei, verificou-se que há instrumentos instituídos pelo legislador que podem auxiliar no fomento à inovação no campo das contratações públicas, dentre os quais se destacaram o uso da modalidade do diálogo competitivo, a adoção da tecnologia de Modelagem da Informação da Construção (*Building Information Modeling – BIM*) e o regime da contratação integrada.

A inovação impõe desafios ao Estado, de modo que estes também foram analisados no contexto das contratações públicas inteligentes, com foco na antecipação e mitigação de problemas que possam surgir com o uso da inovação nesta seara.

Destacados os desafios, pôde-se concluir pela necessidade de superação de qualquer desafio imposto no atual momento, sobretudo considerando que a sociedade e o Estado se encontram submersos nas diversas tecnologias e inovações, cada vez mais disruptivas e que interferem no modo como as necessidades passam a surgir.

Dentre as tecnologias disruptivas, a análise da tecnologia de Inteligência Artificial (IA) e a sua relação com o Direito demonstrou o tamanho do desafio enfrentado mundialmente para que sejam traçados meios de regulação ética, eficaz, segura e que permita a mudança de paradigmas dentro dos Governos quanto ao atual estado da arte da inovação tecnológica.

A IA é muito debatida na literatura especializada, de modo que, após levantadas as principais discussões e analisado o seu conceito, as implicações do uso do *Machine learnig* (ou aprendizado de máquina) e, dentro dele, dos algoritmos, verificou-se avanços para automatização de decisões administrativas, assim como se ponderou os benefícios e os riscos envolvidos nesta tecnologia.

Desse modo, a pesquisa levantou as principais discussões travadas no cenário mundial, assim como as recomendações da Organização para Cooperação e Desenvolvimento Econômico – OCDE – para que sejam fixados padrões internacionais aptos a garantir segurança e robustez aos sistemas de IA, sem causar infringência aos direitos humanos e individuais.

No cenário brasileiro, também foram avaliadas as tentativas, por parte de agentes públicos e privados, de se estabelecerem regulações éticas para o uso da IA, de modo a preservar a intimidade, os direitos fundamentais e privacidade de dados pessoais.

Neste panorama, foram avaliados os projetos de lei em discussão no Congresso Nacional brasileiro e as atividades já desenvolvidas pela Comissão de Juristas designada para apresentação do marco regulatório da IA no Brasil, cujos trabalhos se encontram em trâmite, com realização de seminários e audiências públicas.

Considerando os relevantes benefícios do uso da IA em vários setores da economia brasileira, puderam ser avaliadas as contribuições que esta tecnologia poderia gerar para o alcance de qualidade e eficiência no campo das contratações públicas.

Além disso, e considerando que a implementação de IA depende da busca da melhor solução junto ao mercado, a pesquisa procurou identificar modelos dos quais a Administração Pública poderia se valer para a seleção de empresa apta ao desenvolvimento dessa solução disruptiva.

Dentre os meios para a contratação da solução de IA, que devem ser precedidos, em qualquer caso, de estudos técnicos preliminares, revelaram-se mais adequados: a deflagração de diálogo competitivo (art. 32, da Lei nº 14.133/2021) ou a modalidade especial prevista no marco legal das Startups (Lei Complementar nº 182/2021).

Em seguida, e finalizando esta parte do trabalho, refletiu-se sobre o uso da IA no seio das atividades da Administração Pública, com maior foco para as práticas adotadas pelos órgãos de controle externo, que já se utilizam destas soluções para a fiscalização e o controle dos atos administrativos.

A inovação tecnológica e a Internet das coisas são os fios condutores da quarta revolução industrial, cujos impactos, como visto, atingem toda sociedade e as ações desenvolvidas pelo Estado.

A partir desta assertiva, a avaliação das perspectivas disruptivas no seio das contratações públicas, com o foco na necessidade de mudança de paradigmas dentro da Administração Pública, levou à conclusão de que é possível estabelecer um ambiente inovador para conferir eficiência e qualidade ao gasto público.

Isso porque se verificou que a necessidade de diminuição da assimetria informacional e dos custos de transação, além da grande busca pela ampliação da transparência pública, pode ser alcançada com a proposta de uso eficiente do Portal Nacional de Contratações Públicas (PNCP), que é capaz de ocasionar uma verdadeira transformação no campo das contratações públicas brasileiras.

E para que, de fato, sejam ultrapassadas as barreiras da inovação, foi refletida a proposta de que o uso do PNCP seja aderido por todos os entes da federação, sem exceção, assim como fomentado pelos órgãos de controle, de forma a possibilitar melhor eficácia no emprego dos recursos públicos, que são escassos para satisfação de infinitas necessidades.

Destaca-se que a Lei nº 14.133/2021 trouxe uma janela de oportunidades para que formatos disruptivos de contratação pública possam ser implantados na prática com vistas à melhor eficiência da Administração Pública.

Neste contexto, analisou-se a possibilidade de uso do *marketplace* público, por meio do processamento das dispensas de licitação eletrônicas e do credenciamento, cuja implantação já se encontra em discussão no plano do ente central (União).

Outra ferramenta disruptiva que foi analisada, a qual integrada ao Portal Nacional de Contratações Públicas pode aumentar ainda mais a eficiência das contratações públicas brasileiras, é a *blockchain*: uma tecnologia de registro descentralizado por meio da qual se permitem o armazenamento e o compartilhamento por uma rede ponto a ponto, com transparência e segurança, além de garantia de integridade do conteúdo e a imutabilidade das transações.

Com o uso da tecnologia *blockchain*, analisou-se a possibilidade de transformação dos contratos administrativos tradicionais em verdadeiros contratos inteligentes, permitindo a aplicação das regras de forma isonômica, segura, automatizada, sem a interferência humana, de modo a garantir eficiência à gestão, à fiscalização e ao controle dos contratos celebrados no âmbito da Administração Pública.

A tecnologia permite não apenas a celebração de contratos em formato eletrônico, mas também que eles sejam digitais, gerados, controlados, fiscalizados e finalizados dentro de uma plataforma segura e transparente, permitindo que seja exercido, de forma concomitante, o controle social e externo de toda a sua execução.

A partir dos cenários de inovação analisados, com enfoque na disrupção tecnológica, a pesquisa foi finalizada com o conceito do que se entende por "contratações públicas inteligentes", de modo a contribuir para que a implementação da inovação, desde a etapa de planejamento até o encerramento do contrato, possa ser uma realidade fomentada pelos órgãos de controle e perquirida pelo gestor público.

REFERÊNCIAS

ALMEIDA, Bianca dos Santos de Cavalli. *Smart contracts* – Contratos inteligentes. Curitiba: Juruá, 2021.

ARAGÃO, Cecília Vescovi. Burocracia, eficiência e modelos de gestão pública: um ensaio. *Revista do Serviço Público*, ano 48, n. 3, set./dez. 1997.

BAHIA. Colégio Notarial do Brasil. Aplicativo utiliza a tecnologia blockchain para guardar informações e garantir a integridade do processo licitatório. *Colégio Notarial do Brasil*, 23 dez. 2020. Disponível em: https://cnbba.org.br/2020/12/23/aplicativo-utiliza-a-tecnologia-blockchain-para-guardar-informacoes-e-garantir-a-integridade-do-processo-licitatorio/. Acesso em: 05 jun. 2022.

BALAGO, Rafael. Regulação de patinetes em SP não engata e alto custo dificulta expansão. *Folha de São Paulo*, 16 jan. 2020. Disponível em: www1.folha.uol.com.br/cotidiano/2020/01/regulacao-das-patinetes-em-sp-nao-engata-e-alto-custo-dificulta-expansao.shtml#:~:text=Regula%C3%A7%C3%A3o%20das%20patinetes%20em%20SP,01%2F2020%20%2D%20Cotidiano%20%2D%20Folha. Acesso em: 20 maio 2022.

BANDEIRA DE MELLO, Celso Antônio. *Curso de direito administrativo*. 26. ed., rev. e atual até a Emenda Constitucional 57, de 18.12.2008. São Paulo: Malheiros Editores, 2009.

BARCAROLLO, Felipe. *Inteligência Artificial*: **Aspectos Ético-Jurídicos**. São Paulo: Grupo Almedina (Portugal), 2021. 9786556272801. Disponível em: https://app.minhabiblioteca.com.br/#/books/9786556272801/. Acesso em: 22 maio 2022.

BELL, Daniel. *O Advento da sociedade pós-industrial*: uma tentativa social. Tradução de Heloysa de Lima Dantas. São Paulo: Cultrix. 1977. p. 146-149.

BENFATTI, Fábio Fernandes Neves. *Atuação do Estado no desenvolvimento econômico*: a inovação tecnológica como eixo estruturante do desenvolvimento no Brasil. 2017. Tese (Doutorado em Direito Político e Econômico) – Universidade Presbiteriana Mackenzie, São Paulo, 2017.

BERCOVICI, Gilberto. A administração pública dos cupons. *Consultor Jurídico*, 06 set. 2020. Disponível em: https://www.conjur.com.br/2020-set-06/estado-economia-administracao-publica-cupons. Acesso em: 07 dez. 2021.

BIGDATA CORP & PAYPAL. *O Perfil do e-commerce brasileiro*. 2020. Disponível em: https://public.flourish.studio/story/947803/. Acesso em: 03 jun. 2022.

BRASIL. Agência Nacional de Telecomunicações. *Documento de encaminhamento da Lei Geral das Telecomunicações Comentado-A (1996)*. Disponível em: https://www.anatel.gov.br/Portal/verificaDocumentos/documento.asp?numeroPublicacao=331. Acesso em: 19 nov. 2021.

BRASIL. Conselho Nacional de Presidentes dos Tribunais de Contas. *Recomendação nº 01/2022, de 17 de março de 2022*. Disponível em: https://www.cnptcbr.org/?attachment_id=5845. Acesso em: 02 jun. 2022.

BRASIL. Controladoria Geral da União. *Ferramenta Alice:* Auditoria Preventiva em Licitações. Disponível em: https://repositorio.cgu.gov.br/bitstream/1/43580/11/Apresentacao_Alice_Forum_Combate_a_Corrupcao_V2_2019.pdf. Acesso em: 26 maio 2022.

BRASIL. Controladoria-Geral da União. *Nota Técnica nº 108/2017/CGPLAG/DG/SFC.* Disponível em: https://www.gov.br/cgu/pt-br/assuntos/noticias/2017/07/cgu-divulga-estudo-sobre-eficiencia-dos-pregoes-realizados-pelo-governo-federal/nota-tecnica-no-1-081-2017-cgplag-dg-sfc-1.pdf. Acesso em: 03 jun. 2022.

BRASIL. *Decreto federal nº 10.306, de 2 de abril de 2020.* Estabelece a utilização do Building Information Modelling na execução direta ou indireta de obras e serviços de engenharia realizadas pelos órgãos e pelas entidades da administração pública federal, no âmbito da Estratégia Nacional de Disseminação do Building Information Modelling – Estratégia BIM BR, instituída pelo Decreto nº 9.983, de 22 de agosto de 2019. Brasília, DF, Presidência da República. 2020. Disponível em: http://www.planalto.gov.br/ccivil_03/_ato2019-2022/2020/decreto/D10306.htm. Acesso em: 02 maio 2022.

BRASIL. Empresa Brasileira de Pesquisa e Inovação Industrial – Embrapii. *Levantamento*: Percepções do Empresariado sobre a pesquisa e desenvolvimento de inovação em Inteligência Artificial. Disponível em: https://embrapii.org.br/wp-content/images/2021/05/Pesquisa-EMBRAPII_Cena%CC%81rio_IA-no-Brasil.pdf. Acesso em: 25 maio 2022.

BRASIL. Governo Federal. *A inteligência artificial no Brasil e no Reino Unido*: oportunidades para a cooperação em pesquisa, negócios e governos. Disponível em: https://www.gov.br/mre/pt-br/assuntos/ciencia-tecnologia-e-inovacao/relatorioainteligenciaartificialnobrasilenoreinounidoportugues.pdf. Acesso em: 02 maio 2022.

BRASIL. Governo Federal. Comprasnet. *Estudo do Banco Mundial atesta eficiência do sistema Comprasnet.* Disponível em: http://www.comprasnet.gov.br/noticias/noticias1.asp?id_noticia=189#:~:text=Modalidades%20tradicionais%20levam%20mais%20tempo,demora%20cerca%20de%20120%20dias. Acesso em: 20 maio 2022.

BRASIL. Instituto Brasileiro de Geografia e Estatística – IBGE. *Perfil dos municípios brasileiros*: 2020/IBGE, Coordenação de População e Indicadores Sociais. Rio de Janeiro: IBGE, 2021. Disponível em: https://biblioteca.ibge.gov.br/visualizacao/livros/liv101871.pdf. Acesso em: 05 abr. 2022.

BRASIL. Instituto Brasileiro de Geografia e Estatística – IBGE. *Pesquisa Nacional por Amostra de Domicílios Contínua:* acesso à Internet e à televisão e posse de telefone móvel celular para uso pessoal 2019. Disponível em: https://biblioteca.ibge.gov.br/visualizacao/livros/liv101794_informativo.pdf. Acesso em: 10 nov. 2021.

BRASIL. Instituto Brasileiro de Geografia e Estatística – IBGE. *Perfil dos municípios brasileiros*: 2019/IBGE, Coordenação de População e Indicadores Sociais. Rio de Janeiro: IBGE, 2020. Disponível em: https://biblioteca.ibge.gov.br/visualizacao/livros/liv101770.pdf. Acesso em: 12 nov. 2021.

BRASIL. Instituto Brasileiro de Geografia e Estatística – IBGE. *Perfil dos estados brasileiros*: 2019/IBGE, Coordenação de População e Indicadores Sociais. Rio de Janeiro: IBGE, 2020. Disponível em: https://biblioteca.ibge.gov.br/visualizacao/livros/liv101769.pdf. Acesso em: 12 nov. 2021.

BRASIL. Instituto Brasileiro de Geografia e Estatística – IBGE. *Produto Interno Bruto – PIB.* Disponível em: https://www.ibge.gov.br/explica/pib.php. Acesso em: 06 dez. 2021.

BRASIL. Instituto de Pesquisa Econômica Aplicada – IPEA. *Cadernos Brasil na OCDE*: Compras Públicas. 2021. Disponível em: https://repositorio.cepal.org/bitstream/handle/11362/47061/1/S2100424_pt.pdf. Acesso em: 26 nov. 2021.

BRASIL. Instituto de Pesquisa Econômica Aplicada – IPEA. *O mercado de compras governamentais (2006-2017)*: mensuração e análise. Brasília: Ipea, 2019. p. 18. Disponível em: https://www. ipea.gov.br/portal/images/stories/PDFs/TDs/td_2476.pdf. Acesso em: 08 dez. 2021.

BRASIL. Ministério da Administração Federal e Reforma do Estado. *A Reforma administrativa na imprensa*: seleção de artigos produzidos no MARE/Ministério da Administração Federal e Reforma do Estado. Brasília: MARE, 1977.

BRASIL. Ministério da Ciência, Tecnologia, Inovações e Comunicações. *Estratégia brasileira para a transformação digital*. Brasília, 2018. Disponível em: https://www.gov.br/mcti/pt-br/centrais-de-conteudo/comunicados-mcti/estrategia-digital-brasileira/estrategiadigital. pdf. Acesso em: 14 nov. 2021.

BRASIL. Ministério da Ciência, Tecnologia, Inovações e Comunicações. *Estratégia Brasileira de Inteligência Artificial* – EBIA. Brasília, 2021. Disponível em: https://www.gov. br/mcti/pt-br/acompanhe-o-mcti/transformacaodigital/arquivosinteligenciaartificial/ebia-documento_referencia_4-979_2021.pdf. Acesso em: 20 maio 2022.

BRASIL. Ministério da Economia. *Do eletrônico ao Digital*. 2019. Disponível em: https://www.gov.br/governodigital/pt-br/estrategia-de-governanca-digital/do-eletronico-ao-digital. Acesso em: 15 nov. 2021.

BRASIL. Ministério da Economia. *Governo debate com sociedade implantação de marketplace para compras públicas*. 2020. Disponível em: https://www.gov.br/economia/pt-br/assuntos/noticias/2020/julho/governo-debate-com-sociedade-implantacao-de-*marketplace*-para-compras-publicas. Acesso em: 03 jun.2022.

BRASIL. Ministério da Economia. *Governo Digital*: Brasil conquista 16ª posição em ranking de governo digital da OCDE. 2020. Disponível em: https://www.gov.br/economia/pt-br/assuntos/noticias/2020/outubro/brasil-conquista-16a-posicao-em-ranking-de-governo-digital-da-ocde. Acesso em: 22 nov. 2021.

BRASIL. Ministério da Economia. Lançamento do Portal Nacional de Contratações Públicas. *Youtube*, 09 ago. 2021. Disponível em: https://www.youtube.com/watch?v=W25KItdhhw8&t=1564s. Acesso em: 20 maio 2022.

BRASIL. Portal de Compras do Governo Federal. *Logística com Inteligência Artificial – LIA*. Disponível em: https://www.gov.br/compras/pt-br/acesso-a-informacao/noticias/lancamento-lia-noticia. Acesso em: 20 maio 2022.

BRASIL. Portal de Compras do Governo Federal. *Painel de Municípios*. Disponível em: https://www.gov.br/compras/pt-br/cidadao/painel-municipios. Acesso em: 02 jun. 2022.

BRASIL. Portal de Compras do Governo Federal. *Pregoeiro virtual ajudará no combate a fraudes em licitações*. Disponível em: https://www.gov.br/servidor/pt-br/assuntos/noticias/2019/06/pregoeiro-virtual-ajudara-no-combate-a-fraudes-em-licitacoes. Acesso em: 20 maio 2022.

BRASIL. Senado Federal. *Proposta de Emenda à Constituição nº 8, de 2020*. Inclui o direito de acesso à internet no rol dos direitos fundamentais. Disponível em: https://www25.senado.leg.br/web/atividade/materias/-/materia/141096. Acesso em: 02 nov. 2021.

BRASIL. Supremo Tribunal Federal. Ação Direta de Inconstitucionalidade nº 1.668-DF. Disponível em: http://portal.stf.jus.br/processos/detalhe.asp?incidente=1682731. Acesso em: 28 nov. 2021.

BRASIL. TCU. *Acórdão nº 2.263/2020* – Plenário. Relator Ministro Benjamin Zymler, julgado em 26.08.2020. Disponível em: https://contas.tcu.gov.br/sagas/SvlVisualizarRelV otoAcRtf?codFiltro=SAGAS-SESSAO-ENCERRADA&seOcultaPagina=S&item0=717823. Acesso em: 03 dez. 2021.

BRASIL. Tribunal de Contas da União. *Acórdão nº 2.034/2017*. Plenário. Rel. Min. Benjamin Zymler, julg. 13 set. 2017. Disponível em: https://contas.tcu.gov.br/sagas/Sv lVisualizarRelVotoAcRtf?codFiltro=SAGAS-SESSAO-ENCERRADA&seOcultaPagina= S&item0=600077. Acesso em: 22 nov. 2021.

BRASIL. Tribunal de Contas da União. *Acórdão nº 2601/2011*. Plenário. Rel. Min. Valmir Campelo, julg. 28 set. 2011. Disponível em: https://contas.tcu.gov.br/sagas/SvlVisual izarRelVotoAcRtf?codFiltro=SAGAS-SESSAO-ENCERRADA&seOcultaPagina=S&it em0=126306. Acesso em: 03 dez. 2021.

BRASIL. Tribunal de Contas da União. *Fiscobras*: 2021: fiscalização de obras públicas pelo TCU: 25º ano. Brasília: TCU, Secretaria-Geral de Controle Externo, 2021. Disponível em: https://portal.tcu.gov.br/data/files/24/36/86/0F/0D3CC710C74E7EB7E1881 8A8/035.374-2020-9%20-%20AN%20-%20Fiscobras%202021.pdf. Acesso em: 06 dez. 2021.

BRASIL. Tribunal de Contas da União. *Inteligência Artificial auxilia fiscalização do TCU sobre compras relacionadas à Covid-19*. 17 ago. 2021. Disponível em: https://portal.tcu.gov. br/imprensa/noticias/inteligencia-artificial-auxilia-fiscalizacao-do-tcu-sobre-compras-relacionadas-a-covid-19.htm. Acesso em: 26 maio 2022.

BRASIL. Tribunal de Contas da União. *Levantamento do Tribunal avaliou o estágio atual e perspectivas de utilização de Inteligência Artificial na Administração Pública Federal*. 2022. Disponível em: https://portal.tcu.gov.br/imprensa/noticias/destaque-da-sessao-plenaria-de-25-de-maio.htm. Acesso em: 26 maio 2022.

BRASIL. Tribunal de Contas da União. *Sumário Executivo*: Levantamento da tecnologia blockchain. Brasília, 2020. Disponível em: https://portal.tcu.gov.br/data/files/59/02/40/6E/ C4854710A7AE4547E18818A8/Blockchain_su mario_executivo.pdf. Acesso em: 03 jun. 2022.

BRASIL. Tribunal de Contas da União. *TCU lança edital inédito para contratação por Encomenda Tecnológica*. 14 fev. 2022. Disponível em: https://portal.tcu.gov.br/imprensa/ noticias/tcu-lanca-edital-inedito-para-contratacao-por-encomenda-tecnologica.htm. Acesso em: 26 maio 2022.

Brasileiro faz, em média, 16 compras por ano pela internet. *Convergência Digital*, 13 abr. 2022. Disponível em: https://www.convergenciadigital.com.br/Internet/Brasileiro-faz%2C-em-media%2C-16-compras-por-ano-pela-internet-60014.html?UserActiveTemplate=mobile. Acesso em: 03 jun. 2022.

BREGA, José Fernando Ferreira. *Governo eletrônico e direito administrativo*. 2012. Tese (Doutorado em Direito do Estado) – Faculdade de Direito, Universidade de São Paulo, São Paulo, 2012. Disponível em: https://www.teses.usp.br/teses/disponiveis/2/2134/ tde-06062013-154559/publico/TESE_FINAL_Jose_Fernando_Ferreira_Brega.pdf. Acesso em: 30 maio 2022.

BRESSER-PEREIRA, Luiz Carlos. A reforma gerencial do Estado de 1995. *Revista de Administração Pública*, v. 34, n.4, p.7-26, 2000. Disponível em: https://bibliotecadigital. fgv.br/ojs/index.php/rap/article/view/6289. Acesso em: 20 abr. 2022.

BRESSER-PEREIRA, Luiz Carlos. Uma nova lei de licitações. *In*: BRASIL. Ministério da Administração Federal e Reforma do Estado. *A Reforma administrativa na imprensa*: seleção de artigos produzidos no MARE/Ministério da Administração Federal e Reforma do Estado. Brasília: MARE, 1997.

BREUS, Thiago Lima. *Contratação pública estratégica*: o contrato público como instrumento de governo e de implementação de políticas públicas. São Paulo: Almedina, 2020.

CÁCERES, Alejandro Morales. El impacto de la inteligencia artificial em el derecho. *Advocatus*, n. 039, p. 39-71, 25 mar. 2021.

CAMELO, Bradson *et al*. *Análise econômica das licitações e contratos*: de acordo com a Lei nº 14.133/2021 (nova lei de licitações). 1. Reimpressão. Belo Horizonte: Fórum, 2022.

CARVALHO FILHO, José dos Santos. *Manual de direito administrativo*. 34. ed. São Paulo: Atlas, 2020.

CARVALHO, Lucas Borges de. Governo digital e direito administrativo: entre a burocracia, a confiança e a inovação. *Revista de Direito Administrativo*, v. 279, n. 3, p. 115-148, set/dez. 2020.

CAVALCANTI, Mariana Oliveira de Melo; NOBREGA, Marcos. Smart contracts ou "contratos inteligentes": o direito na era da blockchain. *Revista Científica Disruptiva*. v. II, n. 1, p. 91-118, jan/jun. 2020.

CENTRO REGIONAL DE ESTUDOS PARA DESENVOLVIMENTO DA SOCIEDADE DA INFORMAÇÃO. *Executive Summary* – Survey on the Use of Information and Communication Technologies in Brazilian Households – ICT Households 2020. Disponível em: https://www.cetic.br/pt/publicacao/executive-summary-survey-on-the-use-of-information-and-communication-technologies-in-brazilian-households-ict-households-2020/. Acesso em: 20 maio 2022.

CHIAVENATO, Idalberto. *Administração Geral e Pública*. 2. ed. Rio de Janeiro: Campus Elsevier, 2006.

COELHO, Fábio Ulhôa. *Manual de direito comercial* [livro eletrônico]: direito de empresa. 1. ed. em e-book baseada na 28. ed. impressa. São Paulo: Revista dos Tribunais, 2016.

COMISSÃO EUROPÉIA. Regulamento do Parlamento Europeu e do Conselho que estabelece regras harmonizadas em matéria de inteligência artificial. Disponível em: https://eur-lex.europa.eu/legal-content/PT/TXT/HTML/?uri=CELEX:52021PC0206&from=EN. Acesso em: 20 maio 2022.

CULTURAL OAB. Ciclo de Webinars: nova lei de licitações e seus desafios nos Municípios – Fase preparatória: estudo preliminar, termo de referência e minuta de edital. Departamento de Cultura e Eventos. *Youtube*, 23 jun. 2021. 1 vídeo. Disponível em: https://www.youtube.com/watch?v=Ta3Gsv-JC48&list=PLHyv5XO71lsvtPfo4Wuaf Fo58kfQLYMrc. Acesso em: 03 jun. 2022.

DI FELICE, Massimo. *A cidadania digital*: a crise na ideia ocidental de democracia e a participação nas redes sociais. São Paulo: Paulus, 2020.

DOMINGUEZ, Guilherme D. F. Como é possível estimular a contratação de inovação e de startups pelo poder público? *Portal Jota*, 18 jun. 2019. Disponível em: https://www.jota.info/coberturas-especiais/inova-e-acao/como-e-possivel-estimular-a-contratacao-de-inovacao-e-de-startups-pelo-poder-publico-18062019. Acesso em: 03 mar. 2022.

ELIAS, Paulo Sá. *Algoritmos, inteligência artificial e o direito*. 2017. Disponível em: https://www.conjur.com.br/dl/algoritmos-inteligencia-artificial.pdf. Acesso em: 20 maio 2022.

ESTRATÉGIA NACIONAL DE COMBATE À CORRUPÇÃO E À LAVAGEM DE DINHEIRO. Blockchain no setor público. *Guia de conceitos e usos potenciais*. 1. ed. 2020. Disponível em: http://enccla.camara.leg.br/acoes/arquivos/resultados-enccla-2020/blockchain-no-setor-publico-guia-de-conceitos-e-usos-potenciais. Acesso em: 03 jun. 2022.

FARIAS, Rodrigo. Do paradigma da ineficiência da Lei nº 8.666 de 1993 à contratação baseada na eficiência: o que mudou e para onde vamos? *Revista Eletrônica da PGE-RJ*, [S. l.], v. 4, n. 1, 2021. Disponível em: https://revistaeletronica.pge.rj.gov.br/index.php/pge/article/view/199. Acesso em: 30 maio 2022.

FEITOSA, Cid Olival. A importância da inovação para desenvolvimento econômico local. *Economia política do desenvolvimento*. Maceió, v. 4, n. 12, set./dez. 2011. Disponível em: https://www.seer.ufal.br/index.php/repd/article/viewFile/786/502#:~:text=Schumpeter%20(1997)%20acredita%20que%20a,m%C3%A9todo%20de%20produ%C3%A7%C3%A3o%2C%20da%20abertura. Acesso em: 07 nov. 2021.

FELCZAK, Claudia. Portal gov.br já reúne mais de 110 milhões de usuários cadastrados. *Agência Brasil*, 29 jul. 2021. Disponível em: https://agenciabrasil.ebc.com.br/geral/noticia/2021-07/portal-govbr-ja-reune-mais-de-110-milhoes-de-usuarios-cadastrados. Acesso em: 30 maio 2022.

FERREIRA, Fabrício; SOUZA, Antônio Arthur. Custos de transação em licitações. *Cadernos de Finanças Públicas*, v. 20, n. 02, 09 set. 2020.

FERRY, Luc. *A inovação destruidora*: ensaio sobre a lógica das sociedades modernas. Tradução de Véra Lucia dos Reis. 1. ed. Rio de Janeiro: Objetiva, 2015.

FRANÇA, Felipe Melo; NOBREGA, Marcos. *Pacta suntservanda 3.0*: blockchain e a nova arquitetura de confiança. 2019. Disponível em: https://docplayer.com.br/222016528-Pacta-sunt-servanda-3-0-blockchain-e-a-nova.html. Acesso em: 05 jun. 2022.

FRANÇA, Phillip Gil. *Ato administrativo, consequencialismo e compliance*: Gestão de Riscos, Proteção de Dados e Soluções para o Controle Judicial na Era da IA. 4. ed. rev., atual. e ampl. São Paulo: Thomson Reuters Brasil, 2019.

FREITAS, Juarez. Direito administrativo e inteligência artificial. *Interesse Público*, Belo Horizonte, ano 21, n. 114, p. 15-29, mar./abr. 2019.

FREITAS, Juarez. *Sustentabilidade*: direito ao futuro. 4. ed. Belo Horizonte: Fórum, 2019.

FREITAS, Juarez; BELLINI FREITAS, Thomas. *Direito e inteligência artificial*: em defesa do humano. Belo Horizonte: Fórum, 2020.

FURTADO, Monique Rocha; VIEIRA, James Batista. Portal Nacional de Contratações Públicas: uma nova lógica jurídica, gerencial e econômica para a Lei de Licitações e Contratos. *ONLL – Observatório da Nova Lei de Licitações*, 20 mar. 2022. Disponível em: http://www.novaleilicitacao.com.br/2021/05/13/portal-nacional-de-contratacoes-publicas-uma-nova-logica-juridica-gerencial-e-economica-para-a-lei-de-licitacoes-e-contratos/. Acesso em: 23 nov. 2021.

GABARDO, Emerson. A eficiência no desenvolvimento do Estado brasileiro. *In*: MARRARA, Thiago (Org.). *Princípios de direito administrativo*: legalidade, segurança jurídica, impessoalidade, publicidade, motivação, eficiência, moralidade, razoabilidade, interesse público. São Paulo: Atlas, 2012.

GRAU, Eros Roberto. *A ordem econômica na Constituição de 1988*. 16. ed. São Paulo: Malheiros Editores, 2014.

GROTTI, Dinorá Adelaide Musetti. *Evolução da teoria do serviço público*. Enciclopédia jurídica da PUC-SP. CAMPILONGO, Celso Fernandes. *et al*. (coord.). Tomo: Direito Administrativo e Constitucional. NUNES JÚNIOR, Vidal Serrano. *et al*. (coord. de tomo). 1. ed. São Paulo: Pontifícia Universidade Católica de São Paulo, 2017. Disponível em: https://enciclopediajuridica.pucsp.br/verbete/40/edicao-1/evolucao-da-teoria-do-servico-publico. Acesso em: 15 mar. 2022.

GROTTI, Dinorá Adelaide Musetti. *O serviço público e a constituição brasileira de 1988*. São Paulo: Malheiros, 2003.

HARTMANN PEIXOTO, Fabiano. *Inteligência artificial e direito*: convergência ética e estratégica. 1. ed. Curitiba: Alteridade Editora, 2020.

HOFFMANN-RIEM, W. Inteligência artificial como oportunidade para a regulação jurídica. *Direito Público*, [S. l.], v. 16, n. 90, 2019. Disponível em: https://www.portaldeperiodicos.idp.edu.br/direitopublico/article/view/3756. Acesso em: 20 maio 2022.

INSTITUTO RUI BARBOSA. *Normas brasileiras de auditoria do setor público NBASP*: nível 1 – princípios basilares e pré-requisitos para o funcionamento dos tribunais de contas brasileiros. Belo Horizonte, 2015.

INSTITUTO RUI BARBOSA. *Uso de robôs pelos Tribunais de Contas*. Disponível em: https://irbcontas.org.br/uso-de-robos-pelos-tribunais-de-contas/. Acesso em: 25 maio 2022.

JURKSAITIS, Guilherme Jardim; ISSA, Rafael Hamze. A Lei 14.133/2021 e as rotinas administrativas das contratações públicas. *Portal Jota*, 16 jun. 2021. Disponível em: https://www.jota.info/opiniao-e-analise/artigos/avigencia-da-lei-administracao-contratacoes-publicas-16062021. Acesso em: 21 nov. 2021.

JURKSAITIS, Guilherme Jardim. O Acordo de Compras Públicas (GPA) da Organização Mundial do Comércio e a nova lei de licitações. *Revista do Advogado*, São Paulo, n. 153, p. 138-144, mar./2022.

JUSTEN FILHO, Marçal. *Comentários à lei de licitações e contratos administrativos*: Lei nº 8.666/1993. 18. ed. rev., atual. e ampl. São Paulo: Thomson Reuters Brasil, 2019.

JUSTEN FILHO, Marçal. *Curso de direito administrativo* [livro eletrônico]. 5. ed. São Paulo: Thomson Reuters Brasil, 2018.

LIMA, Edcarlos Alves. Lei nº 14.133/2021: o Diálogo competitivo e os desafios práticos de sua operacionalização. *Revista Síntese de Direito Administrativo*, São Paulo, v. 16, n. 186, p. 16-23, jul. 2021.

LIMA, Edcarlos Alves. Licitação e contratação no contexto do marco legal das Startups. *Revista Síntese de Direito Administrativo*, São Paulo, v. 17, n. 197, p. 237-240, maio 2022.

LOPES, Giovana F. Peluso; LIMA, Caio César Carvalho. Ética by design: vieses inconscientes e a busca pela neutralidade algoritma. In: VAINZOF, Rony; e GUTIERREZ, Andriei Guerreiro. (Coord.). *Inteligência Artificial*: Sociedade, Economia e Estado. São Paulo: Thomson Reuters Brasil, 2021. p. 155-173.

MACERA, Paulo. Serviço público no século XXI: conceito e finalidades. *Revista Digital de Direito Administrativo*, v. 3, n. 2, p. 331-342, 2016.

MAGRANI, Eduardo; GUEDES, Paula. Sistemas de recomendação impulsionados por inteligência artificial: desafios éticos e jurídicos. In: VAINZOF, Rony; e GUTIERREZ, Andriei Guerreiro. (coord.). *Inteligência Artificial*: Sociedade, Economia e Estado. São Paulo: Thomson Reuters Brasil, 2021. p. 103-135.

MARQUES NETO, Floriano de Azevedo. Os grandes desafios do controle da Administração Pública. In: *Fórum de Contratação e Gestão Pública – FCGP*, Belo Horizonte, ano 9, n. 100, p. 07-30, abr. 2010.

MARRARA, Thiago. Direito Administrativo e novas tecnologias. *Revista de Direito Administrativo*, Rio de Janeiro, v. 256, jan./abr. 2011.

MARRARA, Thiago; GASIOLA, Gustavo Gil. Regulação de novas tecnologias e novas tecnologias na regulação. *International Journal of Digital Law*, Belo Horizonte, ano 1, n. 2, p. 117-144, maio/ago. 2020.

MATOS, Gabriel Visoto de. A inovação como princípio da Administração Pública na reforma administrativa. *Portal Jota*, 13 out. 2020. Disponível em: https://www.jota.info/coberturas-especiais/inova-e-acao/a-inovacao-como-principio-da-administracao-publica-na-reforma-administrativa-13102020. Acesso em: 06 dez. 2021.

MAXIMIANO, Antônio Cesar Antônio; NOHARA, Irene Patrícia. *Gestão Pública*. São Paulo: Grupo GEN, 2017. 9788597013825. Disponível em: https://app.minhabiblioteca.com.br/#/books/9788597013825/. Acesso em: 30 maio 2022.

MAZZUCATO, Mariana. *O estado empreendedor*: desmascarando o mito do setor público vs. setor privado. Tradução de Elvira Serapicos. 1. ed. São Paulo: Portfolio-Peguin, 2014.

MEDEIROS, Breno Pauli *et al*. O uso do ciberespaço pela administração pública na pandemia da COVID-19: diagnósticos e vulnerabilidades. *Revista de Administração Pública*, Rio de Janeiro, v. 54, n. 4, p. 650-662, jul./ago. 2020. Disponível em: https://www.scielo.br/j/rap/a/x3VKDBRYpkvNb8dmXN4rNyR/?format=pdf&lang=pt. Acesso em: 12 nov. 2021.

MEIRELLES, Hely Lopes (1971). Licitações e contratos administrativos. *Revista de direito administrativo*, 105, p. 14-34, jul./set. 1971. Disponível em: https://bibliotecadigital.fgv.br/ojs/index.php/rda/article/view/35800/34595. Acesso em: 05 dez. 2021.

MEIRELLES, Hely Lopes. *Licitação e Contrato Administrativo*. 13. ed. São Paulo: Malheiros, 2002.

MELO, Herbart dos Santos; LEITÃO, Leonardo Costa (Org.). *Dicionário Tecnologia e Inovação*. Fortaleza: SEBRAE, 2010.

MENEZES DE ALMEIDA, Fernando Dias. *Contrato administrativo*. São Paulo: Quartier Latin, 2012.

MEZZAROBA, Orides; MONTEIRO, Cláudia Servilha. *Manual de metodologia da pesquisa no direito*. 8. ed. São Paulo: Saraiva Educação, 2019.

MIRANDA, Antônio Carlos de Oliveira; MATOS, Cleiton Rocha. Potencial uso do BIM na fiscalização de obras públicas. *Revista do Tribunal de Contas da União*, Brasília, v. 1, n. 133 p. 22-31, maio/ago. 2015. Disponível em: https://revista.tcu.gov.br/ojs/index.php/RTCU/issue/view/62. Acesso em: 06 dez. 2021.

MODESTO, Paulo. Notas para um debate sobre o princípio da eficiência. *Revista do Serviço Público*, [S. l.], v. 51, n. 2, p. 105-119, 2014. Disponível em: https://revista.enap.gov.br/index.php/RSP/article/view/328. Acesso em: 30 maio 2022.

MODESTO, Paulo. PEC 32 – Notas Sobre a Proposta de Emenda Constitucional da Reforma Administrativa da Gestão Bolsonaro. *Direito do Estado*, 16 dez. 2020. Disponível em: http://www.direitodoestado.com.br/colunistas/paulo-modesto/pec-32-notas-sobre-a-proposta-de-emenda-constitucional-da-reforma-administrativa-da-gestao-bolsonaro. Acesso em: 06 dez. 2021.

MOREIRA, Egon Bockmann. Por uma nova compreensão das 'normas gerais de licitação'. *Portal Jota*, 04 maio 2021. Disponível em: https://sbdp.org.br/wp/wp-content/uploads/2021/05/04.05.21-Por-uma-nova-compreensao-das-normas-gerais-de-licitacao-_-JOTA.pdf. Acesso em: 20 nov. 2021.

MOREIRA, Egon Bockmann; GUIMARÃES, Fernando Vernalha. *Licitação pública*. São Paulo: Malheiros Editores, 2012.

NIEBUHR, Joel de Menezes. *Pregão presencial e eletrônico*. 8. ed. rev., ampl. e atual. Belo Horizonte: Fórum, 2020.

NOBREGA, Marcos. *Direito e economia da infraestrutura*. 1. Reimpressão. Belo Horizonte: Fórum, 2020.

NOBREGA, Marcos; JURUBEBA, Diego Franco de Araújo. Assimetrias de informação na nova lei de licitações e o problema da seleção adversa. *Revista Brasileira de Direito Público – RBDP*, Belo Horizonte, ano 18, n. 69, p. 9-32, abr./jun. 2020.

NOBREGA, Marcos; TORRES, Rony Charles Lopes de. Lei nº 14.133/2021, credenciamento e e-*marketplace*: o *turning point* da inovação nas compras públicas. *In*: CARVALHO, Matheus *et al* (Coord.). *Temas controversos da Nova Lei de Licitações e Contratos*. São Paulo: Editora JusPodivm, 2021.

NOHARA, Irene Patrícia. *Reforma administrativa e burocracia*: impacto da eficiência na configuração do direito administrativo brasileiro. São Paulo: Atlas, 2012.

NOHARA, Irene Patrícia. Desafios de inovação na administração pública contemporânea: "destruição criadora" ou "inovação destruidora" do direito administrativo? *Fórum Administrativo – FA*, Belo Horizonte, ano 17, n. 194, p. 65-71, abr. 2017.

NOHARA, Patrícia Irene; CÂMARA, Jacinto de Arruda; DI PIETRO, Maria Sylvia Zanella (Coord.). *Tratado de direito administrativo*: vol. 6 – licitação e contrato administrativo. 2. ed. São Paulo: Thomson Reuters Brasil, 2019.

NOHARA, Irene Patrícia. PONÇONI, Maykel. Estado, Inovação e Desenvolvimento: instrumentos do direito administrativo nas transformações do capitalismo. *In*: CRISTÓVAM, José Sérgio da Silva *et al*. *Direito Administrativo em perspectiva*: diálogos interdisciplinares [e-book]. 1. ed. Florianópolis: Habitus, 2020.

NOHARA, Irene Patrícia. *Nova lei de licitações e contratos*: comparada. 1. ed. São Paulo: Thomson Reuters Brasil, 2021.

NOHARA, Irene Patrícia. 5 Pontos Explosivos da PEC 32 da Reforma Administrativa. *Direito Administrativo*, 07 fev. 2021. Disponível em: https://direitoadm.com.br/5-pontos-explosivos-da-pec-32-da-reforma-administrativa/. Acesso em: 10 nov. 2021.

NOHARA, Irene Patrícia. Contratação integrada e semi-integrada na nova lei de licitações. *Direito Administrativo*, 2021. Disponível em: https://direitoadm.com.br/tag/contratacao-semi-integrada/. Acesso em: 06 dez. 2021.

NOHARA, Irene Patrícia. *Direito Administrativo*. 11. ed. Barueri: Atlas, 2022.

NOHARA, Irene Patrícia; SANTANA, Gustavo da Silva. Desafios da regulação das novas tecnologias na gestão pública. *In*: NOHARA, Irene Patrícia; SALGADO, Rodrigo Oliveira (Orgs.). *Gestão Pública, Infraestrutura e Desenvolvimento*: 20 anos do Programa de Pós-Graduação em Direito Político e Econômico da Universidade Presbiteriana Mackenzie. São Paulo: Thomson Reuters Brasil, 2022. p. 213-237.

NOHARA, Irene Patrícia. Inexigibilidade na nova lei de licitações e contratos. *Revista do Advogado*, São Paulo, n. 153, p. 64-70, mar. 2022.

O'NEIL, Cathy. *Algoritmos de destruição em massa*: como o big data aumenta a desigualdade e ameaça a democracia. Tradução de Rafael Abraham. 1. ed. Santo André: Editora Rua do Sabão, 2020.

OLIVEIRA, Luiz Guilherme de. Inovação no setor público: uma reflexão a partir das experiências premiadas no Concurso Inovação na Gestão Pública Federal. *Cadernos ENAP*, n. 38, Brasília, 2014.

ORGANIZAÇÃO DAS NAÇÕES UNIDAS (ONU). *10 Derechos y Principios para Internet.* Disponível em: https://drive.google.com/file/d/1UsvbA2ftG6yXp9omv855JDuElYKh9ZUY/view. Acesso em: 14 nov. 2021.

ORGANIZAÇÃO DAS NAÇÕES UNIDAS. *e-Government Survey 2018*: Gearing e-Government to support transformation towards sustainable and resilient societies. 2018. Disponível em: https://publicadministration.un.org/egovkb/Portals/egovkb/Documents/un/2018-Survey/E-Government%20Survey%202018_FINAL%20for%20web.pdf. Acesso em: 14 nov. 2021.

ORGANIZAÇÃO PARA A COOPERAÇÃO E O DESENVOLVIMENTO ECONÔMICO (OCDE). *Recomendações do Conselho sobre Estratégias Digitais.* 2014. Disponível em: https://www.oecd.org/gov/digital-government/Recommendation-digital-government-strategies.pdf. Acesso em: 14 nov. 2021.

ORGANIZAÇÃO PARA A COOPERAÇÃO E O DESENVOLVIMENTO ECONÔMICO (OCDE). Olá, mundo: Inteligência Artificial e seu uso no setor público. *Documentos de Trabalho da OCDE sobre Governança Pública.* N. 36, 2020 (tradução livre). Disponível em: https://www.oecd.org/gov/innovative-government/hola-mundo-la-inteligencia-artificial-y-su-uso-en-el-sector-publico.pdf. Acesso em: 02 abr. 2022.

ORGANIZAÇÃO PARA COOPERAÇÃO E DESENVOLVIMENTO ECONÔMICO. OECD. Council *Recommendation on Artificial Intelligence.* Disponível em: https://legalinstruments.oecd.org/en/instruments/OECD-LEGAL-0449. Acesso em: 02 maio 2022.

PAIM TERRA, Antônio Carlos. *Compras públicas inteligentes*: uma proposta para a melhoria da gestão das compras governamentais. 2018. Disponível em: http://repositorio.enap.gov.br/handle/1/3166. Acesso em: 05 jun. 2022.

PALMA, Juliana Bonacorsi. Contratações públicas sustentáveis. *In*: SUNDFELD, Carlos Ari; JURKSAITIS, Guilherme Jardim. *Contratos públicos e direito administrativo.* São Paulo: Malheiros, 2015.

PAULA, Eduardo Loula Novais de. Reforma administrativa: novos princípios da Administração Pública. *Revista do Tribunal de Contas da União.* Brasília, v. 1, n. 146, p. 38-55, jul./dez. 2020. Disponível em: https://revista.tcu.gov.br/ojs/index.php/RTCU/issue/view/91. Acesso em: 06 dez. 2021.

PEREIRA JÚNIOR, Jessé Torres. Pregão, a sexta modalidade de licitação. *Revista Zênite de Licitações e Contratos – ILC*, Curitiba, ago. 2000.

PIETRO, Maria Sylvia Zanella Di. *Direito administrativo* [livro eletrônico]. 33. ed. Rio de Janeiro: Forense, 2020.

PINHEIRO, Patrícia Peck. Direito digital. 7. ed. São Paulo: Saraiva Educação, 2021. E-book.

PINHEIRO, Igor Pereira. A carência eficacial para pequenos municípios aplicarem pontos específicos da Nova Lei de Licitações e a sua manifesta inconstitucionalidade. *Blog Mizuno*, 13 abr. 2021. Disponível em: https://blog.editoramizuno.com.br/carencia-eficacial-para-pequenos-municipios/. Acesso em: 06 dez. 2021.

PINTO, Solon Lemos. Pregão para Menor Preço. *Revista Zênite de Licitações e Contratos – ILC*, Curitiba, ago. 2000.

PIRES, Antonio Cecílio Moreira. *Direito administrativo.* 2. ed. Rio de Janeiro: Grupo GEN, 2013. 9788522483839. Disponível em: https://app.minhabiblioteca.com.br/#/books/9788522483839/. Acesso em: 19 dez. 2021.

PIRES, Antonio Cecílio M.; PARZIALE, Aniello. *Comentários à Nova Lei de Licitações Públicas e Contratos Administrativos*: Lei n.º 14.133, de 1º de abril de 2021. São Paulo: Grupo Almedina (Portugal), 2022. 9786556274416. Disponível em: https://app.minhabiblioteca. com.br/#/books/9786556274416/. Acesso em: 04 maio 2022.

PONTES, Marcos *et al*. Inteligência artificial no contexto da estratégia brasileira de transformação digital. *In*: VAINZOF, Rony; GUTIERREZ, Andriei Guerreiro (Orgs.). *Inteligência artificial*: Sociedade, economia e Estado. São Paulo: Thomson Reuters Brasil, 2021. p. 22-43.

ROSILHO, André Janjácomo. *Qual é o modelo legal das licitações no brasil?* As reformas legislativas federais no sistema de contratações públicas. 2011. 214p. Dissertação (Mestrado em direito) – Escola de Direito da Fundação Getúlio Vargas, FGV, 2011.

ROTH, Alvin E. *Como funcionam os mercados*: a nova economia das combinações e o desenho de mercado. Tradução de Isa Mara Lando e Mauro Lando. 1. ed. São Paulo: Portfolio-Penguin, 2016.

SAMPAIO, Adilson da Hora *et al*. Compras públicas no Brasil: indícios de fraude usando a Lei de Newcomb-Benford. FGV EAESP. *Cadernos de Gestão Pública e Cidadania*, v. 27, n. 86, jan./abr. 2022. Disponível em: https://bibliotecadigital.fgv.br/ojs/index.php/cgpc/article/download/82760/80532. Acesso em: 03 mar. 2022.

SANTA CATARINA (Estado). Secretaria de Estado do Planejamento. *Caderno de especificações de projetos em BIM*. V. 2. Disponível em: https://www.sie.sc.gov.br/webdocs/sie/doc-tecnicos/labim/Caderno%20de%20Especifica%C3%A7%C3%B5es%20de%20Projetos%20em%20BIM_102018.pdf. Acesso em: 08 dez. 2021.

SÃO PAULO (Estado). *Bolsa Eletrônica de Compras*. Disponível em: https://www.bec.sp.gov.br/becsp/Aspx/Resultado_Ano.aspx?chave=. Acesso em: 22 nov. 2021.

SÃO PAULO (Estado). Tribunal de Contas do Estado de São Paulo. *Aplicativo do Tribunal de Contas de São Paulo transforma cidadão em fiscal*. Disponível em: https://www.tce.sp.gov.br/6524-aplicativo-tribunal-contas-sao-paulo-transforma-cidadao-fiscal#:~:text=20%2F07%2F16%20%E2%80%93%20S%C3%83O,do%20uso%20do%20dinheiro%20p%C3%BAblico. Acesso em: 26 maio 2022.

SÃO PAULO (Estado). Tribunal de Contas do Estado de São Paulo. *Envio de dados de obras por ferramenta que monitora sobrepreço será obrigatório*. Disponível em: https://www.tce.sp.gov.br/6524-envio-dados-obras-por-ferramenta-monitora-sobrepreco-sera-obrigatorio. Acesso em: 26 maio 2022.

SÃO PAULO (Estado). Tribunal de Contas do Estado de São Paulo. *TCE capacita servidores para operar sistema de fiscalização inteligente*. Disponível em: https://www.tce.sp.gov.br/6524-tce-capacita-servidores-para-operar-sistema-fiscalizacao-inteligente. Acesso em: 26 maio 2022.

SÃO PAULO (Estado). Tribunal de Contas do Estado de São Paulo. *TCESP implanta sistema de inteligência para atendimento na Ouvidoria*. Disponível em: https://www.tce.sp.gov.br/6524-tcesp-implanta-sistema-inteligencia-para-atendimento-ouvidoria. Acesso em: 26 maio 2022.

SÃO PAULO (Estado). Tribunal de Contas do Estado de São Paulo. TC nº 1916.989.14-8, *2037.989.14-2 e 2047.989.14-0*. Rel. Cons. Cristiana de Castro Moraes, jul. 04.06.2014. Disponível em: https://www.tce.sp.gov.br/sites/default/files/noticias/6_-_epe-e-05-ccm-001a003-tc-1916_989_14-8_-_unesp.pdf. Acesso em: 10 dez. 2021.

SÃO PAULO (Estado). Tribunal de Contas do Estado de São Paulo. *Tribunal de Contas usará robô para encontrar irregularidades em editais de licitação*. Disponível em: https://www.tce.sp.gov.br/6524-tribunal-contas-usara-robo-para-encontrar-irregularidades-editais-licitacao. Acesso em: 26 maio 2022.

SCHUMPETER, Joseph Alois, 1883-1950. *Teoria do desenvolvimento econômico*: uma investigação sobre lucros, capital, crédito, juro e o ciclo econômico. Introdução de Rubens Vaz da Costa; tradução de Maria Sílvia Possas. 2. ed. São Paulo: Nova Cultural, 1997.

SCHWAB, Klaus. *A quarta revolução industrial*. Tradução de Daniel Moreira Miranda. São Paulo: Edipro, 2016.

SERVIÇO BRASILEIRO DE APOIO ÀS MICRO E PEQUENAS EMPRESAS. *Canais de comercialização*: Marketplace. "s.d.". Disponível em: https://www.sebrae.com.br/Sebrae/Portal%20Sebrae/UFs/CE/Anexos/Cartilha%20Canais%20de%20Comercializa%C3%A7%C3%A3o%20-%20Marketplace.pdf. Acesso em: 03 jun. 2022.

SILVA, Luís André Dutra e. Uso de técnicas de inteligência artificial para subsidiar ações de controle. *Revista do Tribunal de Contas da União*, Brasília, ano 48, n. 137, set./dez. 2016.

SILVA, Renato Cader da; BARKI, Teresa Villac Pinheiro. Compras públicas compartilhadas: a prática das licitações sustentáveis. *Revista do Serviço Público*, Brasília, v.63, n. 2, p. 157-175, abr./jun. 2012.

SIMÃO, Valdir Moysés; BELAZZI, Caio. Dados e inteligência artificial no enfrentamento à corrupção e sonegação. *In*: VAINZOF, Rony; GUTIERREZ, Andriei Guerreiro (Coord.). *Inteligência Artificial*: Sociedade, Economia e Estado. São Paulo: Thomson Reuters Brasil, 2021. p. 617-642.

SUNDFELD, Carlos Ari. Meu depoimento e avaliação sobre a Lei Geral de Telecomunicações. *Revista de Direito de Informática e Telecomunicações – RDIT*, Belo Horizonte, ano 2, n. 2, p. 5584, jan./jun. 2007. Disponível em: https://www.academia.edu/49442484/Meu_depoimento_e_avalia%C3%A7%C3%A3o_sobre_a_Lei_Geral_de_Telecomunica%C3%A7%C3%B5es. Acesso em: 25 abr. 2022.

SUNDFELD, Carlos Ari; ROSILHO, André. Onde está o princípio universal da licitação? *In*: SUNDFELD, Carlos Ari; JURKSAITIS, Guilherme Jardim. *Contratos públicos e direito administrativo*. São Paulo: Malheiros, 2015.

SZABO, Nick. *Smart Contracts*. 1994. Disponível em: https://www.fon.hum.uva.nl/rob/Courses/InformationInSpeech/CDROM/Literature/LOTwinterschool2006/szabo.best.vwh.net/smart.contracts.html. Acesso em: 06 jun. 2022.

TANNO, Natalia. Sistema de Compras Electrónicas del Estado. Su Implementación. *Revista Jurídica de Buenos Aires*, Buenos Aires, Año 43, n. 96, p. 209-231, 2018. (tradução livre)

TAVARES, João Felipe das Chagas; TEIXEIRA, Luiz Felipe Drummond. Blockchain: dos conceitos às possíveis aplicações. *In*: POLIDO, Fabrício Bertini Pasquot *et al.* (Org.). *Tecnologias e conectividade* [recurso eletrônico]: direito e políticas na governança das redes. Belo Horizonte: Instituto de Referência em Internet e Sociedade, 2018. p. 119-132.

TEIXEIRA, Matheus. STF investe em inteligência artificial para dar celeridade a processos. *Portal Jota*, 11 dez. 2018. Disponível em: https://www.jota.info/coberturas-especiais/inova-e-acao/stf-aposta-inteligencia-artificial-celeridade-processos-11122018. Acesso em: 02 maio 2022.

TIGRE, Paulo. *Gestão da Inovação*: A Economia da Tecnologia no Brasil. 7. reimpr. Rio de Janeiro: Elsevier, 2006.

TORRES, Ronny Charles Lopes de. *Leis de Licitações Públicas Comentadas*. 12. ed. rev., ampl. e atual. São Paulo: Ed. Juspodvim, 2021.

UNIVERSIDADE PRESBITERIANA MACKENZIE. *Guia Mackenzie de trabalhos acadêmicos* [livro eletrônico]. 2. ed. atual. São Paulo: Editora Mackenzie, 2021.

VALGAS, Rodrigo dos Santos. *Direito administrativo do medo*: risco de fuga da responsabilização dos agentes públicos. 1. ed. São Paulo: Thomson Reuters Brasil, 2020.

WERTHEIN, Jorge. A sociedade da informação e seus desafios. *Ciência Da Informação/ Instituto Brasileiro de Informação em Ciência e Tecnologia*, v. 29, n. 2, p. 71-77, maio/ago. 2000. Disponível em: https://www.scielo.br/j/ci/a/rmmLFLLbYsjPrkNrbkrK7VF/?format=pdf &lang=pt. Acesso em: 06 nov. 2021.

WIMMER, Miriam. Inteligência artificial, algoritmos e o direito. Um panorama dos principais desafios. *In*: DE LIMA, Ana Paula M. Canto *et al.* (Coord.). *Direito Digital*: debates contemporâneos. 1. ed. São Paulo: Thomson Reuters Brasil, 2019.

WORLD BANK GROUP. *GovTech Maturity Index*: The State of Public Sector Digital Transformation. 2021. Disponível em: https://openknowledge.worldbank.org/handle/10986/36233. Acesso em: 24 nov. 2021.

ZAGO, Marina Fontão. *Poder de compras estatal como instrumento de políticas públicas?* Brasília: Enap, 2018.

ZAGO, Marina Fontão. Poder de compra estatal e políticas públicas na Lei nº 14.133/2021. *Revista do Advogado*, São Paulo, n. 53, p. 21-27, mar./2022.

Esta obra foi composta em fonte Palatino Linotype, corpo 10,5
e impressa em papel Pólen Bold 70g (miolo) e Supremo 250g
(capa) pela Artes Gráficas Formato, em Belo Horizonte/MG.